LANDBAU – NATUR- UND MENSCHENGEMÄSS

HERBERT H. KOEPF

Landbau natur- und menschengemäß

Methoden und Praxis
der biologisch-dynamischen Landwirtschaft

VERLAG FREIES GEISTESLEBEN

CIP-Kurztitelaufnahme der Deutschen Bibliothek

Koepf, Herbert H.:
Landbau natur- und menschengemäß : Methoden u. Praxis
d. biolog.-dynam. Landwirtschaft / Herbert H. Koepf. –
2., neubearb. Aufl. – Stuttgart : Verlag Freies Geistesleben, 1984.

ISBN 3-7725-0727-1

Einband: Walter Krafft
2. neubearbeitete Auflage 1984

Satz und Druck: Greiserdruck, Rastatt

Inhaltsverzeichnis

Vorwort

Der Grundkonflikt zwischen technologisch-ökonomischem Wachstum und dem, was Reichtum und Leben der Erde hergeben können, steht heute unausweichlich vor dem Bewußtsein einer breiteren Öffentlichkeit. Mehr denn je sind fachliches, auf Erfahrung gebautes Können und verantwortliches Handeln gefordert. Sie gewinnen Richtung und Inhalt aus einem spirituell vertieften Natur- und Menschenbild. Aus diesem haben seit 1924 Bauern, Gärtner, Berater und Wissenschaftler den biologisch-dynamischen Landbau entwickelt, über die Welt hin verbreitet und tragfähige Beispiele einer gesunden Landwirtschaft hingestellt.

Text und Literaturangaben der hier vorliegenden zweiten Auflage dieser Schrift wurden an zahlreichen Stellen ergänzt und auf den gegenwärtigen Stand gebracht. Sie ist für die Information der Praktiker und Lernenden, doch auch für die Interessierten einer breiteren Öffentlichkeit bestimmt. In diesem Sinne ergänzt sie das mehr fachlich orientierte Buch «Biologisch-Dynamische Landwirtschaft» von Koepf, Pettersson und Schaumann.

Dieses Buch wurde im Gedenken an Frau Barbara Koepf geschrieben.

Emerson College, im Frühjahr 1984 *Prof. Dr. Herbert H. Koepf*

Zur gegenwärtigen Lage

Innerhalb ganz weniger Jahre hat sich der Konflikt dem öffentlichen Bewußtsein eingeprägt, der zwischen dem Begehren der industriellen Wachstumsgesellschaft und dem, was die Erde auf die Dauer hergeben kann, besteht. Er kann nicht mehr geleugnet werden. Wissenschaftliche und politische Kreise, Verbände und Organisationen haben sich mit wenigen Ausnahmen erst in den achtziger Jahren einigermaßen zur Anerkenntnis der Situation durchgerungen. Doch ist die Diskussion über die Entnahme von Naturbeständen und die zerstörerische Umweltverschmutzung keineswegs abgeschlossen. Man begegnet der Meinung, daß einige technische Korrekturen genügen, um die meisten Umwelt- und Ressourcenprobleme auf ein unbedenkliches Maß zu reduzieren. In krassem Gegensatz dazu steht – um gleich das eindrucksvollste Beispiel zu bemühen – das Waldsterben. Ein Lebenszusammenhang, der das Vorbild einer naturnahen Bodenbewirtschaftung war, wenigstens in vielen Beständen, gibt nach Jahren einer steigenden Belastung plötzlich katastrophal nach. Ehe Korrekturen, selbst wenn sie energisch angepackt werden sollten, greifen können, muß ein gegenwärtig unbekanntes Maß an Schaden hingenommen werden.

Landwirtschaft und Gartenbau arbeiten seit mehr als hundert Jahren zunehmend im Stil der Industrie. Sie entwickeln Technologien, die spezialisiert und arbeitssparend angewandt werden. Mechanisierung und betriebsfremder Aufwand steigen. Vorangetrieben wird die Entwicklung durch agrarpolitische und soziologische Leitbilder, durch das Streben nach Einkommens- und Wohlstandsparität, den Zwang zum wirtschaftlichen Überleben, die Lehren der Ausbildungsstätten und den Verkaufsdruck der Zulieferindustrie. Die Erträge sind gestiegen, für manche Kulturen um 18–25 % in jeweils zehn Jahren. Wenige Zahlen genügen, um das Ausmaß der Änderungen in den letzten 30 Jahren anzudeuten. Gemessen am Zustand von 1950 beträgt jetzt die Zahl der landwirtschaftlichen Betriebe noch 46,4 %, der Arbeitskräftebesatz 31 %, der Aufwand an Stickstoffdünger 488 %, an Pflanzenschutzmitteln 258 % und die Weizenerträge 180 %

(J. MAYER-LISZT, 1984). Ein tiefgreifender soziologischer, ökologischer und agrarstruktureller Wandel spricht sich in diesen wenigen dürren Zahlen aus.

Ein paar Beispiele seien angeführt, die zeigen, wie die Einsicht in die Problematik langsam wächst. Allen voran hat 1972 das holländische Landwirtschaftsministerium eine Kommission zum Studium der biologischen Landwirtschaft eingesetzt. Seit 1979 hat bei den 32 Beratungsstellen des Landes ein Mitarbeiter die alternative Landwirtschaft als Teil seines Arbeitsgebietes. Zwei aus der biologisch-dynamischen Arbeit kommende Berater sind für das ganze Land tätig. 1983 wurde in Baden-Württemberg der Beratungsdienst angewiesen, dem Gleichheitsgrundsatz entsprechend sich auch mit alternativer Landwirtschaft zu befassen.

GLOBAL 2000, der vielbeachtete Bericht an den amerikanischen Präsidenten, erschien 1980. Er ist der Versuch einer Gesamtinventur und Projektion in die nächsten Jahrzehnte. Ökologisch und landwirtschaftlich bedeutsam werde vor allem die Knappheit an Wasser und der Verlust an Wäldern sein. Die jährlichen Verluste an Boden infolge Ausbreitung der Wüsten werden auf gegenwärtig 6 Millionen Hektar geschätzt, das ist etwas weniger als die Hälfte der landwirtschaftlichen Nutzfläche der Bundesrepublik. Die bekannten Phosphatvorräte reichen für 50–250 Jahre, je nach der Bedarfsentwicklung, die man einsetzt.

Im Juli 1980 erschien im Auftrag des amerikanischen Landwirtschaftsministeriums der Bericht über organische Landwirtschaft. Wenn dieser im politischen Auf und Ab auch nicht unmittelbar wirksam wird, so ist diese Untersuchung doch durch eine Reihe von Feststellungen wichtig. Es wird nicht nur auf biologische Verfahren hingewiesen, sondern auch auf die konzeptionellen und ethischen Besonderheiten der biologischen Richtung. Organische Landwirtschaft ist nicht an bestimmte Betriebsgrößen gebunden, sie ist modern, nicht altväterisch.

Aus dem deutschen Sprachraum ließen sich manche Beispiele ähnlicher Art anführen, so vor allem die «kritische Gesamtbilanz», die R. DIERCKS (1983) als anerkannter Fachvertreter für Pflanzenschutz gezogen hat. Damit die Landwirtschaft den ökologischen Forderungen gerecht werden könne, bedarf es einer Umorientierung der Agrarpolitik, die aus der Sackgasse der gegenwärtigen Einkommenspolitik herausführt, die in den letzten Jahrzehnten das Gesicht der Landwirtschaft geprägt hat. Lehrstühle für alternative Landwirtschaft gibt es mittlerweile in Holland und Deutschland.

Neben der *Quantität* der Erzeugung ist auch deren *Qualität* von Belang, nämlich

- der biologische Nahrungs- und Futterwert von Produkten,
- die Wohnlichkeit und Gesundheit von Wohn- und Siedlungsräumen,
- die Lebensqualität, d. h. eine kulturelle und Arbeitswelt, in der ökonomische Belange und Persönlichkeitswerte gleichermaßen anerkannt sind.

Die Sorge um die Umweltqualität ist vielleicht das deutlichste Beispiel für die Zweischneidigkeit der technologischen Entwicklung. Die Ökosysteme werden ärmer an pflanzlichen und tierischen Arten. HUFFACKER (1875) bemerkt: nicht anerkannt, beinahe ignoriert ist die unsichtbare natürliche Kontrolle, die in erster Linie den Umstand erklärt, daß nur ein kleiner Teil der Insekten, die auf Kulturpflanzen leben, zu Schädlingen werden. Viele Schädlinge, die früher biologisch in Schach gehalten wurden, sind neuerdings zu sichtbaren Schädlingen geworden, weil ihre natürlichen Feinde durch Pestizide zerstört wurden. 45–66 Prozent aus einer Gruppe von Insektiziden schädigen Nützlinge wie Marienkäfer, Schwebfliegen und andere.

Das *Lebens- und Sozialgefüge der ländlichen Räume* wurde durch Landwirtschaft und industrielles Wachstum innerhalb weniger Jahrzehnte tiefgreifend verändert. Nicht nur durch die Abnahme der Betriebe und menschenleere Feldfluren, vielmehr zeigt jede Fahrt durch das Land das hohe Maß an Zersiedlung. Seit den fünfziger Jahren haben in der Bundesrepublik die täglichen *Bodenverluste* von 70 auf 164 ha zugenommen. Feuchtstellen, Wälder, andere Nischen für Vögel und die nützliche Kleintierwelt verschwinden. Rascher noch als der Mangel an Boden wird die Verknappung an brauchbarem *Wasser* deutlich. Die Entnahme wächst, das Wiederauffüllen der Vorräte wird beeinträchtigt. Teilweise durch mangelhafte Infiltration verdichteter Böden, doch auch durch Beschleunigung des oberflächigen Abflusses auf Asphalt und Beton. Dazu kommt die Belastung mit Fremdstoffen aus der Industrie und Deponien. Nitrat kommt aus den landwirtschaftlichen Intensivgebieten und den Massentierhaltungen. Landwirtschaftliche und industrielle Verursachung der Umweltprobleme sind eng verflochten. Warnende Stimmen gibt es seit Jahren, wie die von H. GRUHL, F. SCHUMACHER, I. ILLICH, E. GOLDSMITH. Sie sind an alle Sektoren und Ebenen unserer Gesellschaft gerichtet.

Das kann nicht anders sein. Die Probleme sind menschengemacht. Sie sind Ausdruck der *Denk- und Willenswege,* die Wissenschaft, Technik und Ökonomie unserer Tage hervorgebracht haben. Die gegenwärtige Krise im Verhältnis des Menschen zur Erde ist eine Bewußtseinsfrage. Zu den technisch erfolgreichen Erkenntnisansätzen des Analysierens und Quantifizierens der isolierten Teilmechanismen müssen ergänzend und limitierend andere treten: solche, die auf die Interaktionen und gegenseitige Förderung der Komponenten achten. Denkwege müssen beschritten werden, die in die Wirklichkeit der biologischen und sozioökonomischen Zusammenhänge eindringen. *Es ist vielleicht die wichtigste Lehre, die man aus der bestehenden Situation zieht, daß ganzheitliches Anschauen der Natur- und Lebenszusammenhänge heilend wirken muß.*

Alternative Landwirtschaft

Es gibt heute eine Anzahl «organischer», «biologischer», «ökologischer» Bewegungen. Man kann sie unter dem Begriff *alternative Landwirtschaft* zusammenfassen. Diese ist Teil einer noch umfassenderen *Umweltbewegung.** Die Bestrebungen begannen meist als organische Düngemethoden. Die Opposition gegen weitere landwirtschaftliche Chemikalien kam bald hinzu. Insbesondere die gegen Biozide. Auch die *biologisch-dynamische Landwirtschaft* wurde und wird oft fälschlicherweise als Düngemethode eingestuft. Das ist zu eng, obzwar geschichtlich verständlich. In der Tat bezeichnet die Einführung der *Mineraldüngung* im 19. Jahrhundert den Beginn der heutigen konventionellen Landwirtschaft. Diese erhielt damals nicht nur ein wirksames Werkzeug zur raschen Ertragssteigerung. Ein von außerhalb des Hofes kommendes Betriebsmittel wurde verfügbar, das willkürlich eingesetzt werden konnte. Weitere Chemikalien, eine rasch expandierende Landtechnik, die moderne Pflanzen- und Tierzucht kamen hinzu. All das erlaubte bisher nicht gekannte Freiheiten im Anbau, in der Tierhaltung, der Düngerbeschaffung, der Betriebsführung. Neue Organisationsformen konnten die in die Naturgrundlage eingebundenen Betriebe der Vergangenheit ersetzen.

Heute bezeichnet der Begriff «alternative Landwirtschaft» im engeren Sinne die verschiedenen «organischen» Bewegungen. Diese sind der

* Opponenten einer «biologischen» Landwirtschaft sagen gerne, alle Landwirtschaft sei biologisch, sie habe ja schließlich mit lebenden Dingen zu tun. Diese gedankliche Schlichtheit wäre unerheblich, wenn sie nicht einen Punkt vor das Bewußtsein rückte: die erwähnte Zweischneidigkeit vieler konventioneller Maßnahmen hat ihre Wurzel in Denkansätzen, die für das Begreifen der toten Natur geeignet, die aber unzureichend sind, wenn man mit Lebenszusammenhängen umgeht.

modernen Entwicklung in Teilbereichen gefolgt, z. B. teilweiser Betriebsvereinfachung, Verwendung neuer Zuchtsorten, Anwendung der Landtechnik usw. Spricht man von alternativem Landbau im weiteren und eigentlichen Sinne, dann muß es sich allerdings um mehr handeln, nämlich um *eine Revision der heutigen konventionellen Systeme in Theorie und Praxis*. Diese Forderung ergibt sich aus dem eingangs Gesagten. Die Überprüfung betrifft die tierische und pflanzliche Erzeugung, Umweltfragen, Betriebsorganisation und die Stellung der Landwirtschaft in der Volkswirtschaft, nicht zuletzt aber auch das Verhältnis des wirtschaftenden Menschen selbst zu seiner Aufgabe. In seinen Vorträgen im Juni 1924 hat RUDOLF STEINER dieses Ganze der Landwirtschaft herausgestellt, nämlich in der Idee vom *Betriebsorganismus*. Dieser wird vom Menschen aus den Naturprozessen gestaltet. Als Organismus hat er sein Eigenleben und, wie jede biologische Ganzheit, vielfältige Umweltbeziehungen. Das damit gegebene Leitbild gilt heute auch für viele der biologischen Bewegungen, wenn auch mit unterschiedlicher Ausprägung.

An dieser Stelle sei auf die Ziele und Prinzipien der organischen Landwirtschaft hingewiesen, wie sie 1980 von IFOAM (s. nächster Abschnitt) formuliert wurden.

– Es wird, soweit möglich, ein geschlossenes System angestrebt, das sich aus den örtlichen Hilfsquellen erhält.

– Die Bodenfruchtbarkeit ist langfristig zu erhalten.

– Umweltverschmutzung aller Art aus landwirtschaftlichen Maßnahmen soll vermieden werden.

– Angestrebt wird die Erzeugung von Nahrungsstoffen mit optimaler biologischer Wertigkeit und in ausreichender Menge.

– Wichtig ist die Minimierung des Gebrauches fossiler Fremdenergieträger in der landwirtschaftlichen Praxis.

– Für Nutztiere sollen Lebensbedingungen geschaffen werden, die deren physiologischen und ethologischen Bedürfnissen sowie humanitären Grundsätzen entsprechen.

– Landwirtschaftliche Erzeuger müssen in der Lage sein, ihren Lebensunterhalt aus ihrer Arbeit zu bestreiten, und als Menschen sich entfalten können.

– Ländliche Gebiete und natürliche Standorte sollen erhalten und geschützt werden.

Landwirtschaftliche Chemikalien, Verfahren und Organisationsformen, die im Gegensatz zu diesen Zielen stehen, werden vermieden. Es wird auf die natürlichen ökologischen Gleichgewichte Rücksicht genommen. Was möglich ist, wird getan, um die Organismen, mit denen der Mensch arbeitet, zu Verbündeten anstatt zu Feinden zu machen. Wo aus soziologischen oder ökonomischen Gründen Kompromisse notwendig werden, soll deren Ausmaß klar definiert werden.

Organische Bewegungen

Deren Anfänge gehen in die zwanziger Jahre dieses Jahrhunderts zurück. Unbehagen über die «neuen» Betriebsmittel hat es schon vorher gegeben. Am 13. 10. 1977 hielt LADY EVE BALFOUR, die Begründerin der weltweit verbreiteten SOIL ASSOCIATION, einen Vortrag anläßlich einer Tagung der Internationalen Föderation Organischer Landwirtschaftlicher Bewegungen (IFOAM, eine seit kurzem etablierte Vereinigung alternativer Bestrebungen). Bei dieser Gelegenheit sagte Lady Balfour: «Ich weiß nicht wo und wann die Gedanken, die uns hier zusammengeführt haben, zum erstenmal als eine Bewegung bezeichnet wurden, aber ich zweifle nicht daran, daß die hauptsächliche Anregung aus der Arbeit früher Pioniere der Forschung im ersten Viertel dieses Jahrhunderts kam, obwohl man hier nicht den Einfluß eines der Bedeutendsten auslassen darf, der sogar noch früher war, Rudolf Steiner.» Sie erwähnt dann unter anderem die Namen von SIR ALBERT HOWARD, WILLIAM A. ALBRECHT (USA) und EHRENFRIED PFEIFFER. (Unter den Biologen wäre R. H. FRANCÉ noch zu nennen, der den Begriff des «Edaphon» geprägt hat.) Die Soil Association wurde in England gleich nach dem Zweiten Weltkrieg begründet. Sie führte dann das – bereits 1939 begonnene – *Haughly Experiment* durch, in dem drei Farmen miteinander verglichen wurden, nämlich «organische», «gemischte» (d. h. mit Viehhaltung und Mineraldüngeranwendung) und «viehlose» Bewirtschaftung.

In dem erwähnten Vortrag wies Lady Balfour darauf hin, daß beim Vergleich mit dem geschlossenen System der organischen Variante die Felder der anderen Sektionen einwandfrei eine zunehmende Abhängigkeit von der Mineraldüngerzufuhr zeigten – auch dort, wo gleichzeitig Wirtschaftsdünger angewandt wurde. Die Pflanzen in der organischen Sektion zeigen einen veränderten Wachstumsrhythmus, auch ist das Wurzelwachstum dort besonders kräftig. Trotz geringerem Massenwuchs erzeugten die organisch bewirtschafteten Weiden 20 Jahre lang einen um etwa 15 % höheren Milchertrag.

In den USA gibt es seit den fünfziger und sechziger Jahren viele organische Privatgärtner, aber auch Farmen und Erwerbsgärten, oft mit lokaler Vermarktung. Diese Bewegung wurde in erster Linie durch die Zeitschrift «Organic Gardening and Farming» (Rodale Press) in Gang gebracht. In Frankreich bestehen die Gruppen von NATURE ET PROGRÈS und die LEMAIRE-BOUCHER-Bewegung. In der Schweiz arbeitet die *Bauernheimatbewegung* und seit Februar 1973 die *«Schweizerische Stiftung zur Förderung des biologischen Landbaus»*, die mit teilweiser Unterstützung durch öffentliche Mittel und in Zusammenarbeit mit Versuchsstationen ein Forschungsprogramm in Gang gesetzt hat.

Man findet heute kaum ein Land, in dem es nicht eine kleinere oder größere Gruppe gäbe, die an alternativem Vorgehen interessiert ist. Von der biologisch-dynamischen Arbeit, die 1924 von acht Vorträgen RUDOLF STEINERS ausging, wird die folgende Darstellung handeln.

Zahlenmäßig stellen die alternativen Bewegungen eine Minderheit dar. Ein Interimsreport aus dem Jahre 1973, den die «Holländische Regierungskommission über alternative biologische Landwirtschaftsmethoden» erstellt hat, gibt für Holland, England und die Bundesrepublik an, daß von der landwirtschaftlichen Nutzfläche 0,2 – 0,52 % alternativ bewirtschaftet werden. Aus Frankreich wird ein Anteil von 1,24 – 1,57 % berichtet, doch ist dort die Abgrenzung schwierig.

Die *Bio-Dynamic Farming and Gardening Association, Inc.* in den USA schickte 1975/76 Fragebögen an ihre Mitglieder. Etwa 50 % antworteten, sie haben insgesamt in den Staaten und Kanada einen Grundbesitz (es sind nur Grundbesitzflächen, die größer als 1 acre = 0,4 ha sind, erfaßt worden) von rund 10 000 ha; doch dürfte nicht diese ganze Fläche in voll entwickelten biologisch-dynamischen Farmen und Handelsgärtnereien liegen.

Die *aktuelle Bedeutung alternativer Bewegungen und ihres Gedankengutes* kommt in diesen Zahlen nicht zum Ausdruck. Denn diese Gedanken durchdringen heute alle Kreise, auch die der konventionellen Landwirtschaft. Nicht nur die Praxis und die Hochschulen, sondern auch die Zulieferindustrie, Versuchsstationen, der staatliche Beratungsapparat und politische Kreise haben sich damit auseinanderzusetzen. Man kann nicht einmal sagen, daß das Gedankengut nur von den alternativen Bewegungen herrühre. Es entsprang auch den Beobachtungen mancher Praktiker der konventionellen Landwirtschaft und den Ergebnissen der mehr ökologisch und ganzheitlich orientierten Forschung. Sorgen um das Geschäft äußern sich oft in negativen Stellungnahmen. *Trotzdem sind heute Umwelt-, Rohstoff-, und Energiekrisen, auch die Qualitätsfrage im öffentlichen Bewußtsein anwesend.*

Auch die konventionell betriebenen Höfe und Gärtnereien sind keine einheitliche Gruppe. Manche neigen mehr, andere gar nicht zu biologischen Methoden. In Privatgärten und Nebenerwerbslandwirtschaften ist der Wechsel zu einer anderen Wirtschaftsform meist kein bedeutendes Problem, mehr eine Frage des Interesses. Für den Vollerwerbsbetrieb bedarf dieser Schritt sorgfältiger Planung, er verlangt Mut und handwerkliches Können. *Als Anreger zu neuen Fragestellungen und Ausblicken in Forschung und Praxis haben alternative Bewegungen in der Vergangenheit einen kaum zu überschätzenden,* wenn auch oft nur zögernd zugegebenen *Beitrag zur Entwicklung der Landwirtschaft* geleistet. Sie werden auch in der Zukunft ihren Teil dazu beizutragen haben, daß die Diskussion nicht ins Stocken gerate.

Konstruktive Kritik

Auch die alternativen Bestrebungen bedürfen der Weiterentwicklung. Konstruktive Kritik wird gebraucht. An dieser Stelle sei nur ein Aspekt herausgestellt. Er betrifft nicht das Fachwissen, an dem es sehr oft auch mangelt, sondern die Grundlagen. In einem Artikel im «Ecologist» (Okt. 1975) schreibt H. SKOLIMOWSKI* über die rasch anschwellende Flut an Ideen, Vorschlägen, Artikeln und Büchern, die heute unter dem Stichwort ökologische oder Umweltbewegung erscheinen. In dieser findet man viele «Nebenflüsse», aber zu einem «Hauptstrome» vereinigen sie sich nicht. «(Es gibt) kein neues Bewußtsein, das unserem Bild von der Welt und unserem Verhältnis zu ihr eine entscheidend neue Richtung gäbe . . . Ich wiederhole, verbesserte Heuwerbung (Heubereitung), organisches Gärtnern, Windmühlen (und Sonnenkollektoren) sind kein Endzweck». Der neue Lebensstil wird nicht durch gerne feilgebotene Lösungen für das oder jenes erreicht, wie wichtig auch die Teilbeiträge alternativer oder weicher Technologien im einzelnen sein mögen. Wir sind in unserem Leben nicht nur von einer Technik umgeben. Wir sind, so Skolimowski, auch in ein Wissen eingebettet, das jene erst möglich macht und begründet. Und es gibt Wertvorstellungen, die Wissen und Technik lenken. Und schließlich gibt es einen Glauben, sei dieser nun religiös oder säkularisiert. Dieser erst verbindet und impulsiert die drei anderen «Hüllen», nämlich Technik, Wissen und Werte.

* Prof. Univ. von Michigan, Gastdozent in St. Anthonis' Oxford, Verfasser von «Ecological Humanism».

Die Bestrebungen der Umweltschützer, organischen Landwirte und Vertreter einer mittleren Technologie werden also in einen *ethisch-weltanschaulichen Zusammenhang* gestellt. «Die technische Seite haben die ökologischen Bewegungen ganz gut gemeistert . . . Bis zu einem gewissen Grade sind sie auch mit der Hülle zurechtgekommen, die wir ‹Wissen› nennen. Einmal durch die Einsicht, daß es ein neutrales Wissen nicht gibt, ferner, daß Wissen nicht bloß die Grundlage unserer Technologie ist, sondern auch unserer Kosmologie, d. h. Weltsicht . . . So sind die negativen Aspekte der modernen Wirtschaftsentwicklung durch die ‹ökologische› Bewegung ans Licht gekommen. Ihre positive Aufgabe hat sie noch nicht erfüllt, nämlich neue, positive Verhaltensweisen in uns einzupflanzen. Das, so meine ich, ist das Ergebnis ihrer theoretischen Schwäche, nämlich ihre Unfähigkeit, eine umfassende Philosophie auszubilden mit Bezug auf die vorgenannten Hüllen.»

Es ist wichtig, daß solches heute gesagt werde. Selbst wenn man noch nicht sehen kann, ob der Autor diese von ihm geforderte Philosophie anzubieten habe.

Wertmaßstäbe muß man begründen

Der Zusammenhang zwischen Wissen, Technik und Wertvorstellungen wird auch von anderen, z. B. den Verfassern des *Bussauer Manifestes* (1976) gesehen: «Nahezu alle unter dem Stichwort ‹Umweltschutz› angebotenen Gegenmaßnahmen bewegen sich im Rahmen jenes Denkens und Handelns, das selbst die Ursache der Krise ist. In Wirklichkeit aber geht es um eine grundsätzliche Revision unserer einseitig quantitativ und ökonomisch bestimmten Wertmaßstäbe.» Damit ist nicht nur ein wichtiger Ausgangspunkt gegeben. Es ist auch genau der Punkt bezeichnet, an dem sich in der Regel die Geister scheiden. Die Frage ist, an welchem Zipfel anzufangen sei. Die Forderung, Wertmaßstäbe zu ändern oder zu beachten, genügt nicht, man muß diese begründen. Was so viele gerne auseinanderhalten möchten, nämlich *Erkenntniswege und Wertvorstellungen, – im forschenden und handelnden Menschen sind sie miteinander verbunden.* Mit erhobenem Zeigefinger auf die Bedenklichkeit seines Tuns aufmerksam gemacht zu werden, wird weder den Fachspezialisten der Wissenschaft noch den technisch oder wirtschaftlich Handelnden sehr beeindrucken. Vielmehr sollte man den Zusammenhang zwischen Methode und Inhalt der Wissenschaft (als Grundlage der Technologie) und den Werten richtig sehen, zu denen sich der Wissenschafter und die Konsumenten seiner Ergebnisse bekennen. Eine reduktionistische Wissenschaft, die die Gesamterscheinung «Leben» nur als zahlreiche einzelne Mechanismen denken kann, neigt zu *Teillösungen* durch direkte Eingriffe. Sie vernachlässigt den Bezug zur *Ganzheit,* die es für sie eigentlich gar nicht gibt. Man ist geneigt, schädliche Nebenwirkungen zwar als unerwünscht, aber halt unvermeidlich oder als vorläufige Pannen in Kauf zu nehmen. Gleichgültigkeit und Mangel an pflegerischer Gesinnung erfahren eine scheinbar sachliche Begründung. Und doch, Hegen und Pflegen gehören nun einmal zu den Grundlagen der landwirtschaftlichen und gärtnerischen Arbeit. Aber sie werden zurückgedrängt. Man findet eine Entschuldigung.

Es kann nicht geleugnet werden, daß dieser Argumentation eine gewisse Schwäche anhaftet, obwohl sie die bestehende Sachlage richtig kommentiert. Schließlich, so kann man sagen, bemerkt auch der einseitig analytisch-technisch Gesinnte die negativen Auswirkungen seines Tuns. Er wird dann nach anderen Lösungen suchen. Hier tritt aber ein weiterer Gesichtspunkt in Kraft. Die Befunde der Fachwissenschaft selbst erlauben nicht nur ein ganzheitliches Bild der Lebensvorgänge. Sie *fordern* es für ein vorurteilsloses Anschauen. Auch hierzu sei ein Beispiel angeführt.

Ph. Matile (1973) beschreibt, wie die Lebensformen auf einfachen und auf höheren, mehr komplexen Organisationsstufen immer zwei Komponenten aufweisen: einmal die zahlreichen chemisch und physikalisch erklärbaren Einzelprozesse des Wachstums und Stoffwechsels einschließlich ihrer Regulatoren; zum anderen die vorgegebene Struktur und den Zeitplan, nach dem die Entwicklungsstadien durchlaufen werden: «Aus den . . . Beziehungen zwischen Stoffwechsel, Zelle und Pflanzengestalt geht die hierarchische Struktur des Lebens hervor. Unterste Stufe ist die unbelebte Umwelt der Organismen; sie umfaßt alle chemischen und physikalischen Voraussetzungen für die Stufe des Stoffwechsels, der seinerseits die Vielfalt der artspezifischen biogenen Moleküle hervorbringt, welche auf der nächsten Stufe als Zelle in Erscheinung tritt. Weitere Stufen sind die Gewebe und Organe, schließlich die ganzen Pflanzen. Zweifellos führt das Tierreich und endlich der Mensch die Hierarchie zu noch höheren Stufen . . . Nicht zuletzt können die Ökosysteme . . . als eine sehr hohe Stufe des Lebensgefüges aufgefaßt werden.

Die Hierarchie weist bestimmte Gesetzmäßigkeiten auf. Zunächst ist jede Stufe von den Prozessen auf allen tieferen Stufen abhängig. Einer jeden Stufe ist sodann ein spezifisches Prinzip eigen, das die Prozesse auf der nächsttieferen Stufe gewissermaßen für seine Zwecke einspannt. Dieses

Prinzip hebt die Gesetze der tieferen Stufen niemals auf, aber es ist auch niemals auf diese Gesetze reduzierbar . . . Auf dem Niveau der Zelle ist die Bildung und Erhaltung der Strukturen, etwa der Mitochondrien und Chloroplasten, mit jenem Aufwand an freier Energie verbunden, den die Thermodynamik für eine entsprechende Abnahme der Entropie fordern müßte. Andererseits kommt in diesen Organellen zum Ausdruck, wie ein übergeordnetes Prinzip, die Zelle, den Spielraum der potentiellen Möglichkeiten auf der nächst tieferen Stufe einschränkt, dergestalt, daß die Energietransformation unter Kontrolle gehalten ist, und einem höheren Zwecke dient. Die Kontrolle der Lebensprozesse geht somit vom höchsten Niveau der Hierarchie aus und setzt sich nach unten, von Stufe zu Stufe bis zum unbelebten Niveau fort.»

Folgerichtig schreitet die Erforschung der Lebenserscheinungen, wie dieses Zitat zeigt, vom physikalischen und chemischen Einzelmechanismus zur gedanklichen Erfassung des ganzheitlichen Zusammenhanges fort. Selbstregulation und exogene Regulation, spezifische Strukturen sind als dem Organismus innewohnende, bzw. ihm vorgegebene Situation anzuerkennen, – sie sind insofern prinzipiell verschieden von der Konstruktionsidee, die im Kopf des Ingenieurs entsteht, der eine Maschine baut. Solche Gedanken liegen auch dem Vortrag «Biologie und Landwirtschaft» (1971) desselben Verfassers zugrunde, wo es in der Zusammenfassung u. a. heißt: «Jene Landwirtschaft, die durch unsere öffentlichen Anstalten und Schulen betreut wird, erreicht das Ziel einer quantitativ phänomenalen Produktion auf dem Weg des Eingriffs auf einzelnen Stufen des Ökosystems (Einsatz von unmittelbar verfügbaren Düngemitteln, Korrekturen auf dem Niveau der Fütterung, medikamentöse Einwirkung auf die Nutztiere usw.). Die wissenschaftliche Betrachtungsweise ist eine analytisch-quantitative.

Der zweite Weg beruht auf einer ganzheitlich-qualitativen Betrachtungsweise. Der landwirtschaftliche Betrieb wird als ein Organismus höherer Ordnung aufgefaßt, in welchen sich der Bauer als ein integrierendes und lenkendes Glied hineinstellt. An die Stelle der Eingriffe auf einzelnen Stufen treten Maßnahmen, welche die Dynamik des ganzen Lebensgefüges, insbesondere auch des Bodens beeinflussen . . . Diese Methode wird zurecht als biologische (lebensfolgerichtige) Landwirtschaft bezeichnet, weil sie versucht, die biologischen Gesetze des Betriebsorganismus zur Geltung zu bringen.»

Für die Entwicklung der alternativen Landwirtschaft wird durch eine solche Erkenntnishaltung zweierlei gewonnen: Das Erlebnis der Ganzheit in den Lebenserscheinungen führt zum verantwortlichen Handeln. Man strebt nicht nur den primären Zweck durch technische Manipulation an. Man versucht sich über den größeren Zusammenhang, über die «Nebenwirkungen» des Tuns klar zu werden. – Auch der andere Gesichtspunkt ist nicht unwichtig. Der Fortschritt in der konventionellen Landwirtschaft ist das Ergebnis wissenschaftlicher Forschung. Kennt man die relative Berechtigung und die Einseitigkeiten der neueren Verfahren, dann braucht nicht Reformeifer gleich alles über Bord zu werfen. Man kann aussortieren, was für ein alternatives Vorgehen brauchbar, was verwerflich ist. Das Gespräch über den Zaun wird möglich, bei aller Klarheit und Entschiedenheit in bezug auf die eigene Position.

Die biologisch-dynamische Landwirtschaft

Ausbreitung und Tätigkeiten

Den biologisch-dynamischen Landbau gibt es heute in zahlreichen Ländern und auf den verschiedenen Kontinenten.

Einige RUDOLF STEINER nahestehende Landwirte hatten während und nach dem Ersten Weltkrieg wiederholt Gelegenheit, mit ihm über ihre Arbeit zu sprechen. So faßten CARL GRAF VON KEYSERLINGK, ERNST STEGEMANN, ERHARD BARTSCH, IMANUEL VÖGELE und andere den Gedanken , ihn um Vorträge über Landwirtschaft zu fragen, und R. Steiner hielt im Juni 1924 für diejenigen Mitglieder der Anthroposophischen Gesellschaft, die in der Landwirtschaft und ihren Nebenbetrieben tätig waren, einen Landwirtschaftlichen Kursus ab. Dieser fand vom 7. bis 16. Juni 1924 auf dem Gute Koberwitz bei Breslau vor etwa 100 geladenen Teilnehmern statt. Bereits 1923 teilte R. Steiner Maßnahmen mit, die zur Herstellung der *biologisch-dynamischen Präparate* führten. GÜNTHER WACHSMUTH und EHRENFRIED PFEIFFER stellten damals in Arlesheim (Schweiz) das erste Präparat 500 (Horndung) her. Die folgenden Sätze entstammen einer Denkschrift des Grafen Keyserlingk, die dieser im Mai 1928 herausgab (damals «streng vertraulich», heute sind die landwirtschaftlichen Vorträge und die einschlägige Literatur allgemein zugänglich).

«Die Teilnehmer an dem Landwirtschaftlichen Kursus (gründeten) noch während desselben den *Landwirtschaftlichen Versuchsring* der Anthroposophischen Gesellschaft, der es sich zur Aufgabe gestellt hat, alle die von R. STEINER in dem Landwirtschaftlichen Kursus in Koberwitz und in anderen Vorträgen, Schriften und Gesprächen über die in die Landwirtschaft und deren Nebenbetriebe fallenden Gebiete gemachten Angaben und Anregungen durch exakte Versuchsanstellung aller Art auf ihre Zweckmäßigkeit und Anwendungsart zu prüfen.*

* Der Wortlaut «Versuchsring der Anthroposophischen Gesellschaft» trifft in dieser Form nicht mehr zu. Bald schon arbeiteten Nichtmitglieder der Gesellschaft nach dieser Methode. Man ist nicht verpflichtet, Mitglied der Anthroposophischen Gesellschaft zu sein oder für bestimmte Anschauungen einzutreten, wenn man biologisch-dynamisch arbeiten will.

Dieser internationale Versuchsring wird von Dr. Wachsmuth, dem Leiter der Naturwissenschaftlichen Sektion an der Freien Hochschule für Geisteswissenschaft am Goetheanum in Dornach bei Basel, dem Klostergutspächter Stegemann in Marienstein bei Nörten (Hannover) und mir selbst (v. Keyserlingk) geleitet. Zur Zeit besitzt der Versuchsring 148 Mitglieder und 66 Anwendungsstellen. Der Versuchsring ist in bezug auf die verschiedenartigen Versuchsanstellungen in Sonderabteilungen für Landwirtschaft, Gartenbau, Weinbau, Forstwirtschaft, Imkerei und Tierheilkunde eingeteilt, die von Personen mit Spezialkenntnissen geleitet werden und die im Bedarfsfalle eine Vermehrung erfahren werden. Außerdem sind zur Zeit sechs wissenschaftliche Institute an den Arbeiten des Versuchsringes beteiligt . . .»

Die Denkschrift, der diese Sätze entnommen sind, handelt von der «Behebung der Not der Landwirtschaft». Es ist auch heute noch interessant, wenigstens einige der Punkte anzuführen, die damals, 1928, als diese Not der Landwirtschaft angesehen wurden. – Da heißt es u. a. «Ackerbau ist zu einem Glücksspiel geworden . . . nichts ist ungewisser als der Wert der Ernte . . . ein Leitmotiv der Weltwirtschaftskonferenz in Genf: Die Landwirtschaft muß darauf bedacht sein, eine systematische Senkung ihrer Produktionskosten herbeizuführen . . . Die Mineraltheorie und die Chemie wird mehr und mehr zum Leitfaktor der wissenschaftlichen und praktischen Landwirtschaft . . . Der Landwirt verliert das ererbte Verwachsensein mit dem Boden und den Sinn für ein feineres Kräftespiel in den Naturreichen . . . Von der Regierung und den Fachkörperschaften wird die Intensivierung gefördert . . . Die Folge ist eine rasch fortschreitende Verschuldung . . . Betriebe mit stärkerer Kunstdüngeranwendung machen keineswegs bessere Abschlüsse . . . Der Landwirt ist darauf eingestellt, viel zu produzieren ohne Rücksicht auf die Qualität der Produkte . . . Ein Nahrungsmittelchemiker weist darauf hin, daß wir in Deutschland überhaupt kein wohlschmeckendes und bekömmliches Brot mehr bekommen . . . Die Ernährung des deutschen Volkes, ja von ganz Europa aus eigener Scholle bleibt trotz aller Intensivierung und dem steten Ruf nach Ertragssteigerung, eine höchst problematische Angelegenheit, solange die Qualitätsfrage nicht gelöst ist . . .»

Das sind also dieselben Sorgen, die die Landwirtschaft auch noch heute, sogar mehr als damals und im Weltmaßstab, bedrücken. Sie waren in den zwanziger Jahren z. T. nur keimhaft vorhanden. Sie wurden aber gesehen, nicht nur von den biologisch-dynamisch arbeitenden Landwirten, auch von Wissenschaftern und Politikern.

Schon bald nach dem Kurs wurde die neue Methode auf einer größeren Anzahl von Höfen praktiziert. Ihre Ausarbeitung geschah als *Verfahrensentwicklung*. Diese wurde vorwiegend auf den Höfen geleistet. Aber entsprechend der Bewußtseinshaltung unserer wissenschaftsbetonten Zeit war die Arbeit von Anfang an gekoppelt mit einer umfangreichen *Versuchstätigkeit*. Diese wurde auf den größeren Höfen betrieben, im Biologischen Institut und der Naturwissenschaftlichen Sektion am Goetheanum (L. Kolisko, E. Pfeiffer u. a.). Ferner wurde die öffentlich zugängliche wissenschaftliche Information und Versuchstätigkeit herangezogen. Neue Mitarbeiter kamen hinzu. Als die Arbeit wuchs, wurde sie in gebietsweise Zusammenschlüsse der landwirtschaftlichen und gärtnerischen Betriebe gegliedert, die *Arbeitsgemeinschaften*. Über das Land hin wurden *Auskunftsstellen* mit Beratern eingerichtet. Bereits 1929 gab es zwölf Auskunftsstellen. Ab demselben Jahr wurde die «*Demeter-Monatsschrift*» das Publikationsorgan der Bewegung.

Noch in anderer Hinsicht wurde durch die biologisch-dynamische Bewegung Neuland betreten. Ab 1928 führte die *Verwertungsgenossenschaft Demeter,* später der *Demeterwirtschaftsbund* die Produkte aus biologisch-dynamischer Erzeugung den daran interessierten Verbrauchern zu. Damit wurde eine Entwicklung eingeleitet, die dann von den sechziger Jahren an auch andernorts in größerem Maßstabe aufgegriffen wurde: nämlich *die Qualitätserzeugung schon vom Anbau her und die Pflege der Beziehung zwischen Erzeuger und Verbraucher*. Auch dieser Schritt hat mittlerweile über die biologisch-dynamische Bewegung hinaus Bedeutung erlangt.

Der Versuchsring wurde später in den *Reichsverband für biologisch-dynamische Wirtschaftsweise* umgewandelt. Von 1927 an hatte er unter der Leitung von E. Bartsch sein Zentrum in Bad Saarow. Die Autarkiebestrebungen in den dreißiger Jahren führten dazu, daß 1937 und 1938 Untersuchungen über die Flächenleistung der biologisch-dynamischen Höfe eingeleitet wurden. Dr. Benno von Heynitz berichtete über 55 Betriebe in den verschiedenen Anbauzonen Sachsens, deren Leistungen an Getreide, Hackfrucht und Milch über dem Durchschnitt des Erzeugungsgebietes lagen. 1941 wurde die biologisch-dynamische Arbeit durch die damaligen Machthaber in Deutschland verboten.

In den ersten Zeiten ihrer Entwicklung in Deutschland war die in Rede stehende Landwirtschaftsmethode im Osten des Landes stark vertreten. Diese Gebiete kamen nach dem Kriege unter andere Verwaltungen, die Arbeit konnte nicht fortgesetzt werden.

Im Herbst 1946 trat in Stuttgart ein Arbeitskreis von Landwirten zusammen, – manch einer hatte seinen bisherigen Wirkungskreis verlassen müssen. Aus dieser Zusammenkunft entstand dann der *Forschungsring für biologisch-dynamische Wirtschaftsweise* als weiterführende Organisation, mit H. HEINZE als Geschäftsführer. Verbindungen wurden wieder hergestellt, Kurse der Öffentlichkeit angeboten, neue Mitarbeiter verstärkten die Arbeit.

Wichtigstes Instrument für die Weiterentwicklung und Ausbreitung der Methode wurden auch in der Zeit nach dem Zweiten Weltkrieg die örtlichen *Arbeitsgemeinschaften* von Bauern und Gärtnern. Man trifft sich regelmäßig, um unter sich oder zusammen mit den Beratern und anderen Fachleuten die laufende Arbeit und spezielle Themen zu behandeln.

Seit 1954 ist der *Demeter-Bund* wieder tätig. Seine Anbaurichtlinien werden nach dem Stand der Erkenntnis ständig weiterentwickelt. Seine Tätigkeit ist die einer rechtlichen Treuhand-Organisation. Er wirkt ferner aufklärend und informativ. Er verwirklicht in seinem Wirtschaftszweig ein assoziatives Vorgehen (s. Seite 228 f.).

Am *Institut für biologisch-dynamische Forschung* sind eine Anzahl praxisorientierter Arbeiten entstanden, auf die in den folgenden Darstellungen mehrfach Bezug genommen wird. Die *Demeter-Gütestelle* ist ein Teil dieses Institutes. Produkte aus biologisch-dynamischem Anbau werden untersucht, die Resultate werden dem Anbauer und der Anbauberatung zur Verfügung gestellt.

Die *Zeitschrift «Lebendige Erde»,* eine Schriftenreihe gleichen Namens, weitere einschlägige Literatur, Einführungskurse, Tagungen, Flurbegehungen usw. runden das Bild einer wachsenden Tätigkeit ab.

Die *Lehrlingsausbildung,* Kurse mit dem Ziel einer sowohl praktischen wie auch in die Erkenntnisgrundlagen eindringenden Ausbildung sind eine dringende Aufgabe, die gegenwärtig in rascher Entfaltung begriffen ist.

Einer Zusammenstellung des Demeter-Bundes aus dem Jahre 1982 sind die folgenden Angaben über biologisch-dynamische Tätigkeiten in 12 europäischen Ländern entnommen (in Klammern die Angaben für die Bundesrepublik): landwirtschaftliche und gärtnerische Erwerbsbetriebe: 1090 (464); Fläche: 17 600 (10 008) ha; Berater: 28 (12); Verarbeiter: 124 (90); Großhändler: 47 (18); Einzelhändler: 2924 (1800); Verbrauchervereine: 30 (15). In Schweden arbeitet sehr erfolgreich ein Forschungsinstitut. Vermarktung unter Schutzmarken, wie ‹Demeter› und ‹Helios›, außerdem Erzeuger-, auch Konsumentenzusammenschlüsse gibt es in verschiedenen Ländern. *Ganzjährige Ausbildungskurse* werden in *Järna (Schweden), Thedingsweert (Holland)* und am *Emerson College in Forest Row (England)* angeboten. Der letztgenannte Kurs wurde seit 1971 von Studenten aus 32 verschiedenen Nationen besucht. In den romanischen Ländern Europas ist die Bewegung vertreten, neuerdings in rascherer Ausbreitung begriffen.

Vom Beginn des letzten Krieges bis 1961 war EHRENFRIED PFEIFFER in den USA tätig und baute dort die biologisch-dynamische Arbeit auf. Heute vereinigt die dortige *Bio-dynamic Farming and Gardening Association* örtliche Gruppen von der West- bis zur Ostküste der Staaten und Kanadas. Pfeiffers Laboratorium produzierte während seines Bestehens wichtige Ergebnisse und bot einen Untersuchungsdienst an. Über das Gebiet der Landwirtschaft hinaus war Pfeiffer einer der Pioniere in der Rückführung städtischer Abfälle zum Lande, er lehrte Ernährungswissenschaft in einem College und baute die von ihm entwickelten medizinischen Testmethoden aus.

Auf der *südlichen Halbkugel* ist die biologisch-dynamische Arbeit in einer Reihe von Ländern vertreten, zahlenmäßig am stärksten in Australien, ferner in Neuseeland, Südafrika, Zentral- und Südamerika. In den wärmeren Ländern der Erde bestehen wichtige, oft erst anfänglich bewältigte Aufgaben. Entwicklungsarbeit ist zu leisten. Die Schattenseiten westlicher Erzeugungsmethoden und einer Landwirtschaft im Stile der Grünen Revolution zeigen sich dort viel rasanter als in den gemäßigten Klimaten. Die Bodenerosion hat in den letzten Jahren alarmierend rasche Fortschritte gemacht. *Für eine leistungsfähige, arbeitsintensive Landwirtschaft, die Entwicklung der landeseigenen Ressourcen, Bodenerhaltung und eine fortschrittliche mittlere Technologie sind in den warmen Ländern die Grundsätze biologisch-dynamischer Landwirtschaft von besonderer Bedeutung.* Sie haben überall Gültigkeit, wo Landwirtschaft betrieben wird. Ihre Umsetzung in die Praxis wechselt allerdings. *Sie muß lokal entwickelt werden, d. h. in Wechselwirkung mit den ökologischen, ökonomischen und soziologischen Bedingungen, auch im Hinblick auf die Bewußtseinsstrukturen der Bevölkerung.* Es gibt in den wärmeren Klimaten Zentral- und Südamerikas arbeitende Farmen. Sie sind Modelle, die sich in dem Spannungsfeld der jeweiligen Bedingungen entwickeln. Ihre Erfahrungen erlangen Bedeutung für die Anwendung in anderen Ländern.

Eine notwendige Bemerkung

Jede Form der Landwirtschaft ist von anderen nicht nur verschieden, sondern hat mit diesen auch vieles gemeinsam. Die folgende Beschreibung der biologisch-dynamischen Landwirtschaft enthält aus diesem Grunde drei Elemente:

1. Eine angemessene Berücksichtigung des «*handwerklichen*» Wissens und Könnens, das immer und überall gebraucht wird. Es stammt ebenso aus jahrhundertelang gewachsener Tradition wie aus moderner Forschung und Entwicklung.
2. Die Grundsätze alternativer Landwirtschaft, deren wichtigste auf Seite 12 ff. bereits genannt wurden. Ein nicht geringer Teil der Pionierarbeit für Entwicklung und Anwendung wurde seit den zwanziger Jahren *von biologisch-dynamisch arbeitenden Landwirten und Gärtnern geleistet.* Davon ist heute vieles Allgemeingut der organischen Bewegungen und der allgemeinen Landwirtschaft geworden.
3. Die besonderen *biologisch-dynamischen Maßnahmen*, die *Betriebsgestaltung* und die *anthroposophische* Begründung einer Wissenschaft von den Lebenserscheinungen.

RUDOLF STEINER sprach im Vortrag vom 22. 6. 1924 zu Praktikern mit z. T. vieljähriger Erfahrung. Er knüpfte an deren berufliche Kenntnisse an, «um zu solchen praktischen Gesichtspunkten für die Landwirtschaft zu kommen, die zu dem heute durch praktische Einsicht und wissenschaftliche Untersuchung Gewonnenen das hinzufügen, was von einer geistgemäßen Betrachtung der einschlägigen Fragen gegeben werden kann».

Diese Bemerkung wird nicht ohne Grund gemacht. Man begegnet nicht selten Aussagen wie: «das machen wir doch auch», oder: «das ist doch nicht spezifisch biologisch-dynamisch». Darin kann sich eine Form der Ablehnung aussprechen, häufiger dürfte es sich bloß um eine Gedankenlosigkeit handeln. Biologisch-dynamisches Arbeiten schließt selbstverständlich das handwerkliche Können und solche ökologische Gesichtspunkte ein, die auch anderswo gewußt und praktiziert werden.

Wirkensprinzipien biologisch-dynamischen Arbeitens

Obwohl also der biologisch-dynamische Gärtner oder Landwirt die meiste Zeit dieselben Arbeiten verrichtet wie sein Kollege im konventionellen Bereich, so bestehen doch klare und eindeutige Unterschiede zwischen deren Vorgehen. Einige derselben sind in der folgenden Übersicht zusammengestellt. Man sollte bei dieser nur im Auge behalten, daß Tendenzen gemeint sind; die Strenge der Durchführung wechselt allerdings.

Tendenzen im biologisch-dynamischen und konventionellen Land- und Gartenbau

	biologisch-dynamisch	*konventionell*
	Betriebsorganisation	
(1)	Betonung biologischer und arbeitswirtschaftlicher Effizienz, standörtlich orientiert	Betonung technisch-arbeitswirtschaftlicher Effizienz, ökonomisch orientiert
(2)	Vielfalt, ausgewogene Kombination verschiedener Betriebszweige, standortgemäße Fruchtfolge	Spezialisierung, d. h. unproportionierter Ausbau eines oder weniger Betriebszweige
(3)	möglichste Eigenversorgung des Betriebes mit Dünger und Futter	unbedenkliche Einfuhr von Dünger und Futter
(4)	relative Marktunabhängigkeit durch Vielfalt und Assoziierung*	fortgesetzte, kurzfristige Marktanpassung des Programmes
	Erzeugung	
(5)	Nährstoffkreislauf	Nährstoffersatz
(6)	vorwiegend Wirtschaftsdünger	erheblicher oder ausschließlicher Düngerzukauf
(7)	langsam lösliche Mineralstoffe (z. B. Kalk)	lösliche Mineraldünger (und Kalk)
(8)	Unkrautregulation durch Anbau und Bearbeitung, physikalische Methoden, dynamische Maßnahmen	Unkrautbekämpfung durch Herbizide, Anbau und Bearbeitung
(9)	Schädlingsregulation auf der Grundlage maximaler Homöostase (Selbstregulation im System), dynamische Maßnahmen	Schädlings- und Krankheitsbekämpfung durch Eliminierung mit Bioziden
(10)	vorwiegend wirtschaftseigenes Erhaltungs- und Leistungsfutter	erheblicher Futterzukauf, bodenunabhängige Massentierhaltung
(11)	Fütterung und Haltung der Haustiere für Leistung und Gesundheit	Fütterung und Haltung der Haustiere vorwiegend leistungs- und arbeitswirtschaftlich orientiert
(12)	Saatgutwechsel wenn nötig	häufiger Saatgutwechsel

* Mit Assoziierung ist eine engere Produzenten-Konsumentenbeziehung gemeint, nicht nur durch Direktvermarktung, die immer nur einen begrenzten Umkreis erreicht, sondern auch die später zu besprechende Demeter-Arbeit.

	biologisch-dynamisch		konventionell
		Wirkensweisen	
(13)	Anregung und Lenkung komplexer Lebensvorgänge durch dynamische Maßnahmen, Präparate für Dünger, Böden, Kulturpflanzen, ferner auch zur Unkraut- und Schädlingsregulierung	(13)	Steuerung von außen durch Wirkstoffe in Pflanzenbau und Tierhaltung
(14)	Integration der Produktion in die Umwelt, Beachtung von Rhythmen; Landschaftspflege	(14)	Emanzipierung der Produktion von der Umwelt durch Chemie und Technik
(15)	harmonische Versorgung von Tieren und Pflanzen aus Lebensprozessen: wirtschaftseigene Dünger- und Futtermittel	(15)	exzessive Versorgung, Ersatz, gezielte Ergänzung bei Mangelerscheinungen
		Gesellschaftliche Auswirkungen	
(16)	volkswirtschaftlich günstiges materiales und energetisches Aufwands- und Ertragsverhältnis, privatwirtschaftlich guter, stabiler monetärer Erfolg	(16)	volkswirtschaftlich ungünstiges materiales und energetisches Aufwands- und Ertragsverhältnis, privatwirtschaftlich hohes Risiko, z. T. hohe Gewinne
(17)	keine Umweltverschmutzung	(17)	sehr erhebliche Umweltverschmutzung
(18)	Erhaltung der Böden, der pflanzlichen und tierischen Landschaftsbestände	(18)	Aufbrauch von Böden, vielfach Erosion, Aufbrauch und Verödung pflanzlicher und tierischer Landschaftsbestände
(19)	Regionalisierung einer gemischten Erzeugung und Versorgung der Bevölkerung, Tendenz zu überschaubaren durchsichtigen Beziehungen zwischen Erzeuger und Verbraucher	(19)	örtliche und regionale Spezialisierung der Erzeugung, lange Transportwege, zentralisierte Vorratshaltung, Tendenz zur anonym bleibenden Erzeugung und Vermarktung durch Großunternehmen
		Menschliche Werte	
(20)	ganzheitlicher, aber in sich differenzierter Erkenntnisansatz	(20)	reduktionistisches, kausalanalytisches Denken
(21)	Einheit von Weltsicht und Motivierung	(21)	emanzipierte, betont ökonomische Einstellung

Auch biologisch-dynamische Höfe werden angelegt, um den Zwecken des Menschen zu dienen. Insofern sind sie nicht «natürlich». Aber *sie nutzen die natürlichen Umweltbeziehungen und Wechselwirkungen zwischen Böden, Tieren und Pflanzen aus.* Verglichen mit der Leistung eines vom Menschen unbeeinflußten Standortes wird ein *Überschuß* an Nahrung und Futter erzeugt. Dynamische Maßnahmen, wie die Präparate, steigern die Naturprozesse. Jeder gesunde, weitgehend aus seinen eigenen Hilfsquellen produktive Betrieb kann zurecht als «*Organismus*» bezeichnet werden. – Konventionell betriebene Landwirtschaft tendiert zu technisch ausgedachten Verfahren, die durch Zufuhr von außen, künstliche Ausschaltung der natürlichen Vielfalt und gezielte Eingriffe ihre quantitativ und arbeitswirtschaftlich eindrucksvollen Resultate erzielen, – allerdings um den eingangs schon besprochenen, nicht tragbaren Preis.

Landwirtschaft ist ein Gebiet der praktischen Arbeit. Die in dieser Gegenüberstellung genannten Arbeitsweisen haben ihre theoretischen Grundlagen und Erkenntnisansätze. Der *kausal-analytischen* steht die *ganzheitliche Betrachtungsweise* gegenüber. Letztere ist gemeint in Anlehnung an den GOETHEschen Satz («Der Versuch als Vermittler von Objekt und Subjekt», 1973): «In der lebendigen Natur geschieht nichts, was nicht in Verbindung mit dem Ganzen stehe, und wenn uns die Erscheinung nur isoliert erscheinen, wenn wir die Versuche nur als isolierte Fakten anzusehen haben, so wird dadurch nicht gesagt, daß sie isoliert seien.»

Geht man im Sinne dieses Satzes vor, dann bleibt das Wort ganzheitlich keine leere Phrase, sondern erhält einen differenzierten Inhalt (s. oben Ziff. 20). Dazu werden im folgenden Abschnitt einige Hinweise gegeben, – allerdings ohne daß hier die Gelegenheit ist, das weitgespannte Thema «Wesen eines Organismus» mehr als nur anfänglich zu berühren.

Organismus und Umwelt

Für die *unorganische* Welt ist die kausal-analytische Betrachtung brauchbar. Man versteht mit ihrer Hilfe einen Teil der stofflichen und energetischen «Zustände und deren Übergänge ineinander» (Steiner), die einem in der sichtbaren, tastbaren usw. Welt entgegentreten. Man stellt mit dem Kausalnexus gedanklich den Zusammenhang zwischen zwei nacheinander auftretenden Erscheinungen in der unorganischen Natur her. Ein beobachtbarer Vorgang ist die Wirkung einer ebenfalls beobachtbaren physischen Ursache. Die Gesetze der Physik und Chemie enthalten gedanklich das Ganze der unorganischen Welt. Sie gelten innerhalb und außerhalb eines Lebewesens, überall wo physische Stoffe und physikalische Energie am Werke sind.

Aber jede einzelne Pflanze offenbart dem Aufmerksamen noch mehr als bloß physikalische und chemische Gesetzmäßigkeiten, nämlich eine *sinnlich-übersinnliche Form,* – um diesen goetheanistischen Ausdruck zu gebrauchen. Ein einfaches Beispiel soll dies erläutern. In der Abbildung (S. 31, nach BOCKEMÜHL 1977) sind die Blätter aus dem vegetativen Entwicklungsabschnitt von *Sonchus oleraceus* (Milchdistel) angeordnet, beginnend unten links mit dem ersten, endend unten rechts mit dem letzten, der Blüte vorangehenden Blättchen. Am Stengel aufsteigend sind die Blätter zeitlich nacheinander gewachsen. Jedes gehört unverwechselbar an «seinen Platz». Wir folgen mit beweglichem Vorstellen bestimmten Bildetendenzen, d. h. einer gerichtet fortschreitenden Entwicklung. Diese beginnt mit der Streckung des Stieles. Die Spreite gliedert sich mehr und mehr in den Teil, der der Blattspitze zugerichtet ist. Dann wird die Mittelachse kürzer, der Blattgrund wird breiter. Schließlich ist der Punkt erreicht, an dem im Lebenszyklus ein neuer Schritt, die Blütenbildung vollzogen wird. – Wir stellen in diesem einfachen Gang des Vorstellens ideell die Verbindung zwischen den Gliedern der Reihe her. Das Bild eines Ganzen wird von uns gedacht, wo in der physischen Wirklichkeit streng genommen nur unterschiedlich aussehende einzelne Blätter vorliegen. Doch ist das Bild nicht willkürlich. Es enthält die Wirklichkeit der Sache.

Was so zunächst ein einzelnes *Bild* ist, gewinnt den Charakter eines *Gesetzes,* wenn man dieselben Bildetendenzen, dieselbe auf die Blüte hin orientierte Entwicklung, jedoch mit durchaus anderen Blattformen bei einer ganzen Anzahl ein- und mehrjähriger Kräuter findet. Ausdehnung und Zusammenziehen, Gliederung, Orientierung auf die Blüte hin, ist ein einheitliches Geschehen, an dem wir *ideell teilhaben,* das aber in vielfältiger Abwandlung in die Erscheinung tritt. Anschauend und denkend wird so ein Zusammenhang gefunden, der der Ebene des «Lebens» angehört. Zur Wirklichkeit der Pflanze gehören die nur ideell erlebbaren Bildebewegungen ebenso wie die zunächst zusammenhanglosen sichtbaren Blätter.

Ist dieser Schritt vollzogen, so schließt sich gleich ein nächster an. Die konkrete Einzelpflanze führt vor, wie sich der *Typus* einer botanischen Art unter den Bedingungen einer gegebenen *Umwelt* ausprägen kann. Seine Erscheinung wird abgewandelt, je nach der Feuchtigkeit oder Trockenheit

des Standortes, einem armen oder fruchtbaren Boden, der Gunst oder Ungunst der Jahreswitterung. Pflanzen sind aber auch – für ihre jeweilige Art typisch – in den Jahreslauf eingeordnet. Die Jahreszeiten haben «ihre» Blüten. Um gleichmäßig das Reifestadium zu erreichen, braucht ein Feld mit Winterweizen eine Kälteperiode.

Ein schönes Beispiel für den Zusammenhang von *Gestaltentwicklung und*

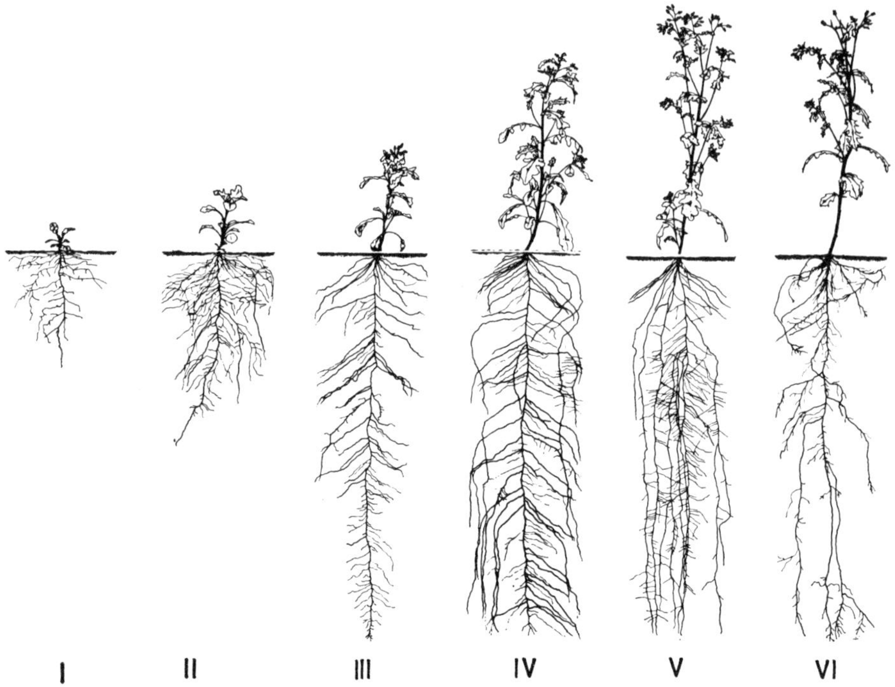

Jahreslauf zeigt die Abbildung (S. 32/3, nach BOCKEMÜHL 1972). Von dem rasch wachsenden Gartenunkraut *Senecio vulgaris* (gemeines Greiskraut) wurden wöchentlich drei Aussaaten gemacht. Der hier abgebildete Ausschnitt zeigt eine Reihe von jeweils acht Wochen alten Pflanzen, deren Wachstumsbeginn jedesmal einen Monat auseinander liegt. In den Sommermonaten bringt es das Pflänzchen in zwei Monaten zur Blüten- und Samenbildung. Man vergleiche aber Jahresanfang und Jahresende. Die über zwei Monate summierten Temperaturen und Tageslängen im Frühjahr bzw. Spätjahr sind vielleicht gar nicht so sehr verschieden. Ihre Gradienten sind verschieden, ansteigend und länger werdend im Anfang des Jahres, abnehmend und kürzer werdend im Spätjahr. Entsprechend sind auch die Gestalten verschieden, die zustande kommen. Noch ein weiterer Schritt ist möglich.

Nicht nur die Bildung der Raumgestalt verläuft nach einem «Zeitprogramm», sondern auch die *Substanzprozesse* innerhalb der Pflanze. Darauf wurde auf S. 19 schon hingewiesen. Die moderne Pflanzenphysiologie (Molekularbiologie) kennt im einzelnen die stofflichen Bedingungen, unter

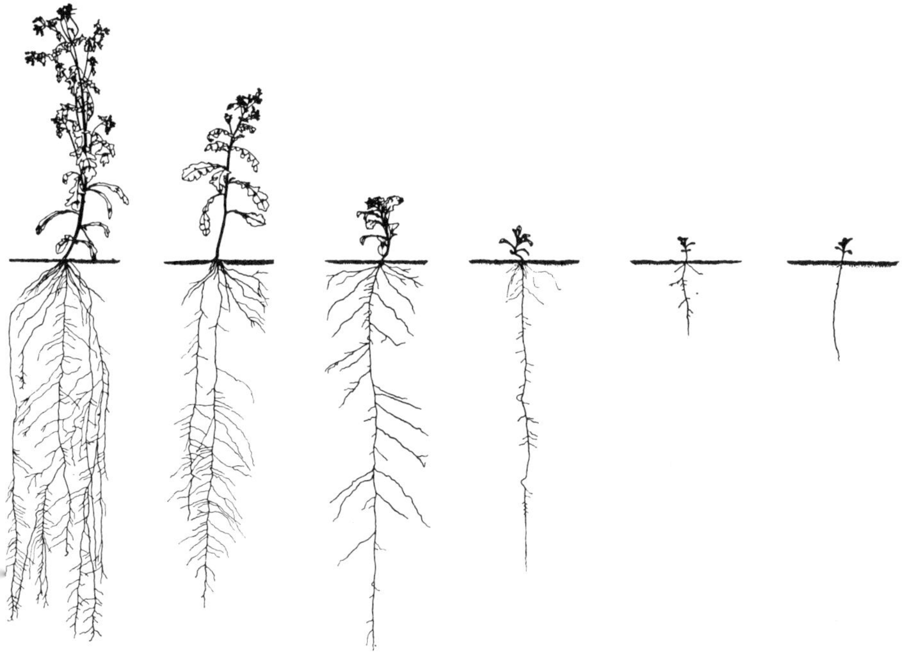

VII VIII IX X XI XII

denen die in jeder Zelle gespeicherte genetische Information wirkt und sich redupliziert, d. h. von Zellteilung zu Zellteilung weitergereicht wird. Innerhalb der Zelle lenken chemische «Boten» die Substanzumwandlung und Strukturbildung. Ganze Zellverbände übergreifend, lenken Phytohormone das Wachsen und Absterben. Und doch, weder die einzelnen Gene noch deren Boten noch Hormone «bilden» die Pflanze. Sowohl in der Zelle wie in größeren Verbänden liegt eine *vorgegebene räumlich-strukturelle und eine zeitliche Ordnung* vor. Nach dieser richten sich das Auftreten, die Aktivierung und Repression von Enzymen und deren Aktivitäten oder die Aussendung der «gerade benötigten» Boten von den Genen. Verständlich wird die *Zeitgestalt* dieses Geschehens durch ein «feedback» oder Regelkreissystem allenfalls auf der Ebene der «einfacheren» Vorgänge, nicht aber bei dem komplexen, hierarchisch geordneten System einer Pflanze und ihrer Organe. Auch hier findet man *Eigenaktivität* und *Umwelteinflüsse*. Für die Wirksamkeit der Pflanzenhormone gibt es viele Beispiele der Umweltregulation. Manche Pflanzen, die z. B. im ersten Jahr nur eine bodenständige Rosette bilden, treiben einen Stengel, nachdem die winterliche Kälte den

Gibberellinspiegel verändert hat. Die Knospenruhe von Bäumen wird eingeleitet, wenn bei geringer werdender Tageslänge Abszisinsäure sich in den Knospen sammelt. Im ausgehenden Winter wird diese bei länger werdenden Tagen wieder abgebaut und der Gehalt an Gibberellin nimmt zu.

«Leben» zeigt sich in Formwandel und Substanzprozessen. Jede Pflanze bringt den Typus ihrer Art aktiv in Erscheinung. Verglichen mit der Mineralwelt erscheinen ihre Umweltbeziehungen vielgestaltiger, und infolge zahlreicher Wechselwirkungen auch unbestimmter. Jedes Stadium zeigt eine «Richtung» auf das nächste. In ihrer eigenen Aktivität und Zeitgestalt erhebt sich die Pflanze über das Mineral.

Was hier als Zeitgestalt und Eigenaktivität beschrieben wurde, ist ein Teilaspekt dessen, was im anthroposophischen Wortgebrauch als *«ätherischer» oder «Lebensleib» der Pflanzen* bezeichnet wird, in dem aber noch andere, höhere Prinzipien wirksam werden.

Eigenaktivität und Umweltbeziehung charakterisieren Gestaltbildung und Lebenszyklus der einzelnen Pflanze. Aber auch größere Systeme haben ihre Eigengesetze und Umweltbeziehung, Systeme wie z. B. der Pflanzenbestand eines Ackers, einschließlich der Unkräuter, oder die Lebensgemeinschaft von Pflanzen und Tieren auf einem Hofe. – Kausal-analytisches Vorgehen muß die Analyse immer mehr ins einzelne treiben, die Zahl der aufzusuchenden Ursachen nimmt zu. *Ganzheitliches* Vorgehen achtet auf die Beziehungen zwischen Einzelorganismus und größerem System, geht vom Ganzen ins Einzelne. Zu Beginn des 4. Vortrags im Landwirtschaftlichen Kurs weist R. STEINER auf diesen Punkt hin: «Bei der Auffindung von geisteswissenschaftlichen Methoden auch für die Landwirtschaft (handelt es sich) darum, gewissermaßen die Natur und die Wirkung des Geistes in der Natur im Großen anzuschauen, in seinem umfassenden Kreise, während die materialistisch gefärbte Wissenschaft immer mehr dazu gekommen ist, in die kleinsten Kreise, in das Kleine hineinzugehen.»

Diese Art des Anschauens kann praktiziert werden. So beginnt R. Steiner die Ausführungen im Landwirtschaftlichen Kurs, indem er zunächst die Aufmerksamkeit darauf lenkt, wie «das Pflanzliche zu einem hohen Grade noch durchaus drinnenstehend (ist) im allgemeinen Naturleben»; Tiere und noch mehr der Mensch haben ihre *Emanzipation* von der irdischen und kosmischen Umwelt weiter vorangetrieben. *In den Periodizitäten, die es in den Lebenserscheinungen allenthalben gibt, zeigen sich Emanzipation oder Eingebundensein in die Umweltkräfte.* Seit dieses 1924 gesagt wurde, ist in der Biologie eine ausgedehnte Rhythmusforschung entstanden (J. L. CLOUDSLEY-THOMPSON 1961, E. BÜNNING 1963, SCHERING et. al. 1974

u. a.). Man kennt heute hunderte von biologischen Rhythmen. Leben, Wachstum, Absterben verlaufen in Rhythmen.

Wo ist ihr Ursprung? Beruhen sie auf der «inneren Uhr» des Organismus? Bei vielen circadianen (über ca. 24 Stunden periodischen) Rhythmen ist das wohl so, obgleich es auch «Tag»- und «Nacht»-Aktivitäten gibt. Oder sind die Rhythmen umweltgesteuert, direkt oder durch Auslösung eines im Organismus veranlagten Vorganges? Man findet weiterhin im tierischen und menschlichen Organismus auch Rhythmen mit unterschiedlicher Schwingungsdauer. Wie erfolgt im Organismus deren gegenseitige Abstimmung? F. A. BROWN (Northwestern University, Chicago) betont nicht nur nachdrücklich die Steuerung von außen, sondern hat auch einen ganzheitlichen Aspekt. «Alle unsere Ergebnisse führen zu dem Schluß, daß die Gesamtheit der Wirkungen aller Rhythmen der Erde, die der Sonnentag, der Mondtag, der Monat und das Jahr geben, das Zeitmuster für alle Organismen setzen.» Brown denkt im Rahmen seiner Versuche an kosmische Strahlen, Wirkungen, die vom Magnetfeld, der Ionisation, Luftdruck- und Feuchtigkeitsschwankungen ausgelöst werden. Es gibt bei der Keimung, dem Wachstum, den tagesperiodischen Blattbewegungen, dem Blühen usw. bei Pflanzen, bei dem Verhalten, Fortpflanzen, den Wanderungen bei Tieren eine Vielzahl von Rhythmen. Die Bereitschaft der verschiedenen Lebewesen, auf irdische oder kosmische Zeitgeber anzusprechen, zu denen auch Licht und Wärme gehören, zeigt eine große Mannigfaltigkeit. Für die Landwirtschaft sind Sonnenjahr, Tag und Nacht die prominentesten Einflüsse. So alltäglich sind sie, daß man sie vor anderen Rhythmen leicht aus dem Auge verliert. Es sei schon hier erwähnt, daß die *Herstellung der biologisch-dynamischen Präparate in die Jahreszeiten, d. h. in das Sonnenjahr eingebettet ist.*

Hier soll aber noch ein anderer Gesichtspunkt erwähnt werden. Rhythmen im Lebensgeschehen sind einer Zeitmessung nach Art eines mechanischen Uhrwerkes nicht zugänglich. Sie sind auch nicht nur Anpassungen, die sich aus der Selektion herleiten. *Man kann in den Rhythmen einen gestalthaft-qualitativen Aspekt entdecken.* Auf diesen kommt es in den folgenden Beispielen an.

Im ersten seiner landwirtschaftlichen Vorträge erwähnt R. STEINER die Bedeutung der *Mondphase und des Feuchtigkeitszustandes* des Bodens für die Aussaat. Bekanntlich ist die Beachtung des synodischen Umlaufs, aber auch anderer Mond-Rhythmen jahrhundertealtes Kulturgut der Bauern und Gärtner, – z. B. die Beachtung des tropischen Monats (auf- bzw.

absteigender Mond) beim Pflanzen, Beschneiden von Bäumen, Reben usw. In Europa wurden die entsprechenden Zeiten noch im letzten Jahrhundert, sie werden von Eingeborenen in Übersee z. T. bis heute beachtet. Manchmal widersprechen sich die traditionellen Regeln (HÄUSER 1975). Sich heute unreflektiert einfach an alte Kalender halten zu wollen, wäre das Gegenteil einer modernen Bewußtseinshaltung. Beobachtet man aber, was wirklich vorliegt, dann kann man auf eine qualitative Beziehung aufmerksam werden, z. B. darauf, daß zwischen lunarer Rhythmik, Leben im Wasser und dem Fortpflanzungsgeschehen z. T. Phasengleichheit oder auch simultane Schwingungen bestehen. Dafür gibt es Hinweise. In einer – nicht vollständigen – Liste von 96 bislang untersuchten lunaren Rhythmen kommt die Mehrzahl im Gezeitenbereich vor. Auch der Luft und Feuchtigkeit liebende große Regenwurm scheint einen lunaren Rhythmus der Sauerstoffatmung zu haben. Die traditionellen Regeln über das Beschneiden beziehen sich auf die Saftbewegung in Baum und Rebe. Es sind lunare Rhythmen auch bei Insekten und Vögeln bekannt. Es ist zu erwarten, daß man immer mehr lunare Periodizitäten entdecken wird. – Achtet man auf den erwähnten *Zusammenhang von Mond und Wäßrigem,* so wird die Beobachtung angeregt; man erwartet dann nicht eine starre Beziehung, die immer gilt, sondern *man wird aufmerksam auf das Zusammentreffen von Faktoren, die entweder gegeneinander oder aber zusammenwirkend (synergetisch) tätig sind.* (Auf einen anderen Mondrhythmus, den siderischen Umlauf, wird später noch hingewiesen.)

Für das Wachstum ist die Bedeutung von Sonnenlicht und -wärme im Jahreslauf offensichtlich; so auch die Beziehungen zum Monde. Für den Zusammenhang des Wachstums zu den anderen Gliedern des Sonnensystems findet man weniger Beispiele. Sucht man da nach physikalischer oder chemischer Verursachung im üblichen Sinne, dann bewegt man sich auf dünnem Eis.

Anders ist es jedoch, wenn man auch hier auf *gestaltliche* Beziehungen aufmerksam wird. In der Gestaltbildung und seiner spezifischen Organisation manifestiert sich das Leben. Dieser ganz andere Weg wird z. B. in dem Buche «Die Formensprache der Pflanze» (E. M. KRANICH 1976) eingeschlagen. Im Wachstum, durch das die Gestalt der Pflanze entsteht, sind nicht nur Stoffe und physikalische Energie tätig. Man findet darin Bildetendenzen. Auf einige wurde oben hingewiesen. Der Typus manifestiert sich durch die Wachstumsbewegungen. Das Bild, das man von diesen gewinnt, von ihren Gebärden und ihrer Dynamik, zeigt Übereinstimmung mit anderen Bewegungsgebärden: den Umläufen und gegenseitigen Verhältnissen der Planeten (einschließlich Sonne und Mond). Man kommt so *ideell* zu einem Zusammenstimmen. Für eine Darstellung dieses nicht mit wenigen Sätzen zu bewältigenden Gebietes muß auf die Originalarbeit verwiesen werden. Erwähnt wird diese hier, weil auch in den landwirtschaftlichen Vorträgen R. STEINERS von einer Beziehung zwischen Planetenumlauf und Wachstum die Rede ist. Es wird dort von der Beziehung der fernen Planeten zu den Holzgewächsen, der näheren Planeten zu den krautigen Arten gesprochen. – Für eine Planetenrhythmik bei Bäumen gibt es ein Beispiel, das zureichende Evidenz aufweist. I. SCHULTZ (1950) untersuchte die Schwankungen der Samenjahre bei Rotbuche seit 1799. Eine ergänzende Arbeit setzt die Beobachtungen bis 1971 fort. Von diesem Baum sind die Vollmasten über einen längeren Zeitraum und in auseinanderliegenden Gebieten bekannt, d. h. die Vermutung, daß es einen das Lokalklima übergreifenden Rhythmus gibt, liegt nahe. Die Differenzierung der Blütenknospen erfolgt im Frühsommer des Vorjahres der Vollmasten. Untersucht man die Stellung der äußeren Planeten für 28 bekannte Vorjahre reicher Samenproduktion, so kommt man für Jupiter zu einer Häufung um den Frühlings- und Herbstpunkt, wie dies die folgende Abbildung zeigt. Für Mars zeichnet sich ein Nebenrhythmus ab.

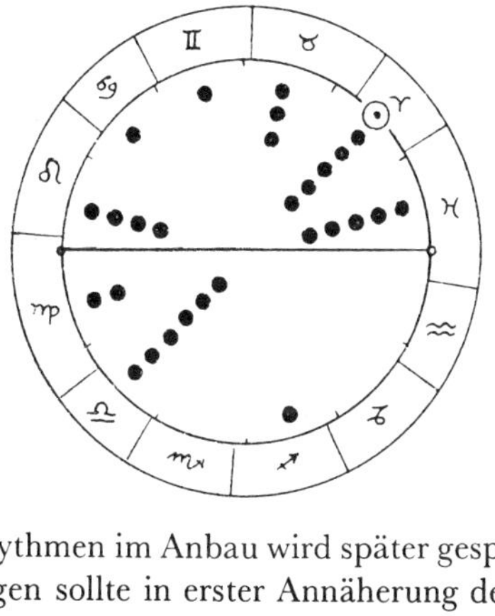

Über die Handhabung von Rhythmen im Anbau wird später gesprochen werden. Durch diese Ausführungen sollte in erster Annäherung der Rahmen dessen abgesteckt werden, was hier mit Umwelt der Pflanzen im weiteren Sinne gemeint ist. In seiner täglichen Arbeit hat es der Bauer und Gärtner vor allem mit Wirkungen der näheren Umwelt zu tun. Die folgenden, der praktischen Anwendung gewidmeten Abschnitte geben Gelegenheit, über diese Umwelt, d. h. über Böden, Düngung, Witterungsfaktoren, Pflanzenbau, Tiere usw. zu sprechen.

Faktoren der Bodenfruchtbarkeit

Diese ist keine ein für allemal vorhandene Eigenschaft des Bodens. Der Lehrsatz der klassischen landwirtschaftlichen Betriebslehre von der Unbeweglichkeit, Unvermehrbarkeit und Unzerstörbarkeit des Bodens war annähernd richtig für eine von Erfahrung und Tradition getragenen Landwirtschaft der Vergangenheit. Unvermehrbar und unbeweglich ist ein Stück fester Erdoberfläche. Seine Fähigkeit, Kulturpflanzen zu erzeugen, kann innerhalb naturgegebener Grenzen verbessert werden. Geschichte und Gegenwart halten zahlreiche Beispiele dafür bereit, wie der Boden bis jenseits der Schwelle wirtschaftlich sinnvoller Nutzung zerstört werden kann. Einteilung und Größe der Felder, Anbau, Düngung, Bearbeitung, ständige Grundverbesserung, Urbarmachung usw. sind die Mittel, durch die der Mensch wirkt.

Viele Bodeneigenschaften und Prozesse seiner Entstehung machen zusammen seine Fruchtbarkeit aus. Sie sind in der folgenden Übersicht stichwortartig genannt. Diese Eigenschaften, ferner auch die Tiefgründigkeit und die Stabilität gegenüber Erosion sind entstanden im Zusammenwirken von Klima, Gestein, Oberflächengestalt, Vegetation. Entsprechend der Zielsetzung dieser Schrift bleibt die folgende Darstellung im wesentlichen auf eine Besprechung des Humus und Bodenlebens beschränkt. Doch ist festzuhalten, *daß die Beschaffenheit der bodenbildenden Gesteine, ihr Gehalt an Kiesel, Kalk und tonbildenden Silikaten, auch das Schicksal dieser Mineralien im Laufe der Bodenentwicklung, nicht weniger wichtig sind.* Darüber kann man sich heute in ausgezeichneten Lehrbüchern unterrichten.

Übersicht über die Entstehung und Faktoren der natürlich gegebenen Bodenfruchtbarkeit

1. *der Einfluß des Klimas auf*	feucht kühl	trocken kühl	trocken warm	feucht warm
Verwitterung und Umbildung des Ausgangsgesteins	mäßig schnell	gering	gering	rasch
Auswaschung von Nährstoffen	hoch	gering	gering	sehr hoch
Produktion organischer Substanz als Ausgangsmaterial für die Humusbildung	hoch	gering	gering	hoch
deren Zersetzung und Abbau	mäßig	langsam	langsam	rasch

Mithin sind die klimaabhängigen Bodeneigenschaften: seine natürliche Vegetation, Gründigkeit und Verwitterungsgrad, Nährstoffgehalt, Bodenreaktion, Gehalt und Beschaffenheit des Humus.

2. *Der Einfluß des Gesteins*	kieselig ⟵	⟶	kalkig
Beispiele:	Granit, Quarzporphyr, Gneis Quarzit, Kieselsandstein Sand	Diabas Melaphyr Ton, Tonschiefer Geschiebelehm, Löß	Basalt Mergel Dolomit Kalkstein
Bodenart	sandig-grusig	lehmig	tonig – auf Kalkstein oft flachgründig
Mineralreserve	gering	hoch	hoch

3. *Die Bodenfruchtbarkeit wird beurteilt auf Grund von*

Bodenklima	Nährstoffe	Humus und Bodenleben
Durchwärmung	Reserve	Gehalt
Durchlüftung	Mobilisierung	stickstoffreich, -reif, -stabil
nutzbare Wasserspeicherung	Speicherung an Ton und Humus	stickstoffarm-faserig, sauer
Versickerung	verfügbare Nährstoffe	Mikroorganismen, Bodentiere
	Bodenreaktion	Wirkstoffe und Antibiotika

Das Bodenleben

Die Umgebung der Pflanzenwurzeln ist mit vielfältigem Leben erfüllt. In seinen landwirtschaftlichen Vorträgen bemerkt R. Steiner: «Es ist gar nicht wahr, daß das Leben mit der Kontur, mit dem Umkreis der Pflanze aufhört. Das Leben als solches setzt sich fort namentlich von den Wurzeln der Pflanze aus in den Erdboden hinein, und es ist für viele Pflanzen gar keine scharfe Grenze zwischen dem Leben innerhalb der Pflanze und dem Umkreis, in dem die Pflanze lebt.»

Spricht man in der heute gängigen Weise von «Bodenleben», so denkt man an Bakterien, Pilze, Algen, Protozoen, Milben, Käfer, Würmer usw. Für diese ganze Gesellschaft benutzt man auch den Ausdruck *«Edaphon»*. Ihre gesamte Trockenmasse ist gar nicht gering, ca. 6 – 10 % der organischen Bodenstoffe, ihr Lebendgewicht in der Krume von 1 ha Land beläuft sich auf 10–20 t. Sie bauen tote Wurzeln, Stoppeln, Mist und Kompost, den Bestandsabfall im Walde usw. zu Kohlendioxyd und Ammoniak ab, die als Nährstoffe über Wurzel und Blatt wieder in die höhere Pflanze zurückkehren. Im Verlauf dieses Abbaus werden aber auch alle anderen, in Rückständen und Mist enthaltenen Elemente wie Kali, Kalzium usw., auch die Spurenelemente, wieder für die Kulturen verfügbar. Einige Gruppen dieser Bodenbewohner haben Sonderfunktionen: Bindung von atmosphärischem Stickstoff, Bildung von Nitrat, als Glieder in den Kreisläufen von Schwefel, Phosphor, Eisen usw., insbesondere aber auch für die Bildung dauerhafter Humusformen.

Die Rhizosphäre. Kurz hinter der Wurzelspitze beginnend, leben an der Wurzeloberfläche der höheren Pflanzen mehr Bakterien als im übrigen Boden. Gegen die älteren Teile der Wurzeln hin, wachsen in dieser Rhizosphäre auch mehr Pilze, Nematoden (nicht notwendigerweise schädliche Arten) usw. Die vorkommenden Arten von Bakterien sind eher typisch für Anfangsstadien in der Zersetzung organischer Substanz. Sie leben auf Wurzelausscheidungen, absterbenden Wurzelhaaren, abgestoßenen Epidermiszellen usw. Ihre Rolle für die Vermittlung von Nähr- und Wirkstoffen an die Pflanzen dürfte bedeutender sein als oft angenommen wird.

Mykorrhiza sind die auf und direkt unter der Oberfläche von Baumwurzeln, aber auch bei vielen einjährigen Wild- und Kulturpflanzen lebenden Pilze. Sie kommen dort vor, wo Böden und die Streuschicht des Waldes reichlich organische Substanz enthalten, wo der Boden gut durchlüftet ist und eher arm als reich an Nährstoffen. Die Mykorrhiza erlangt Bedeutung für die Nährstoffversorgung der Pflanzen, insbesondere mit Phosphor.

Für die landwirtschaftliche und gärtnerische Praxis ist die Kenntnis der vielerlei Einzelvorgänge und -organismen nicht so wichtig. Teilprozesse, z. B. auch diese oder jene Bakterienimpfung, sollen nicht überbewertet werden. Man beachtet auch hier die Wirkungsweise des ganzen Komplexes. Diese ist wachstums- und reifefördernd bei

genügender Versorgung mit Ernterückständen und Hofdüngern,
guter Bodendurchlüftung und Vermeidung von Staunässe,
neutraler bis mäßig saurer Bodenreaktion,
Abwesenheit von Giften, Rückständen aller Art;

sie ist nicht so günstig, wenn diese «Umweltbedingungen» nicht erfüllt sind.

Stufen der Humusbildung

Über Natur und Funktionen der Humussubstanzen herrschen häufig wenig klare Vorstellungen. Klarheit über die Prozesse und Wirkungen wird aber für die rationelle Bereitung und Anwendung der Dünger und den Aufbau fruchtbarer Böden gebraucht. Es werden deshalb im folgenden, mit so wenig Fachausdrücken wie möglich, einige Aspekte dargestellt. Denn Humussubstanzen finden sich überall, wo Pflanzen auf einem Boden wachsen.

Die Lebensvorgänge oberhalb und unterhalb der Bodenoberfläche hängen eng miteinander zusammen. So wie der Sproß durch die Stadien des Wachsens, Reifens, Absterbens geht, so durchlaufen auch die Humussubstanzen drei substanziell und funktionell klar unterscheidbare Stadien. Sie werden hier als Phase I, II und III bezeichnet. Von Phase I bis III vollzieht sich ein Reifungsprozeß. (Für den Nichtbodenkundler etwas ungewohnt, fallen nicht nur die dunkelbraunen, für das bloße Auge strukturlosen Substanzen unter den Begriff Humus, sondern bereits auch Stoppeln, abgestorbene Wurzeln usw.)

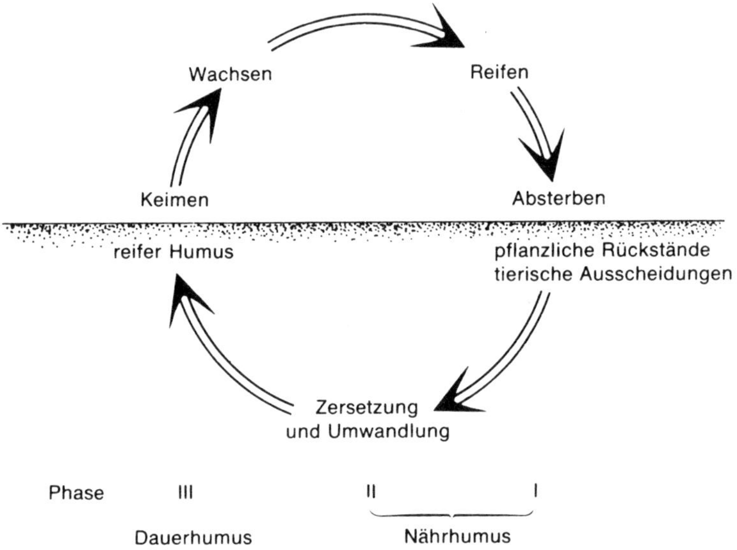

Der Naturprozeß der Humusbildung

Phase I

Diese umfaßt organische Abfälle wie Wurzeln, Stoppeln, Stroh, Laub, Gründüngungspflanzen, Frischmist, absterbende Bodenorganismen. Sie ernähren das Edaphon und sind Ausgangssubstanzen für die Entstehung des Dauerhumus (III). Sie bewirken meist eine rasche, auch rasch wieder abklingende Intensivierung des Bodenlebens. Frischmist und tierische Flüssigdünger sind rasch wirkend. *Die verkehrte Handhabung roher Abfälle kann auch negative Wirkungen haben,* z. B. Frischmist und Flüssigdünger können bei zu hoher Anwendungsmenge zu Überdüngung, Ertrags- und Qualitätseinbußen führen, größere Mengen an Gründüngungspflanzen oder Stroh kurz vor der Neubestellung oder -pflanzung eingebracht, können die folgende Kultur durch Strukturschäden beeinträchtigen; – Kohlenhydratreiche Rückstände, wie Stroh, legen beim Abbau Bodenstickstoff vorübergehend fest, dieser fehlt einer rasch folgenden Kultur, vor allem auf ärmeren Böden, – Stroh und ähnliche Materialien geben vorübergehend Hemmstoffe des Keimens und Wachsens ab, die allerdings bald ausgewaschen und durch das Bodenleben abgebaut werden. – Gründüngung von

Nichtleguminosen und Stroh, strohreicher Frischmist tragen nur begrenzt zur Bildung von Dauerhumus bei, ausgenommen Gras. Kompostieren in Verbindung mit tierischem Dünger ist für die Humusanreicherung günstig.

Damit sind einige der Gründe angeführt, weshalb eine geordnete Humuswirtschaft Lagerung, Kompostierung oder eine gute Flächenkompostierung einschließt. Es findet eine Vorverdauung statt, diese führt zur nächsten Phase der Humusbildung.

Phase II

Während dieser geht die Zersetzung, wenn auch langsamer, weiter. Die in pflanzlichen und tierischen Rückständen enthaltenen Haupt- und Spurennährstoffe werden *pflanzenverfügbar.* Die Aktivität der Mikroorganismen erzeugt Säuren und andere Produkte, durch die Kalium, Kalzium, Magnesium und die Reihe der Spurenelemente aus den Bodenmineralien verfügbar werden. Die Reserven werden in den organischen Kreislauf einbezogen. Die direkte Düngewirkung ist in dieser Phase ausgeprägt. Die Tätigkeit der Mikroorganismen trägt zwar nicht zur Bildung, wohl aber zur Stabilisierung der Bodenstruktur gegen Regen und austrocknenden Wind bei. Bodentiere bilden Struktur durch Wühlen, Graben, Absetzen von Exkrementen. Das Edaphon erzeugt Wirkstoffe, Hormone, Antibiotika, Vitamine usw. Deren Bedeutung für Wachstum und Schutz der Pflanzen vor bakteriellen und pilzlichen Erkrankungen ist nicht von der Hand zu weisen. Das Vorkommen von Krankheitserregern wird eingedämmt, wenn auch nicht vollständig.

Phase III

Parallel zum Abbau in Phase I und II findet eine Neubildung stabiler organischer Stoffe in kleinen Mengen statt. Das Edaphon ist daran mit einer Reihe seiner Organismen beteiligt. Auch diese Phase III, der *Dauerhumus* enthält stabile und weniger stabile Anteile. Er gibt dem Boden die in längeren Zeiträumen entstehende *«alte Kraft»*; er ist eine langsam fließende Nährstoffreserve, vor allem für Stickstoff. Ähnlich wie die Tonsubstanz absorbieren diese Humusstoffe Pflanzennährstoffe und bewahren sie vor der Auswaschung. Die stabilsten Humusstoffe sind mit der Tonsubstanz verbunden. Solcher Dauerhumus erhöht in leichten Böden das Speichervermögen für Wasser und Nährstoffe, macht sie «schwerer»; er befördert in schweren Böden die lockere Struktur, Durchlüftung und Durchwärmung, macht sie also «leichter». Auch der Dauerhumus hat vielfältigen Wirkstoffcharakter, seine artenreiche Mikroflora trägt ähnlich wie die in der Phase II zur Gesundhaltung der Bestände bei.

In Böden findet man diese drei Phasen in der Regel gleichzeitig nebeneinander. Im Komposthaufen folgen sie zeitlich nacheinander. Es wird aus dem Gesagten aber deutlich, daß «Humus» eine Vielfalt von organischen Substanzen ist, die mehr oder weniger weit abgebaut sind oder in beständige Formen umgewandelt werden. Zur weiteren Verdeutlichung sei diese Sachlage durch die folgende Übersicht illustriert:

Organische Boden- und Düngerstoffe	Lebensdauer oder Zersetzung und Umwandlung im Boden innerhalb	Phase
Bakterien, Pilze, Algen etc.	Stunden, Tage	I
junge Gründüngung	Wochen	
Flüssigdünger		
Bodentiere		
Gründüngung überwintert	Monate	
Stroh, Stoppeln, Wurzelrückstände	Jahre	II
Stallmist		
organische Handelsdünger		
Stapelmist	Jahrzehnte	III
Stallmistkompost		
Hof- und Erdkompost		
Humuszwischenstufen		
Huminsäuren, Humate	Jahrhunderte	
Humine (Kohle)		

Der Gehalt an diesen verschiedenen Substanzen ist ein dynamisches Gleichgewicht zwischen Zufuhr und Aufbrauch, das im Kulturboden durch Düngung, Anbau und Bearbeitung auf eine bestimmte Intensitätsstufe angehoben wird. Die direkte Düngewirkung (Nährstoffwirkung) geht hauptsächlich von Phase II, z. T. auch von Phase I aus. Die strukturelle und biologische Verbesserung erfolgt vornehmlich über Phase III, doch bestehen hier keine scharfen Grenzen.

Ziel der guten Humuswirtschaft ist es also, dafür zu sorgen, daß der Boden die richtigen Mengen an Humus der Phasen II und III enthält. Aber nicht nur dies, er muß sie auch im richtigen Verhältnis haben. Davon hängt es dann ab, ob die Düngung für einen guten Ertrag ausreicht, d. h. ob Mangelerscheinungen vermieden werden. Oder ob andererseits die Düngung zu stark wirkt, d. h. ob sie ein wucherndes und triebiges Wachstum erzeugt. *Will man von gesunden Beständen einen guten Ertrag und hohe Qualität haben, dann müssen Mangel und Überschuß vermieden werden.* Das zu regeln, ist Aufgabe des Bodenlebens, das den Humus der Phase II abbaut, und des Kompostierens, mit der reichen Welt an Mikroorganismen und Tieren, die den Komposthaufen besiedeln.

In seinen landwirtschaftlichen Vorträgen weist R. STEINER verschiedentlich auf diese Punkte hin, doch in einem weiteren Zusammenhang. «Erdiges, das in dieser Weise, wie ich es beschrieben habe, von humusartigen Substanzen durchzogen ist, die in Zersetzung begriffen sind, solches Erdiges hat Ätherisch-Lebendiges in sich.» Damit wird hauptsächlich auf die oben genannte Phase II verwiesen. Wenig später heißt es aber dann in demselbem Vortrag: « . . . Es wird sich darum handeln, eben einzusehen, daß das Düngen und alles Ähnliche darin bestehen muß, dem Boden einen gewissen Grad von Lebendigkeit zu erteilen, aber nicht nur einen gewissen Grad von Lebendigkeit zu erteilen, sondern ihm auch die Möglichkeit zu geben . . . daß in ihm der Stickstoff sich so verbreiten kann, daß an gewisse Kraftlinien hin, wie ich es Ihnen gezeigt habe, das Leben getragen werde, gerade mit Hilfe des Stickstoffes.» *Es handelt sich also darum, daß die «Lebendigkeit» im Boden und die Wirksamkeit des Stickstoffes geregelt erfolge.* Die Prozesse, denen die organischen Substanzen im Boden unterliegen, sind zwar in der Intensität, aber nicht prinzipiell verschieden von denen im Kompost. «In dem Komposthaufen haben wir tatsächlich von all demjenigen, was da hereinkommt, Ätherisches, Ätherisch-Wesendes, Lebendes, aber auch Astralisches. Und zwar . . . in einem nicht so starken Grade wie im Dünger oder der Jauche, aber wir haben es gewissermaßen standhafter . . . Es wird das Astralische in seiner Wirkung auf den Stickstoff sogleich beeinträchtigt, wenn ein zu stark wucherndes Ätherisches vorhanden ist.» Dieses zu stark wuchernde Leben wird gedämpft, wenn organische Substanzen, einschließlich Mist, im Boden bzw. im Kompost schon teilweise umgesetzt sind, ehe eine neue Kultur gesät oder gepflanzt wird. Insbesondere die im Boden und Kompost lebenden Tiere tragen zur Reife und Stabilisierung der Humussubstanzen bei. Darüber heißt es dann an späterer Stelle in den genannten Vorträgen: «Wenn der Erdboden sozusagen zu stark lebendig werden würde und die Lebendigkeit in ihm überwuchern, dann sorgen diese unterirdischen Tiere dafür, daß aus dem Erdboden heraus die zu starke Vitalität entlassen werde. Diese goldigen Tiere, die dadurch für den Erdboden ihre ganz besondere Wichtigkeit haben, das sind die Regenwürmer. Die Regenwürmer, die sollte man eigentlich in ihrem Zusammenleben mit dem Erdboden studieren. Denn sie sind diese wunderbaren Tiere, welche der Erde gerade soviel Ätherizität lassen, als sie für das Pflanzenwachstum braucht.»

Die Begriffe des Ätherischen und Astralischen wurden in den genannten Vorträgen an früherer Stelle eingeführt, doch ist hier der Zusammenhang, auf den es ankommt, ohne weiteres deutlich.

Daß zu hohe oder einseitige Düngung nachteilig wirkt, ist in der Landwirtschaft allgemein bekannt. Doch wird vor allem bei der ständig zu noch höheren Anwendungen fortschreitenden Mineraldüngung darauf längst nicht genügend Rücksicht genommen. *Enthält der Boden genügend reifen Humus und wird der Verbrauch laufend ersetzt, so werden aus dem Leben solcher Böden nicht nur gute Erträge, sondern auch qualitativ überlegene Produkte erzeugt.* Es ist ein wichtiger Beitrag der biologisch-dynamischen Arbeit, daß dieser Gesichtspunkt herausgestellt wird und auch gangbare Wege erarbeitet sind, ihm in der Praxis Geltung zu verschaffen.

Diese Überlegungen treffen für den Humuszustand des Bodens und die Reifung der Wirtschaftsdünger in ähnlicher Weise zu. Das folgende Diagramm veranschaulicht in einfacher Weise den Zusammenhang.

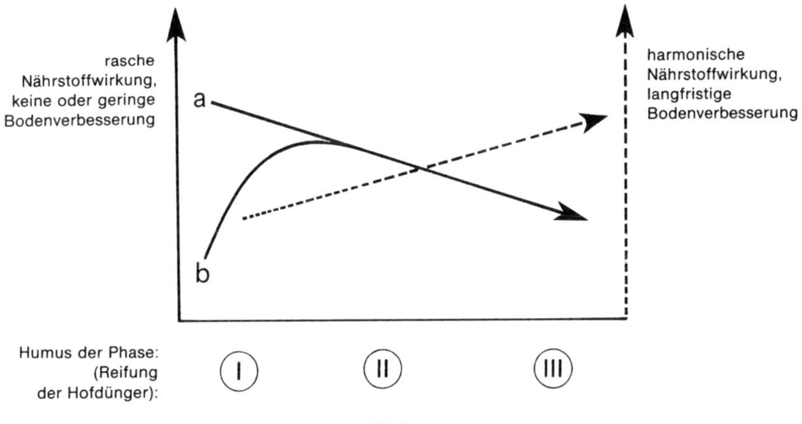

Wirkung des Humuszustandes in Pflanze und Boden

Über Regenwürmer sind in den letzten Jahren einige schöne Arbeiten erschienen (O. GRAFF, R. ALDIG, BAUER u. a. 1970, 1972, 1974, 1975). In der Zeit ihrer vollen Aktivität setzen diese Tiere täglich das 1–2,5fache ihres Gewichtes an Losung ab. Die Exkremente sind reicher an Nährstoffen als der umgebende Boden, aber der Gehalt ist auch ausgewogener, wie das folgende Beispiel von einem humusreichen Grünland zeigt. Es wurden bestimmt:

Nährstoffe (mg/100 g)	in der Losung	im Boden
Stickstoff (org. Bindung)	536	530
Gesamtphosphor	102	68
verfügbarer Phosphor	13,7	2,2
Gesamtkalium	1097	799
verfügbares Kalium	44,6	7,0

In einem mehrmals mit Müllkompost behandelten Weinbergboden wurde eine Verbesserung der Struktur beobachtet:

Luftvolumen im Boden	mit Kompost	ohne Kompost
naturfeucht (0–10 cm)	36,1 %	27,0 %
bei Wassersättigung (0–10 cm)	24,5 %	18,5 %
wasserstabile Krümel (0,2–4,0 mm ∅)	82,8 %	77,6 %

Es wurde also die Durchlüftung und die Stabilität der Struktur gegen Regen verbessert. Nicht ohne Grund bezeichnet man die im Darm des Regenwurms geformten Krümel auch als «Aufbauaggregate».

In einer Untersuchung, deren Darstellung hier zu viel Raum einnähme, wurde an jungen Haferpflanzen gezeigt, daß der Gehalt an essentiellen Aminosäuren im Eiweiß eine positiv zu bewertende Änderung erfährt, wenn der Boden Krümel vom Regenwurm oder Kuhdünger, nach dem Durchgang durch Regenwürmer, enthält. Die qualitative Beschaffenheit der vegetativen Pflanzenorgane wird also durch die Tätigkeit des Regenwurmes beeinflußt.

Die Humusversorgung der Böden

In den Ackerböden der gemäßigten Zone findet man meist 2 – 4 % Humus, im Anmoor bis zu 30 %, in Moorböden über 30 %. Die 2 – 4 % der sogenannten «Mineralböden» – so genannt, weil die feste Bodensubstanz überwiegend Mineralien sind – sind überwiegend Humus der Phase III. Die jahreszeitlichen Schwankungen durch Wurzelwachstum und Düngung bleiben meist unter 0,25 %. Diese gehören der Phase I und II an.

Ziel der Bewirtschaftung ist, den Humusgehalt über einen Sollwert anzuheben, dann ist die Ertragssicherheit hoch, Mangelerscheinungen minimal und die Pflanzen bleiben gesünder. Richtwerte für die anzustrebenden Gehalte sind in

Sandböden	2 % und mehr,
Lehmböden	2,5 % und mehr,
Tonböden	3,5 % und mehr.

«Reicher» Humus enthält mehr Stickstoff als «armer», faseriger, meist auch saurer Humus. Man drückt diese qualitative Beschaffenheit durch das Kohlenstoff-Stickstoff-Verhältnis (C:N-Verhältnis) aus, das bei guten Ackerböden 10–14:1, bei armen 15–30:1 beträgt; bei humusärmeren Ackerböden liegt es bei 10 und darunter.

Mineralreiche, d. i. ton- und kalkhaltige Böden, enthalten meist gut gereifte, stickstoffreiche, kieselige Böden dagegen ärmere Humusformen. Über die Erde hin sind es Temperatur und Niederschläge, nach denen sich Humusaufbau und Humuspflege durch den Landwirt richten müssen. Diesbezügliche Maßnahmen sind in den kühl-gemäßigten und tropischen Zonen gleichermaßen wichtig. *Die Zufuhr von kompostiertem Dünger, mehrjährige humusmehrende Pflanzen in der Fruchtfolge, sparsame Bodenbearbeitung, Dauerbegrünung oder Mulchen von Acker- und Gartenland, ein nicht zu geringer Phosphorgehalt sind die hauptsächlichen Mittel, um den Humuszustand des Bodens in Ordnung zu bringen.*

Die ganzjährige Bodendecke, Beschattung, sind vor allem in den *tropischen Gebieten* wichtig. Die Böden bleiben dann etwas feuchter und kühler, der Abbau wird verlangsamt. Dort vollzieht sich der Kreislauf der Substanzen weitgehend zwischen Blätterdach und Streuschicht. Wird die schützende Decke entfernt durch Roden, unkrautfrei gehaltene Bestände oder Bracheperioden, dann schreiten Erosion, Versauerung, Ton- und Nährstoffauswaschung im ohnehin meist armen Mineralboden rasch voran*. Durch häufige Bearbeitung geförderte Durchlüftung, direkte Sonnenein-

* Daß dies so ist, spricht sich herum. In «New Scientist» vom 16. 11.1978 weist J. GRIBBIN darauf hin, daß die Hungrigen der Welt satt werden, wenn man sie langfristig in die Lage versetzt, Nahrung zu kaufen und moderne Methoden anzuwenden. Aber er fragt auch, was jetzt und hier geschehen könne. Das ist: ganzjährige Bodenbedeckung durch den Anbau verschiedener Pflanzenarten, Bodenbedeckung mit Mulch aus Blättern, Pflanzenabfall, Plastik, Nutzung aller pflanzlichen, tierischen Abfälle, Fäkalien, Asche usw.; Fruchtfolge, Konturbearbeitung und Terrassierung werden ebenfalls genannt.

strahlung beschleunigen auch im gemäßigten Klima den Humusabbau. So sind zwar Kartoffeln und Rüben wegen der meist hohen Wirtschaftsdüngung *gute Vorfrüchte* für Getreide, ihre *Langzeitwirkung* ist aber die Senkung des Humusspiegels. Dauer- und mehrjährige Kulturen, mehrjähriges Klee- oder Luzernegras wirken humusmehrend, dank ihres reichen und tiefen Wurzelsystems erschließen sie auch tiefere Bodenschichten.

Im Durchschnitt mehrerer Jahre, z. B. einer Rotation, sollte Ackerland 25–40 dt/ha organische Trockenmasse im Jahre erhalten (1 dt: dezitonne = 100 kg). Das ist mit Ernterückständen, Gründüngung und Mist zu schaffen, in Handelsgärtnereien wird meist ein gewisser Zukauf nötig sein. Rechnet man mit einer Großvieh-Einheit (GV) je Hektar (ha) so fallen – allerdings nur bei ganzjähriger Stallhaltung – 10 bis 12 t/GV im Jahr an Stallmist an, entsprechend 20 – 25 dt Trockenmasse. Die folgende Übersicht illustriert den Wert einiger Kulturen und Zwischenfrüchte für den Humusersatz:

Ernterückstände (Trockenmasse in dt/ha) von

Winterweizen, Hafer, Sommerweizen, Roggen	12–17
Sommergerste	9
Kartoffeln, Futterrüben	7–10
Luzerne, dreijährig, jährlich 22 dt	67
Kleegras, zweijährig, jährlich 28 dt	56
Kleegras, einjährig, Herbstsaat	27
Weißklee, einjährig, Herbstsaat	32
Gelbklee, einjährig, Herbstsaat	13
Roggen, Wickroggen, Winterzwischenfrucht	14–18
Landsberger Gemenge	28
Senf, Sommerraps, Ölrettich, Herbstzwischenfrucht	7–12
Leguminosengemenge, Herbstzwischenfrucht	20

Haupt- und Zwischenfrüchte hinterlassen nicht nur Rückstände, sie durchziehen den Unterboden, den der Pflug oder Kultivator nicht erreicht, mit Poren und organischer Substanz. Dies trifft vor allem für die reichen, tiefgehenden Wurzelsysteme von Klee und Luzerne zu. Nichtleguminosen, vornehmlich Brassicaarten eignen sich gut, flüssige und weniger verrottete Dünger in den organischen Kreislauf einzubeziehen.

Haustiere und Bodenfruchtbarkeit

In der allgemeinen Landwirtschaft vollzieht sich gegenwärtig eine Entwicklung, deren negative Auswirkungen sich auf viele Jahrzehnte erstrecken werden, die z. T. sogar irreversibel sind. Es werden die Haustiere mehr und mehr von der Scholle getrennt, die ihr Futter erzeugt und den Dünger zurückerhält. Eine heilsame Lebensgemeinschaft wird zerrissen. In den USA fällt, auf das Land berechnet, rund die Hälfte des tierischen Düngers in Massentierhaltungen an. Die Gründe für diese Entwicklung sind Gewinnstreben, Einsparung von Arbeitskräften, Mechanisierung der Arbeit, Spezialisierung eines hochtechnisierten Ackerbaus auf eine oder wenige Körnerfrüchte. Vieles läßt sich gegen Massentierhaltung und für dezentralisierte, d. h. auf die Höfe verteilte Tierbestände anführen: Düngerstoffe werden vergeudet und müssen durch die energiekonsumierende Produktion chemischer Düngemittel ersetzt werden; die Umweltverschmutzung, Belästigung und hygienische Belastung nimmt zu; Verhaltensstudien bringen ans Licht, daß manche Haltungsformen grausam sind.

Unsere moderne, recht atemlos gewordene Landwirtschaft verschwendet wenig Gedanken darauf, daß bei Massentierhaltungen der Dünger eher «beseitigt» wird, anstatt angewandt zu werden. Dies führt zu einem Verlust an Bodenfruchtbarkeit, häufig zur Nitratbelastung der Gewässer.

Die Phrase, daß das Haustier ein Nahrungskonkurrent des Menschen sei, trifft in dieser allgemeinen Form nicht zu, keinesfalls für das Rind als *Rauhfutterverwerter*. Dieses wird ohnehin dort gebraucht, wo ein Teil der Betriebsfläche am besten als Grünland genutzt wird. In der dezentralisierten, allerdings nicht in der Massenhaltung überkompensiert es durch Düngerproduktion und Betriebseinnahmen seinen Futterbedarf. – Wie steht es aber mit den Körnerprogrammen auf den guten Böden der Ackerbaugebiete? *Viehlose Wirtschaft* ist auch dort «unbiologisch». Sie wird aus arbeitswirtschaftlichen Gründen und wegen der Technisierung betrieben. Kompensierende Maßnahmen sind möglich und werden vorgeschlagen: Strohverwertung, Gründüngung, nicht wendende Bodenbearbeitung usw. Deren Bewährung ist auf die Dauer fraglich. *Über Jahrzehnte konnte viehlose Wirtschaft bislang nur auf jungen und von Hause aus sehr fruchtbaren Böden betrieben werden.* Ohne tiefwurzelndes Feldfutter oder Körnerleguminosen, Futterverwertung im Betrieb, begibt man sich eines Erzeugungspotentials. Dessen Bedeutung kann durch den Hinweis auf die Welternährungslage nicht weggewischt, vielmehr nur unterstrichen werden. *Der*

Umfang der Tierhaltung in natürlichen Ackerbaulandschaften kann überprüft, aber nicht eigentlich in Frage gestellt werden. Dies kann man nur tun, wenn man sich von den «Erfolgsberichten» kurzer Zeitabschnitte täuschen läßt.

Selbst eine hofeigene, wenn vielleicht auch etwas reduzierte Schweine- und Hühnerhaltung – die ja überwiegend Körnerfresser sind – kann man sich, auf das Ganze gesehen, leisten. – Es gibt weiterhin einen wachsenden Trend zum Vegetarianismus. Davon wird auf S. 200 ff. gesprochen werden.

In den *feuchteren Teilen der tropischen und subtropischen Gebiete,* vornehmlich der Entwicklungsländer, stellt sich die Frage etwas anders. Dort ist das Vieh, abseits vom Feldbau, häufig auf sehr arme Weiden, alte Rodungen, teilweise erodierte Flächen mit Baum- und Strauchwerk usw. angewiesen. In den Trockenzeiten mangelt es an Futter und die Leistungskurve sinkt drastisch. Auch in den wärmeren Klimaten handelt es sich heute vielfach darum, *Tiere in das Betriebsganze zu integrieren,* d. h. für genügend Futter während der Trockenzeit zu sorgen, kohlenhydratreiche Massenbildner durch Leguminosen zu ergänzen. Obwohl in diesen Klimaten der Schwerpunkt der Humusversorgung auf Dauerbegrünung, Schatten, Mulch usw. liegt, so ist doch auch dort tierischer Dünger ein wertvolles Düngemittel. Leider geht auch in diesen Ländern der Trend eher in Richtung auf großmaßstäbliche Körnerprogramme und Konzentration der Tierhaltung.

Es genügt hier, nur wenige Beispiele dafür anzuführen, wie die Haustierhaltung und tierischer Dünger die Dauerfruchtbarkeit der Böden fördern. In dem Humusabbauklima der *Kölner Bucht* wurde versuchsmäßig die Stallmistanwendung unterbrochen. Trotz Mineraldünger und sogar 20 % Klee in der Fruchtfolge sanken die Erträge im 1. Jahr um 5,4 %, im 2. um 13,4 %. Wurden Bodenproben vom *«ewigen Roggenbau»* in Halle, einem der bekanntesten Dauerversuche, nach 50 Jahren mit Mineraldünger versorgt, so erzeugten die Proben von den regelmäßig stallmistgedüngten Parzellen um 10 % höhere Erträge. Die *Morrow plots* in Urbana, Illinois, auf besten Prärieböden zeigen den Einfluß einer einseitigen und vielseitigen Fruchtfolge in Verbindung mit Stallmist und Kalkdüngung auf die Maiserträge. 1955 wurden die Parzellen geteilt, und eine Hälfte mit Mineraldünger gedüngt. Das Experiment läuft seit 1876. Die folgende Tabelle (S. 52 oben) zeigt die Maiserträge 1904–1955 und 1955–1967:

Die Phosphatdüngung bestand aus Knochenmehl und Rohphosphat. In Kombination halten *Fruchtfolge* und *Stallmistdüngung* die Fruchtbarkeit so aufrecht, daß selbst eine hohe Mineraldüngung (N-P-K = 200-40-30 kg/ha) auf den gut gestellten Parzellen noch nicht anschlägt. In Rothamstead in England wirkte sich eine 20 Jahre lang gegebene Stallmistdüngung

Maiserträge (t/ha) bei Fruchtfolgen (seit 1904)

Düngung	ständig Mais	Mais, Hafer	Mais, Hafer, Klee
ständig ungedüngt	2,52	2,71	3,96
zusätzlich N, P, K (ab 1955)	5,67	6,24	6,90
regelmäßig Mist, Kalk, Phosphat	4,26	6,82	7,30
zusätzlich N, P, K (ab 1975)	6,39	7,04	7,24

(1852–1871) noch 50 Jahre nach deren Aussetzen in einem höheren Stickstoffgehalt und besseren Erträgen aus. Im Gegensatz dazu wurde bei dem 10 Jahre lang dauernden *Strohexperiment* in Illinois beobachtet, daß Stroh plus Mineraldünger zwar den Humusgehalt des Bodens erhöhen kann, daß diese Wirkung aber vier Jahre nach Aussetzen der Strohdüngung wieder verschwunden und der Humusgehalt niedriger ist als am Anfang. Mindestens gleiche Menge an Stallmist zusammen mit Mineraldünger erhöht den Humusgehalt weniger als tierischer Dünger allein. Das zeigen die drei Vergleichsbetriebe in Haughly, England, von denen nach 30 Jahren (1941–1971) von MACSHEEHY und seinen Mitarbeitern (1973) 227 Bodenproben untersucht wurden.

Humusgehalte in den Böden der drei Vergleichsbetriebe in Haughly

Betrieb	Humus der Böden auf dem Ackerland	Dauergrünland
organisch (Tierhaltung, Mist)	3,80 %	5,57 %
gemischt (Tiere, Mist, Mineraldünger)	3,34 %	4,96 %
viehlos (nur Mineraldünger)	2,81 %	–

Von BRONNER und JANICK (1974) wurde eine Erhebung im Gebiet des oberösterreichischen Zuckerrübenbaus gemacht. Auf Höfen ohne Rinder liegt die Anwendung von Mineraldünger um 50, 40 und 30 % höher für Stickstoff, Phosphor und Kali, und die Böden enthalten 0,4 % weniger Humus. Das ist der Fall, obwohl Betriebe ohne Rinder auch organisch düngten, indem sie Stroh, Gründüngung, Rübenblatt, z. T. auch Schweinegülle an den Boden zurückgaben, und zwar an Masse nicht weniger als der Mist aus den rinderhaltenden Höfen. Die Schlußfolgerung von Bronner und Janick lautet: *«Die regelmäßige und lang andauernde Verwendung von verrottetem Rindermist dürfte das sicherste Verfahren zur Humusanreicherung sein.»* Dies steht im Einklang mit den Ergebnissen von SAUERLANDT und TIETJEN (1970) in Deutschland, die mit Mist- und Müllkompost eine

Zunahme der Humusgehalte erreichten. Kompostierung, im Unterschied zu Frischmist wirkt stimulierend auf das Wurzelwachstum, nicht bloß über die Nährstoffe. Zu den Wirkungen der organischen Düngung gehören verbesserter Wasserhaushalt des Bodens, bessere Nährstoffspeicherung, ein vielfältiges Mikroorganismen- und Tierleben.

Der viehlosen Wirtschaft und der Vermehrung des Getreideanbaus liegt das Bestreben zugrunde, die Lohnkosten und den Arbeitsaufwand zu senken und das Kapital auf eine spezialisierte, schlagkräftige maschinelle Ausstattung eines oder weniger Betriebszweige zu konzentrieren. *Auch bei guten, scheinbar widerstandsfähigen Böden bezahlt der Landwirt und die Allgemeinheit dafür mit einem Verlust an Dauerfruchtbarkeit der Böden.* Anbau und Stallmistanwendung müssen zusammen wirken. v. BOGUSLAWSKI (1976) hat gezeigt, daß bei einer sehr anspruchsvollen Fruchtfolge (Zuckerrübe-Weizen-Hafer) in 18 Jahren selbst 250–300 dt Stallmist alle drei Jahre den Humus- und Stickstoffgehalt des Bodens nicht ganz aufrechterhalten können.

Eine grundlegende Untersuchung über die Bedeutung der Haustiere im Betriebsorganismus wurde von B. D. PETTERSSON an 19 biologisch-dynamischen Betrieben in Skandinavien ausgeführt (1963). Im Durchschnitt produziert der Dünger von einer Großvieh-Einheit (GV) ein Mehr von 1070 Produkteinheiten (1PE ≈ 1 kg Getreide). Das sind rund 36 % des Futters, welches das Tier frißt (s. Diagramm S. 54).

Hier wird diese Untersuchung angeführt, weil sie einen wichtigen Gesichtspunkt zum Verständnis der Bodenfruchtbarkeit enthält, der sonst kaum in Betracht gezogen wird. Das sind die in dieser Untersuchung enthaltenen Schätzwerte für eine «Ertragsanalyse». Der von einer Fläche kommende Ertrag setzt sich aus drei Komponenten zusammen:

1. der Bodenleistung; auch ohne Düngung würde der Boden eine wenn auch niedrige Ernte, erzeugen;
2. der laufenden Düngung mit Mist und Kompost, deren deutlich sichtbare Wirkung in 2, längstens 3 Jahren abklingt, ohne damit ganz aufgehört zu haben;
3. der *Kulturfruchtbarkeit.*

Die dritte Komponente der Fruchtbarkeit ist die Summe der zeitlich nicht genau bestimm- oder meßbaren Nachwirkungen aller Kulturmaßnahmen, d. h. Ernterückstände, Gründüngung, Wirtschaftsdüngung, Bearbeitung, Leguminosenanbau. Sie rührt im wesentlichen her von der Strukturverbesserung durch Bewirtschaftung und den organischen Bodenstoffen mittelfristiger

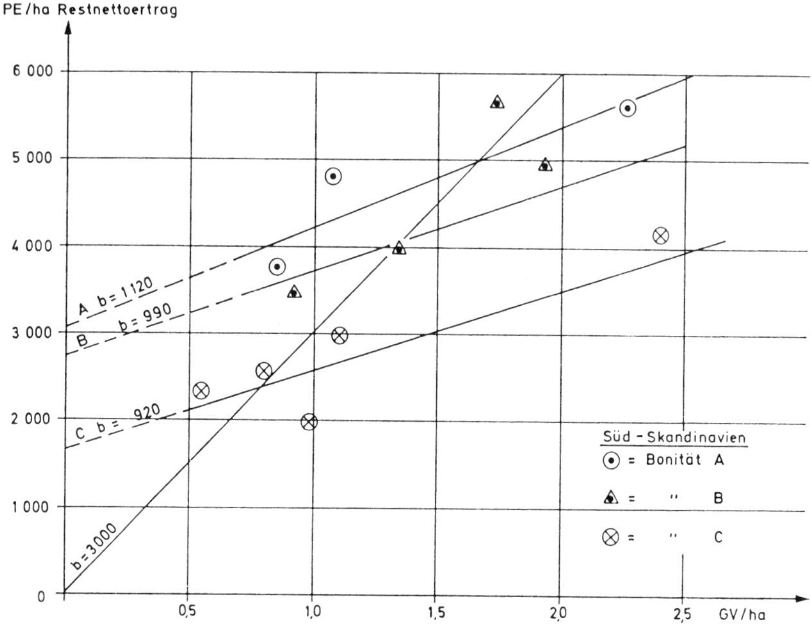

Regressionslinien, die für einzelne Klima- und Bodengruppen die Beziehungen zwischen Tierbesatz und Erträgen zeigen. Linie b = 3000 ist die Grenzlinie für die Selbstversorgung mit Futter.

Lebensdauer und Wirkung. Am gesamten Humusgehalt sind diese organischen Stoffe nur mit wenigen Zehnteln eines Prozentes beteiligt.

Der Praktiker kennt die *Kulturfruchtbarkeit* als «Ackerboden in gutem Kulturzustand», er weiß auch um die nachhaltig höhere Fruchtbarkeit hofnaher Äcker, die bei der Stallmistanwendung meist besser weggekommen sind. Auch die biologisch-dynamischen Erfahrungen sprechen für das Vorhandensein dieser Kulturfruchtbarkeit. Man beobachtet, wie nach der Umstellung Äcker während fünf und zehn Jahren immer besser werden, während später erworbene Grundstücke sich im Ertrag auf Jahre hinaus abheben. Der vergleichsweise geringere laufende Nährstoffaufwand der biologisch-dynamischen Betriebe trotz guter Erträge beruht auf diesem Ertragsfaktor. Tierischer Dünger, vor allem Rinderdünger trägt erheblich zur Kulturfruchtbarkeit bei. Eine verwandte Situation liegt bei den relativ noch jungen Kulturböden z. B. des nordamerikanischen Kontinents vor. So gedüngte Böden und die jungen Böden enthalten nicht nur Dauerhumus, sondern auch Humusstoffe mit einer *Halbwertzeit* von wenigen Jahrzehnten, aus denen ihre Fruchtbarkeit gespeist wird.

Der moderne Landwirt hat eine tragende Kraft, ohne die die Landwirtschaft aber nicht wirklich existieren kann, weitgehend eingebüßt: das ist *das Verhältnis zur Zeit.* Neue Verfahren, Sorten, Einrichtungen usw. werden in immer rascherer Folge eingeführt – und vergessen, nachdem einige daran Geld gemacht, andere eingebüßt haben. Viele solcher «Augenblickserfolge» gehen auf Kosten der Bodenfruchtbarkeit. Diese ändert sich dort, wo der Boden nicht durch rasante Erosion gefährdet ist, innerhalb von Jahren und Jahrzehnten. Aber sie ändert sich. *Alle Maßnahmen am Boden und unter diesen in erster Linie die Düngung zeigen sich als Direktwirkung am Ertrag. Sie summieren sich außerdem in kleinen, nicht meßbaren Schritten zu der langfristigen Wirkung auf die Bodenfruchtbarkeit. Sie erhalten oder untergraben diese Grundlage der Erzeugung. Die Trennung von Haustier und Scholle ist einer der folgenschwersten Schritte in der Entwicklung der modernen Landwirtschaft,* wenn auch nicht der einzige, der die Fruchtbarkeit der Böden negativ beeinflußt hat. Die Schwierigkeit ist, daß bei guter Ackerwirtschaft der Wegfall des tierischen Düngers sich nicht sofort auswirkt. So kommt SPIESS (1978) bei Feldversuchen zu dem Ergebnis, daß «Stallmist durch sachgerechte Stroh- plus Gründüngung weitgehend zu ersetzen ist». Andere Ergebnisse dieser Art liegen vor, ohne daß dadurch das hier über Haustier und Bodenfruchtbarkeit Gesagte endgültig aufgehoben wäre, z. B. DIEZ und BACHTHALER (1978), zumal nicht, wenn weitgehende Düngerselbstversorgung des Betriebes das Ziel ist.

Es gibt eine neue Untersuchung, die diese allgemeine Bemerkung bestätigt und präzisiert. Seit 1958 besteht im biologisch-dynamischen Institut in Järna, Schweden, ein Düngungsversuch, auf dem Weizen, Kleegras, Kartoffeln und Rote Bete angebaut werden. 1976 entnahm E. v. WISTINGHAUSEN Bodenproben. Der Versuch enthält folgende Düngungsstufen:

(1) voll biologisch-dynamisch
(2) biologisch-dynamischer Kompost, ohne Präparate Hornmist und Hornkiesel
(3) Frischmist
(4) ½ Frischmist, ½ Mineraldünger
(5) Kontrolle ohne Düngung
(6)–(8) steigende Gaben von Mineraldünger

Befunde der Bodenuntersuchungen im K-Versuch (Qualitätsversuch), Järna, nach 19 Jahren Versuchsdauer, Kartoffelanbau

Düngungsstufen	(1)	(2)	(3)	(4)	(5)	(6)	(7)	(8)
Krume								
Humus % C	2,65	2,06	2,64	2,13	2,29	2,47	3,07	2,69
pH	5,7	5,5	5,3	5,3	5,0	5,2	5,0	5,2
Phosphat mg/100 g	12	12	10	9	7	10	17	17
Kali mg/100 g	9	9	10	8	6	5	7	7
Unterboden								
Humus % C	2,5	1,27	1,84	0,75	1,56	0,96	0,99	1,07
pH	5,5	5,3	5,2	5,5	5,2	5,4	5,4	5,4
Phosphat mg/100 g	9	6	7	4	5	4	5	3
Kali mg/100 g	4	6	7	6	6	6	8	7

Zweck des Versuches war, die Qualität der Produkte zu studieren. An dieser Stelle werden längerfristige Änderungen der Bodeneigenschaften betrachtet.

In der bearbeiteten Krume bleiben die Unterschiede zwischen den Behandlungen gering. Eindeutig ist der geringere Humusgehalt im Unterboden auf all den Parzellen, die Mineraldünger erhalten.

Ein weiterer, bei diesem schweren Boden wichtiger Befund ist die Verbesserung der Porosität und des Luftvolumen im Unterboden auf allen Parzellen, die rein organisch gedüngt sind.

Die folgende Abbildung (S. 57) zeigt die bodenbiologischen Bestimmungen, nämlich den Regenwurmbesatz und die mittels CO_2-Ausscheidung gemessene biologische Tätigkeit. In beiden Fällen nehmen die Werte in der Richtung von (1) nach (8) ab.

Die Bedeutung dieser Untersuchung liegt darin, daß sie den langjährigen Einfluß einer bekannten Bewirtschaftung zeigt. Die Parzellen (1), (2) und (3) sind während des Versuches besser geworden. Nicht so deutlich meßbar in der Krume – auf die die Bodenuntersuchungen meist beschränkt bleiben. Aber *die von der mit Mist und Mistkompost gedüngten Krume ausgehende Belebung hat den Unterboden mehr aufgeschlossen. Der Boden auf diesen Parzellen ist tiefgründiger geworden.* Eine solche Verbesserung kann auf vielen Böden erreicht werden. Sie erhöht die Ertragssicherheit und den Wirkungsgrad der Aufwendungen.

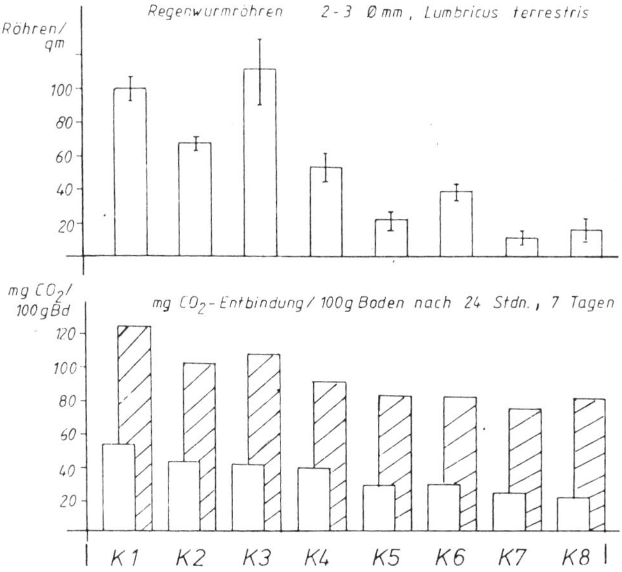

Bodenbiologische Bestimmungen nach 8 Düngungsstufen (Kartoffelschlag 0–20 cm)

Bodenleben und Nährstoffe

Im üblichen Wortgebrauch sind «Nährstoffe» die Elemente, welche eine Pflanze aus Luft, Wasser und Erde aufnimmt. Sie werden in der Pflanzensubstanz durch chemische Analyse gefunden; für Wachstums- und Reifeprozesse müssen sie anwesend sein. Dazu gehören nicht nur Kalzium, Silizium, Kalium, Phosphor und Stickstoff oder die bekannten Spurenelemente. Dazu gehören auch die Elemente des Wassers und der aus der Luft aufgenommene Kohlenstoff. Die Analyse zeigt, daß in der Pflanze zahlreiche andere Elemente vorhanden sind, deren Unentbehrlichkeit und Funktionen nur z. T. bekannt sind. Düngung wird landläufig als Bereitstellung von «Pflanzennährstoffen» aufgefaßt.

Der im 4. Vortrag des Landwirtschaftlichen Kurses eingenommene

Gesichtspunkt ist jedoch umfassender. «Schon wie so häufig, ich möchte sagen, die Worte gesetzt werden heute, gerade von den Wissenschaftern, wenn die Düngungsfrage in Betracht kommt, schon das zeigt, daß man eigentlich wenig wirkliche Anschauung davon hat, was das Düngen im Haushalt der Natur tatsächlich bedeutet. Man hört heute sehr oft die Phrase: der Dünger enthalte die Futterstoffe für die Pflanzen.» Und wenig später wird die Bedeutung der Lebensprozesse im Boden betont: «Man muß wissen, daß das Düngen in einer Verlebendigung der Erde bestehen muß, damit die Pflanze nicht in die tote Erde kommt und es schwer hat, aus ihrer Lebendigkeit heraus das zu vollbringen, was zur Fruchtbildung notwendig ist. Sie vollbringt leichter das, was zur Fruchtbildung notwendig ist, wenn sie schon ins Leben hineingesenkt wird. Im Grunde genommen hat alles Pflanzenwachstum dieses leise Parasitäre, daß es sich eigentlich auf der lebendigen Erde wie ein Parasit entwickelt. Und das muß sein. Wir müssen, da wir in vielen Gegenden der Erde nicht darauf rechnen können, daß die Natur selber genügend organische Abfälle in die Erde hineinversenkt, die sie dann so weit zersetzt, daß wirklich die Erde genügend durchlebt wird, wir müssen dem Pflanzenwachstum mit der Düngung zu Hilfe kommen in gewissen Gegenden der Erde. Am wenigsten in den Gegenden, wo sogenannte Schwarzerde ist. Denn diese ist eigentlich so, daß die Natur selber das besorgt, daß die Erde genügend lebendig ist, wenigstens in gewissen Gegenden.»

In den Lebensvorgängen des Bodens liegt der Schlüssel für eine ausreichende, zeitgerechte und pflanzengemäße Nährstoffversorgung der Kulturen, aber auch für den Wirkungsgrad jeglicher Aufwendung bei der Düngung. Boden und Pflanze bilden einen Organismus höherer Ordnung. Am Beispiel des Stickstoffs soll dies erläutert werden.

In der Pflanze ist der *Stickstoff* das Element, das beim Substanzaufbau, bei Wachstum, Reife und Absterben tätig ist, so im Eiweiß, Chlorophyll, organischen Basen, Enzymen usw. Jeder Bauer und Gärtner ist auch vertraut mit dem Einfluß von Stickstoffmangel und -überschuß auf den Verlauf des Wachstums, d. h. Reifeverzögerung durch viel, Reifebeschleunigung durch wenig Stickstoff. Dieser beeinflußt die Höhe der Ernte, die Gesundheit der Bestände und die Qualität von Futter und Nahrung.

Stickstoff muß durch biologische Vorgänge aus der Atmosphäre gebunden werden. Unter den Elementen des Eiweißes steht ihm darin nur der Schwefel nahe, der ebenfalls aus der Atmosphäre kommt, indessen auch in manchen Gesteinen enthalten ist. *Der Stickstoff tritt aus der Atmosphäre in die Lebensprozesse ein.* Er wird durch Bakterien, einige Pilze und blaugrüne

Algen in Eiweiß gebunden und gelangt so in den organischen Kreislauf. Am wichtigsten sind die symbiotischen Bakterien in den Knöllchen der Leguminosen. Von diesen Bakterien gibt es eine Reihe spezifischer Rassen und Stämme, so daß man beim allerersten Anbau einer neuen Leguminose auf einem Acker diesen beimpfen muß. Die Erle, einige Ölweidengewächse, eine Anzahl tropischer und subtropischer Holzgewächse bilden Knöllchen an ihren Wurzeln. Auch Mykorrhizenpilze können Stickstoff binden. Im Boden gibt es nicht in Symbiose lebende Stickstoffbinder, auch im Darm von Bodentieren glaubt man solche gefunden zu haben.

Im Wurzelbereich tropischer und subtropischer Gräser, die viel Kohlenhydrate erzeugen, hat man neuerdings eine hohe stickstoffbindende Aktivität gefunden (NEYRA und DÖBEREINER 1977). Nimmt man alle Möglichkeiten der Stickstoffbindung zusammen, so sind zwar die Symbioten der Leguminosen die für die Landwirtschaft wichtigste Assoziation; für Wälder, anderen nicht landwirtschaftlichen Grund, auch Gewässer sind freilebende Bakterien, blaugrüne Algen, Assoziationen derselben mit anderen höheren und niederen Pflanzen, Mykorrhizen, knöllchenbildende Nichtleguminosen von ähnlich großer oder größerer Bedeutung. *Die pflanzentragende Erde und die Gewässer sind von Natur aus auf die biologische Stickstoffbindung eingestellt.*

Wieviel Stickstoff biologisch gebunden wird, hängt u. a. von der Menge des verfügbaren Stickstoffs im Boden ab. Auf den reichlich bevorrateten Kulturböden erweisen sich die Symbionten der Leguminosen als wirkungsvoll. (Die seit einigen Jahren diskutierte Notwendigkeit, Energie einzusparen, hat das wissenschaftliche Interesse an der biologischen Stickstoffbindung belebt. Verschiedene Methoden der genetischen Manipulation werden erörtert, wie die Übertragung von Genen der Stickstoffbindung aus Bakterien in höhere Pflanzen oder in unschädliche Bakterien, die ihrerseits wieder in Pflanzen eindringen; oder man versucht Protoplastkombinationen herzustellen zwischen stickstoffbindenden Mikroorganismen und höheren Pflanzen; man züchtet auch Stickstoffbinder, die speziell auf Getreidewurzeln leben sollen usw. Theoretisch gibt es verschiedene Möglichkeiten. Es handelt sich, soweit Resultate erwartet werden können, um langfristige Arbeiten, deren Zukunft und Potential derzeit nicht abgeschätzt werden kann. Verbesserung der Anbausysteme und Düngung, die die Prozesse der Stickstoffbindung voll nutzen, Vermeidung von Verlusten usw. haben bis auf weiteres den Vorrang.)

Stickstoff ist ein eigenartiges Element. Er ist sehr beweglich. Er wechselt im Boden ständig seine Bindungsformen zwischen *mobilem* oder pflanzenverfügbarem Ammoniak und Nitrat, auch organischen Verbindungen, und der im Humus gebundenen, *immobilen* Reserve. Er wird aus der Atmosphäre aufgenommen und in diese entlassen. Nitrat unterliegt der Auswaschung und kann im Grundwasser angereichert werden. Lenkung und Handhabung des Stickstoffes in Boden und Dünger sind ausschlaggebend für den Betriebserfolg.

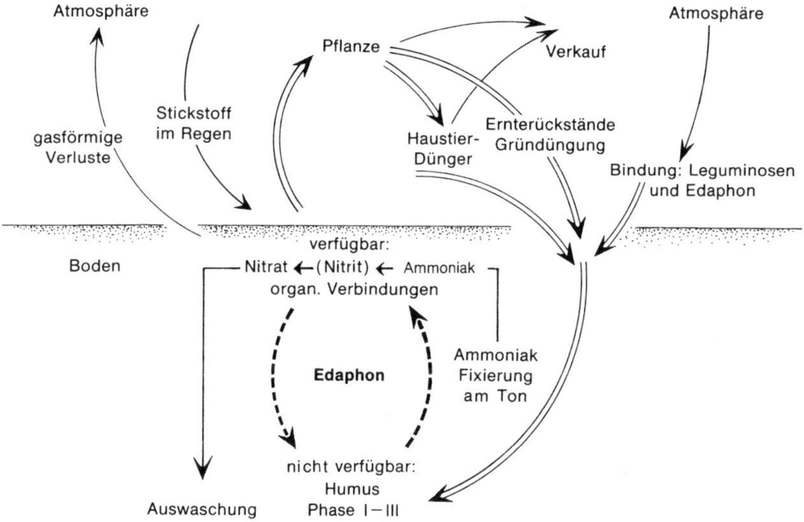

Das Diagramm zeigt den innerhalb des Bodens ständig vor sich gehenden, vom Bodenleben unterhaltenen Kreislauf (gestrichelte Pfeile); den Kreislauf im Hof (doppelt ausgezogene Pfeile); ferner Verluste und Zufuhr (einfache Pfeile).

Die folgenden Zahlen stecken einen quantitativen Rahmen ab, innerhalb dessen sich diese Stickstoffbewegungen vollziehen.

1. Vorrat an Stickstoff im Humus der Phasen I–III (kg/ha)	
überwiegend nicht mobil	2000 – 8000
2. Zufuhren zum Boden bzw. zum Betrieb (kg/ha·Jahr)	
Bindung durch Organismen des Bodens	10 – 15
Niederschläge	10 – 15

Bindung durch die Leguminosen		
Luzerne, Klee, Klee-, Luzernegras	im Aufwuchs	120 – 280
	in Wurzelrückständen	70 – 100
Hülsenfrüchte, reif	im Aufwuchs	100 – 140
	in Wurzelrückständen	30 – 50
Leguminosen, Untersaaten		40 – 120
Leguminosen, Zwischenfrucht	im Aufwuchs	40 – 70
	im Boden	20 – 40
Leguminosen	im Dauergrünland	unbekannt
3. Innerbetriebliche Bewegungen (kg/GV·Jahr)		
10–12 t Mist je Großvieh-Einheit (GV), 365 Stalltage		50 – 60
Jauche		12 – 20
Ernterückstände der Hackfrüchte		8 – 15
Ernterückstände Getreide		8 – 15
Abfälle, Abfallkompost		wechselnd
4. Jährliche Versorgung der Kulturen (kg/ha·Jahr)		
Bindung und Niederschläge		20 – 25
Mobilisierung aus dem Bodenvorrat		20 – 200
Stallmist und Jauche (1 GV/ha), andere hofeigene Dünger		40 – 60

Ergänzend ist zu sagen: Bei Weidegang ist der Stallmistanfall proportional geringer, obwohl bei guter Weidepflege die dort verbleibenden Dünger nicht wertlos sind. Die Mobilisierung aus dem Bodenvorrat, der die Humusstoffe der Phasen I – III umfaßt, beläuft sich auf 1 – 2,5% pro Jahr, wobei die höhere Mobilisierungsrate bei den höheren Humusgehalten angetroffen wird. Die angegebenen Zahlen sind 1% aus 2000, und 2,5 % aus 8000 kg/ha. Der aus den Wurzelrückständen von Leguminosen verfügbare Stickstoff im 1. Nachwirkungsjahr beträgt vielleicht 10 – 25% ihres Gehaltes. Die unmittelbare Nachwirkung ist bei Körnerleguminosen, die im Felde gereift sind, gering. Sie ist sehr ausgeprägt, wenn Klee usw. im vegetativen Entwicklungsstadium in den Boden eingearbeitet werden.*

Die allgemeinen Folgerungen für die Betriebsführung lassen sich aus dieser Aufstellung unschwer ziehen:

1. Für das laufende Erntejahr ist die *Versorgung aus der Bodenreserve* ausschlaggebend auch auf Feldern, die Mist erhalten haben.

* Neuerdings versucht man, mit der N_{min}-Methode eine möglichst getreue Vorstellung über den verfügbaren Stickstoff im ganzen Wurzelraum bei Beginn der Vegetationsperiode zu bekommen. Die Mineraldüngung soll dann entsprechend abgestimmt werden. Die witterungsabhängige Mobilisierung und die Wirkung von Humus der Phase II wird damit kaum erfaßt.

2. diese wird, für den Betrieb als Ganzes, wieder aufgefüllt durch die Bindung und Zufuhr aus der Atmosphäre. Hierin liegt eine wesentliche Bedeutung der *Fruchtfolge;*
3. die Verwendung des Aufwuchses an Klee, Luzerne usw. durch *betriebseigene Tierhaltung* ist ein wichtiger Posten in der Stickstoffversorgung;
4. aber auch andere *Abfälle, Stroh, Hofkomposte* usw. tragen zur Kulturfruchtbarkeit bei – obwohl sie für die Abbauphase I vorübergehend zusätzlichen Stickstoff aus Jauche, Mist oder Kleeuntersaaten brauchen;
5. der innerhalb einer Fruchtfolge benötigte jährliche Bedarf zwischen 60 – 150 kg/ha kann bei genügendem Leguminosenanbau und Tierhaltung geschafft werden, wenn für *geringe Verluste* bei der Düngerlagerung und -anwendung Sorge getragen wird. Ein – meist relativ geringer – Zukauf an organischen Handelsdüngern kann erforderlich sein.
6. In der Handelsgärtnerei wird er die Regel sein (doch sind bei Demetervermarktung auch diese Betriebe gehalten, die Einfuhr zu begrenzen).

Stickstoffverluste erfolgen durch Entweichen von gasförmigem Stickstoff oder Stickstoffverbindungen in die Atmosphäre. Dieser Vorgang heißt Denitrifizierung und ist ein mikrobiologischer Prozeß, der bei geringer Durchlüftung, genügend hoher Temperatur und Anwesenheit von organischer Substanz stattfindet. Ferner kann das wasserlösliche Nitrat durch Sickerwasser aus dem Wurzelraum weggeführt werden.

Seit fast einem halben Jahrhundert weiß man, daß *bei Mineraldüngung die Stickstoffbilanz im System Boden-Pflanze negativ* wird. Man muß mehr und mehr düngen, bzw. es wird ständig aus dem Bodenvorrat zugesetzt. Der Boden wird ärmer. Der Grund liegt in den Wegen, die, entgegen früheren Annahmen, der Mineraldüngerstickstoff tatsächlich nimmt. Darüber weiß man, seit man mit Isotopen experimentieren kann, mehr als früher. Ein Beispiel sei hierzu angefügt (Fleig und Capelle 1974):

Verbleib einer mineralischen Stickstoffdüngung (markierter Stickstoff) zu Getreide

	Versuchsfrüchte, 1968 und 1972			
Stickstoffbewegungen (kg/ha) bei	Gerste		Hafer	
angewandtem Mineraldünger	80		74	
Stickstoff in der Ernte	130		120	
davon aus Mineraldünger		33		30
davon aus dem Boden	97		90	
Mineraldünger im Boden verblieben		6		21
Verlust in die Atmosphäre		41		23
		80		74

Entgegen der landläufigen Erwartung stammt der meiste Stickstoff in der Ernte aus dem Boden, nicht aus dem Dünger. Auswaschung spielte in beiden Fällen keine Rolle. Ähnliche Befunde gibt es heute aus vielen Ländern. Der genannte Versuch beschreibt eine allgemeine Erscheinung, keinen Einzelfall.

Steigert man die mineralische Stickstoffdüngung, so nimmt meist die Denitrifizierung zu. Andererseits wird durch mineralische Stickstoffdüngung die biologische Stickstoffbindung aus der Atmosphäre drastisch verringert. Ammoniak unterdrückt die Bildung des Enzyms Nitrogenase in freilebenden stickstoffbindenden Bakterien. Es hindert auch die Bildung von Knöllchen in Leguminosen. Auch scheint mineralischer Stickstoff die Mobilisierung von pflanzenverfügbaren Stickstoffverbindungen aus dem Bodenvorrat anzuregen. Die Folge davon ist höhere Aufnahme, höhere Denitrifikation und Auswaschung.

Wenn «unphysiologische» Zufuhren von Ammoniak und Nitrat die biologische Bindung, Entbindung und Umwandlung der Stickstofformen beeinflussen, dann entsteht die negative Bilanz. Damit steht nicht in Widerspruch, daß Ammoniak und Nitrat ebenfalls auch Produkte der mikrobiologischen Tätigkeit sind. *Die Wege des Stickstoffes tragen die Merkmale eines Lebenszusammenhanges mit Eigenregulation an sich.* Dessen Funktionen werden, wie das auch bei Organismen höherer Ordnung ist, umgestimmt, wenn man *unphysiologisch* von außen eingreift. Der Lebenszusammenhang arbeitet «unökonomisch», wenn der Eingriff mit mineralischem Stickstoff geschieht. Von Hause aus arbeitet er «ökonomisch». Was nicht notwendigerweise heißt auf einem niedrigen Niveau. *Seine Leistungsfähigkeit kann mit biologischen Mitteln des Anbaus, der organischen Düngung und der Bearbeitung gesteigert werden.*

Auch bei der *Nitratauswaschung* muß man den Naturzusammenhang sehen. Diese Form der Stickstoffverluste ist unter Dauerkulturen wie Wald- und Grünland – auch von mehrjährigen Futterschlägen – gering und hat Nitratgehalte in Trinkwasserquellen und Grundwasserkörpern zur Folge, die normal und tolerierbar sind – nicht so bei Ackerland, das oft monatelang ohne Pflanzenwuchs ist. Ähnliches trifft für Wassereinzugsgebiete zu, in denen durch überwiegenden Garten-, Wein- und Obstbau der Boden offen gehalten wird. Die gesundheitliche Schädigung von Kleinkindern, auch Erwachsenen, Einbußen an Viehbeständen als Folge hoher Nitratgehalte, sind seit den fünfziger Jahren bekannt und weltweit verbreitet.

Es gibt aber auch Beispiele, daß selbst bei längeren Bracheperioden im

Laufe des Jahres organische Düngung die Nitratauswaschung aus Ackerland verringert. Von 1970–72 wurden auf benachbarten Feldern mit bekannter Geschichte die Nitratgehalte in den Abflüssen von Röhrendränagen regelmäßig gemessen (Koepf 1973). Die Anlage stand auf der Cockleburr Farm, Buffalo/Illinois, USA. Die Bodenbeschaffenheit auf diesen Prärieböden ist so einheitlich, wie man sie sich für eine solche Messung wünscht. Die Fruchtfolgen in zwei Vergleichspaaren von Einzugsgebieten mit jeweils mineralischer bzw. organischer Düngung waren nicht genau gleich – schlossen aber bei den Versuchsgliedern ähnlich lange Bracheperioden ein. Theoretisch konnte man auch aus den organisch bewirtschafteten Flächen eine hohe Nitratauswaschung erwarten. Diese trat nicht ein. Sie betrug im

Mittel aller Daten bei	Gruppe 1	Gruppe 2
mit Mineraldüngung	46,6	49,9 mg Nitrat
mit Wirtschaftsdüngung	9,7	7,9 mg Nitrat

Die Mineraldüngung war nicht einmal hoch. Es ist also möglich, die Verluste so weit zu reduzieren, daß die «normale» Nitratauswaschung für den Betrieb unerheblich wird und keine Gefahr für die Trinkwasserversorgung darstellt. Dies wird erreicht durch

1. möglichste Dauerbegrünung von Ackerland und anderen (großflächigen) Kulturen unter dem Pflug,
2. Wirtschaftsdüngung.

Für die biologisch-dynamische Arbeitsweise ist es wichtig, die Auswaschung niedrig zu halten. Reifung der Wirtschaftsdünger, deren Anwendungszeit im Jahreslauf, Untersaaten und Zwischenfrüchte tragen dazu bei. Der üblichen Bodenuntersuchung entzieht sich der Stickstoff weitgehend. Doch ist es wichtig, daß man annähernd abschätzt, ob die Bewirtschaftung das Bodenkapital beansprucht oder erhält. Hierzu sei ein Beispiel angeführt.

Der Hof Witzhalden (P. Jacobi und E. v. Wistinghausen 1974) liegt im südlichen Schwarzwald in 670 – 780 m Höhe, bei rund 1000 mm Niederschlag und etwa 100 Schneetagen im Jahre. Die Böden gehören einer Serie von flachgründigen Rendzinen, Mergelrendzinen und Terrafuscen auf Muschelkalk an. Bei zwei elffeldrigen Fruchtfolgen erhält das Ackerland alle zwei Jahre 150 – 200 dt/ha kompostierten Stallmist, bzw. 5 – 10 cbm Jauche. Die Stickstoffbewegungen in der einen der beiden Folgen umfaßt in 11 Jahren etwa die folgenden Mengen:

Aus Mistkompost und Jauche zu 5 Jahren Getreide, 1 Jahr Leguminosengemenge	472 kg/ha
aus Mistkompost und Jauche zu 4 Jahren Esparsette	248 kg/ha
durch Niederschläge und stickstoffbindende Bodenbakterien	220 kg/ha
im Boden durch Esparsette, 4 Jahre + 1. Aussaatjahr	450 kg/ha
insgesamt	1390 kg/ha
Entzug, 5 Jahre Getreide	480 kg/ha
Entzug, 1 Jahr Leguminosengemenge, im Aufwuchs	100 kg/ha
Entzug, 4 + 1 Jahre Esparsette, im Aufwuchs	640 kg/ha
Auswaschung 20 kg/ha · Jahr bei Getreide, 5–10 kg/ha · Jahr bei Leguminosen	140 kg/ha
insgesamt	1280 kg

Einer jährlichen Zufuhr von – rechnerisch – 131 kg N/ha steht eine Entnahme von 116 kg/ha gegenüber. Der Stickstoffhaushalt dürfte also annähernd ausgeglichen sein. Bei einer zweiten Fruchtfolge ist die Esparsette auf etwas besseren Böden durch Luzerne ersetzt; zwei Getreideschläge machen Platz für Hackfrüchte. Die entsprechenden Mengen belaufen sich auf 141 und 131 kg Stickstoff je ha und Jahr.

Die Betriebsergebnisse zeigen, daß diese Schätzungen annähernd zutreffen dürften. Die Erträge werden besser. Der Betrieb begann 1952 mit 12 ha als Vorwerk und wurde seitdem auf 30 ha aufgestockt. Wurden anfänglich 1,7 ha Futterfläche je GV benötigt, so sind es jetzt – immer noch etwas hoch – 0,8 ha. Der Düngerzukauf beläuft sich auf 80 kg/ha Rohphosphat, das dem Stallmist zugesetzt wird. Seit 1973 wird kein Futter mehr zugekauft. Der Milchertrag stieg auf 4000 kg pro Kuh und Jahr (rotbuntes Niederungsvieh aus Verdrängungskreuzung mit Vorderwälder Vieh). Es wurden in den letzten Jahren 30 – 36 dt/ha Winterweizen, 180 – 300 dt/ha Kartoffeln und 700 – 800 dt/ha Futterrüben geerntet.

Andere Elemente

Über diese seien nur einige ergänzende Bemerkungen gemacht. Der Stallmist enthält eine nicht zu vernachlässigende Menge an Nährstoffen. In 10 t, d. h. der Menge, die bei Stallhaltung im Jahre von 1 GV anfällt, sind enthalten:

50–55 kg	Stickstoff (N), dazu in den flüssigen Ausscheidungen	20 kg
10–14 kg	Phosphor (P), dazu in den flüssigen Ausscheidungen	2,5 kg
50 kg	Kalium (K), dazu in den flüssigen Ausscheidungen	45 kg
35 kg	Kalzium (Ca)	
8 kg	Magnesium (Mg)	

Vom Stickstoff werden im Anwendungsjahr 30 – 40 % aufgenommen, der Rest später. Phosphor und Kalium werden fast vollständig und ziemlich rasch verfügbar. Ähnliches läßt sich für die Spurenelemente sagen. Die folgenden Zahlen geben davon eine Vorstellung:

Spurenelemente in 10 t Stallmist und mittlerer Bedarf der Kulturpflanzen

Elemente	Gehalte g	Mittelwerte g	durchschnittl. Aufnahme ca. g/ha·Jahr
Bor	10 – 130	50	180
Mangan	180 –1370	500	500
Kobalt	0,5– 12	2,5	1
Kupfer	20 – 100	40	80
Zink	100 – 520	240	200
Molybdän	2,0– 10,5	5	10

Phosphor ist in geringen Mengen als schwer lösliches Mineral in die Muttergesteine des Bodens eingesprengt, doch liegen 20–60 % der Gesamtmenge in organischer Form vor. Er ist im Boden schwer löslich und hat auch stets die Neigung, in noch schwerer verfügbare Formen überzugehen. In der allgemeinen Landwirtschaft ist der Wirkungsgrad der Phosphatdünger sehr gering, zwischen 5 und 20 %. So hat die konventionelle Düngung viele Böden seit Jahrzehnten mit Phosphat angereichert. Eine Anzahl biologisch-dynamischer Betriebe verwendet Rohphosphat (Hyperphos) in Mengen von ca. 50 kg je Großvieheinheit (GV) im Jahr, das in den Mist eingebracht oder direkt auf das Grünland ausgestreut wird. Sickersaft aus dem Stallmist ist aufzufangen.

Stallmistdüngung ist für die Phosphatverfügbarkeit wichtig, wie ein alter Dauerversuch in England zeigt (Russell, 1976):

Düngung (1876–1901)	Erträge (1949–1953) dt/ha	Phosphor in der Ernte, kg/ha
keine	13,5	4,6
Superphosphat, 35 kg P/ha Jahr	23,2	9,1
Mist ca. 35 t/ha Jahr	25,8	10,5

Normalernten an Getreide führen im Korn etwa 15–17 kg P/ha aus dem Hofe aus. Bodenbelebung und Fruchtfolge sind für eine gute Phosphorversorgung entscheidend. Die letztere nutzt das Aufschließungsvermögen der Pflanzen mit reichen und tiefgehenden Wurzeln, vor allem Kleearten, aus, um die im Betrieb umlaufende Nährstoffmenge in organischer Bindung zu erhöhen. Da die P-Konzentration im Bodenwasser niedrig ist und die Diffusion von P um zwei Zehnerpotenzen niedriger ist als beim Kalium oder Kalzium, muß ein reiches Wurzelwerk den Phosphor im Boden aufsuchen. Hier liegt also eine direkte *Fruchtfolgewirkung* auf die effiziente Nutzung der bodenbürtigen Nährstoffe vor.

Nur Hoch- und Niedermoore und sehr leichte Sandböden enthalten von Haus aus wenig *Kalium*. Sorgfältige Rückführung der Dünger, einschließlich der flüssigen Ausscheidungen der Tiere, Stroh, Gründüngungspflanzen, Verfüttern der Futterpflanzen im eigenen Betrieb sorgen auf den meisten anlehmigen bis zu den schweren Böden für einen ausgeglichenen Kaliumhaushalt im Gesamtbetrieb. Eine gute Getreideernte entnimmt in den Körnern nur etwa 20 kg/ha Kalium aus dem Betrieb, Blattfrüchte und Kartoffeln allerdings mehr. Erd- und Pflanzenkomposte sowie Belebung des Bodens tragen wie bei den anderen Nährstoffen zur Sicherung der Kaliumversorgung bei. Säureausscheidungen aus Wurzeln und Mikroorganismen, die reduzierende Wirkung organischer Substanzen, die Entstehung organischer Komplexe helfen die bodeneigene Reserve in den Nährstoffkreislauf innerhalb des Betriebes einzubeziehen.

Dem hier Gesagten kann entgegen gehalten werden, daß schließlich nur die Nährstoffe verfügbar werden können, die vorhanden sind. Bei dauernder Entnahme müsse, vor allem bei ärmeren Böden, rasch Verarmung eintreten. Darauf gibt es keine allgemeine, sondern nur standörtliche Antworten. Eine Quarzitverwitterung, eiszeitliche Sander oder grundwasserferne Talsande und ähnliche Substrate taugen in der Tat in erster Linie für Wald. In Teilen Nord- und Nordwestdeutschlands haben sich seit Einführung des Phosphats und anderer Düngemittel nicht nur die Erträge, sondern auch die Tiergesundheit erhöht; doch liegt auch darin kein Grund für die fortgesetzten und ständig wachsenden Anwendungen in der allgemeinen Landwirtschaft. Es gibt andere Beispiele auf flachgründigen Kalksteinböden, wo durch Jahrzehnte hindurch eine Verbesserung der eigenständigen Fruchtbarkeit erreicht wurde, bei Zufuhren, die vernachlässigbar gering sind. Je tiefgründiger und lehmiger die Bodenart ist, um so mehr tritt die Frage der Zufuhren, für welche biologisch-dynamische Betriebe ohnehin die in genügender Menge vorhandenen organischen Handelsdünger bevorzugen, in den Hintergrund. Hinter diesem Satz steht heute nicht mehr eine theoretische Überzeugung oder das idealisierte Bild eines geschlossenen Organismus. Langjährige Erfahrung hat vielmehr gezeigt, daß *das Leitbild des möglichst geschlossenen Betriebsorganismus zu einer Steigerung des Binnenumsatzes innerhalb des Betriebes* führt. Dieser ist die Grundlage für den Überschuß an verkäuflichen Produkten. Die konventionelle Landwirtschaft läßt große Möglichkeiten ungenutzt, das betriebseigene Potential zu nutzen. Nach P. SCHACHTSCHABEL führt die deutsche Landwirtschaft in Produkten 6,6 kg P/ha und 14,0 kg K/ha im Jahr aus den Betrieben aus. Das Ackerland hat einen Bedarf von 22 kg P und 18 kg K. Tatsächlich schlägt die konventionelle Düngerempfehlung auf Grund der Richtzahlen 122 kg K/ha und 36 kg P/ha vor. Dies ist die Stelle, an der schwerpunktmäßig anzusetzen ist, nicht an der mehr oder weniger akademischen Frage, ob es nun ganz oder vielleicht doch nicht so ganz ohne Zufuhren gehe, an der sich mangelndes Nachdenken oder übelwollende Kritik gerne festhakt.

Die Handhabung der Düngung

Es handelt sich darum, einige einfache biologische Prinzipien flexibel in die Praxis – die sich keiner Regel fügt – überzuführen. Im Landwirtschaftlichen Kurs betont R. STEINER das «persönliche Verhältnis», das zum «Arbeiten mit dem Dünger» zu gewinnen sei. Drei Aufgaben stehen an:

1. die Erfassung und Verwendung aller für Düngung und Bodenaufbau geeigneten organischen und erdigen Substanzen;
2. deren möglichst verlustfreie Lagerung und Überführung in wachstumsfördernde, bodenaufbauende Dünger;
3. deren optimale Verwendung, diese wird durch Rottungsgrad, Anwendungszeit und -menge, Art der Einbringung beeinflußt.

Lehrmeister der Humuspflege ist die Natur. Von den Formen der Humusbildung und ihren Vorkommen in verschiedenen Landschaften lernt man über die Mischung der Substanzen, langsame Durchlüftung, Wassergehalt, Bedarf an Kalk und Erde, Rolle der Würmer und anderer Tiere beim Kompostieren und der Düngeranwendung. Darauf wurde bereits auf S. 41 ff. hingewiesen.

Stallmist und Stallmistkompost

Tierische Dünger fallen als feste Ausscheidungen, als Jauche, oder als eine Mischung beider, die Gülle, an.

Die überkommene Form der Rinderhaltung, ganzjährig oder außerhalb der Weidezeiten im Anbindestall, auf – möglichst gehäckselter – Einstreu erbringt im Miststapel oder Komposthaufen einen Dünger, der harmonische Nährstoffwirkung mit Förderung des Bodenlebens und des Humusaufbaus vereint. Haben die Tiere Weidegang und auch im Winter täglichen Auslauf, dann ist diese Haltung gesund. Der Tierpfleger hat am ehesten die Möglichkeit, die Tiere und deren Eigenheiten zu kennen. Da es keine kleine Entscheidung ist, einen neuen Stall zu bauen oder den alten zu ändern, herrscht diese Aufstallung zum Vorteil für Betrieb und Düngerwirtschaft in bäuerlichen Betrieben gegenwärtig noch vor. Mechanische Ausmistung ist in der Regel vorhanden. Die tägliche anfallende Menge wird auf einen kegelförmigen Haufen außerhalb des Stalles gekippt. Besser ist es, den Mist flach auszubreiten und mit ca. 5% Erde zu versetzen. Jedenfalls sollte die Oberfläche so groß sein, daß keine stärkere Erhitzung eintritt. Ausschlaggebend für den Erfolg der Stallmistkompostierung ist, daß man die anfänglich starke Erhitzung unter Kontrolle bekommt, d. h. die Temperatur um 55° C, möglichst darunter, hält. Nach dieser Zwischenlagerung wird der Mist, in der Regel durch Abstreuen vom Düngerstreuer, in Feldmieten aufgesetzt, mit Präparaten versehen und nach Bedarf abgedeckt. Frischer Dünger mit reichlich Stroh, der direkt in Feldmiete aufgesetzt wird, erreicht häufig zu hohe Temperaturen, die Randschichten werden dann zu trocken, erhebliche Stickstoff- und Kohlenstoffverluste resultieren. Es gibt heute auch Stallmiststreuer mit seitlichem Förderband, mit dem eine Schicht gewünschter Dicke auf der Feldmiete abgelegt werden kann. Ein Beispiel sorgfältiger Mistpflege vom Hofe Dannwisch in Holstein sei hier angeführt: «Der Stallmist von 45 Kühen mit sämtlicher Nachzucht wird täglich mit Sammelpräparat (S. 74) behandelt und erhält eine Schiebkarre mit einem Gemisch von Kompost, Basaltmehl und Algenkalk. Dann wird er 14tägig von der Mistplatte am Feldrand mit 15 % Grassoden aufgesetzt, abgedeckt und präpariert und, wenn nötig, 14 Tage vor der Anwendung noch einmal umgesetzt.»

Die größte Menge je GV eines nährstoffreichen Düngers gewinnt man im *Tiefstall,* der sich vornehmlich für Jung- und Mastvieh, auch für Ammenkühe, eignet. Bei richtiger Besatzdichte und 8–14 kg/GV · Tag Einstreu – der Dünger darf nicht naß, aber auch nicht trocken und heiß sein – entsteht eine Düngemasse, die auch ohne weitere Kompostierung verwendet werden kann. Die Präparate werden bereits im Stall zugesetzt.

Auch das alte «Feucht/Fest»-Verfahren im rechteckigen Stapel führt zu einem brauchbaren Dünger. Mit der «Trapezmiete» kann man ebenfalls eine gelenkte Rottung erreichen. In diesem Falle wird die Miete rasch auf die erforderliche Höhe gebracht und dann durch seitliches «Anbauen» allmählich ein rechteckiger Haufen erzeugt, dessen eine Längsseite «gereift» ist, während die gegenüberliegende noch ziemlich frisch sein kann. Gelegentlich findet man die rechteckige breite Miete, deren äußere Zonen mehr, deren innerer Teil weniger verrottet ist. Man hat dann Material, das sich für unterschiedliche Zwecke eignet. Das Kot-Stroh-Verhältnis, Größe und Form des Haufens, Erdbeimischung und Präparateanwendung beeinflussen die Temperaturen. Von diesen hängen auch die Substanzverluste ab sowie die Pflanzenverträglichkeit der fertigen Produkte. Mit *Frischmist* bringt man mehr Masse, mit Flüssigmist meist mehr Nährstoffe auf das Feld als mit Stapel- oder kompostiertem Mist. Es ist aber irrig zu meinen, daß man dem *Humusaufbau* und der *Nährstoffversorgung* der Pflanzen mit den erstgenannten Materialien besser diene. *Der Verlauf des Abbaus im Boden, die Anregung des Wurzelwachstums, geringere Auswaschungs- und gasförmige Verluste sprechen für die Verwendung gepflegter, nicht roher oder flüssiger Dünger.* Kompost regt das Wurzelwachstum an. Langsame Luftzufuhr verringert die Verluste als Ammoniak oder durch Denitrifikation. Es liegen sogar Hinweise auf eine Bindung von Luftstickstoff vor. Reifer Kompost wird im Boden langsamer umgesetzt als Frischmist. Seine Wurzelverträglichkeit ist, im Gegensatz zu Frischmist und Flüssigmist, gut. Für Starkzehrer in Feld und Garten verwendet man jedoch halbkompostierten oder Tiefstallmist. Wo Leguminosen, andere empfindliche Pflanzen oder die Viehweiden gedüngt werden, nimmt man reifen Dünger. Da Rinderdünger relativ phosphorarm ist, wird, häufig bereits schon vor dem Ausmisten, etwas *Rohphosphat* eingemischt (s. S. 66). Im kühleren Klima Nordeuropas sind die Humusgehalte der Böden von Hause aus meist genügend hoch, aber häufig ist ihr Stickstoffgehalt zu gering. Dort werden gegen Ende der Rottung 20 kg Fleischmehl und 10 kg Knochenmehl je Tonne zugesetzt. Soll die Fermentation nicht beeinträchtigt werden, so darf der Zusatz von Kalimagnesia 10 kg/t nicht übersteigen.

Soweit andere Haustiere, Schweine, Schafe, Hühner, Pferde auf Einstreu gehalten werden, sind die Regeln der Düngerbehandlung dieselben wie beim Rinderdung. Rinder-, vor allem Schweinedung sind «kalt», langsamer wirkend, Pferde- und Schafmist «heiß» und eher für schwere Böden geeignet. Wo vorhanden, sollen die Dünger verschiedener Tierarten gemischt werden.

Jauche, aus dem Urin der Tiere und Wasser vom Stallreinigen bestehend, enthält, wie auf S. 65 gezeigt wurde, ca. 30 % der Stickstoff- und 50 % der Kaliausscheidung der Kühe, verdient also sorgfältig gesammelt, aufbewahrt und angewandt zu werden. Es sollten zwei Behälter zum gleichzeitigen Füllen und Fermentieren vorhanden sein, ca. 4 – 6 cbm Speicherraum pro GV. Vor dem Füllen soll etwas reifer Kompost eingebracht werden, eine gelegentlich erneuerte dünne Schwimmdecke aus gehäckseltem Stroh oder Brennesseln verbaut das aus der Flüssigkeit aufsteigende Ammoniak in organische Verbindungen. Geringe Mengen Rohphosphat und Basaltmehl werden auf die Schwimmdecke aufgebracht. Präparate kommen in die Flüssigkeit (S. 74).

Gülle wird in den stroharmen Grünlandgebieten des Voralpen- und Alpengebietes seit langem angewandt. Die häufig negativen Wirkungen auf die botanische Zusammensetzung der Grasnarbe sind oft beschrieben worden. Neuerdings ist die Herstellung von Flüssigmist auch in anderen Gebieten in rascher Ausbreitung begriffen. Dieser wird vollmechanisch gewonnen und ausgebracht, Strohbergung erübrigt sich oder ist reduziert. Großviehbestände an Hühnern, Schweinen, Mastrindern, auch Milchvieh sind in erster Linie nach Gründen der Arbeits- bzw. Lohneinsparung aufgestellt. Aber auch bäuerliche Betriebe wählen das Verfahren häufig bei Neubau oder Aufnahme einer spezialisierten Tierhaltung in den Hof.

Nur im Vorbeigehen sei erwähnt, daß die mit industriellen Haltungsformen verbundene Anwendung von Handelsfuttermitteln, Futterhilfsmitteln, Antibiotika usw. erhebliche hygienische Gefahren mit sich bringt. Flüssigmist erhöht die vielerlei Möglichkeiten der Ansteckung. Die folgende Tabelle (S. 72) bringt hierzu zwei Beispiele aus Illinois (USA), einem Bundesstaat mit intensiver Landwirtschaft und von extensivem Weideland in Montana. Getestet wurden die schädlichen Keime, die nicht mehr auf bestimmte Antibiotika ansprechen. Man sieht, wie die Antibiotika-Fütterung sich auf den hygienischen Zustand der tierischen Ausscheidung negativ auswirkt. In Stapelmist und Kompost entstehen weniger Probleme. Die anfallenden Mengen an Gülle sind nicht gering, 15 – 17 cbm/Jahr · GV; rund 60 cbm von 1000 Hennen; 20 – 25 cbm von 10 Schweinen.

Es genüge hier der Hinweis, daß die auf S. 50 erwähnten Probleme der großen Tierhaltungen durch Flüssigmistbereitung verschärft werden. Zu den hygienischen Gefahren treten Geruchsemissionen und Wasserverunreinigung. Die Beseitigung durch Deponie in Lagunen, die Aufbereitung in

Das Vorkommen von antibiotika-resistenten enteritischen Keimen in den Ausscheidungen der Haustiere (die Proben stammen von Farmen in Illinois und von Weideland in Montana)

Droge/Tierart	resistente Keime in mehr als 100 000 Keimen, in % aller Mistproben				
	10–100 %	1–10 %	0,1–1 %	0,01–0,1 %	0,01 %
Oxydtetracyclin					
Vieh (Illinois)	62	15	8	8	8
Schweine (Illinois)	96	3	0	1	0
Geflügel (Illinois)	95	0	0	0	5
Weidevieh (Montana)	0	0	1	0	99
Dihydrostreptomycin					
Vieh (Illinois)	62	8	15	8	8
Schweine (Illinois)	98	1	1	0	0
Geflügel (Illinois)	82	12	6	0	0
Weidevieh (Montana)	0	0	3	3	94

Abwasser anstelle von Nutzung sind ohnehin zu verwerfen – trotz dafür bereits ausgegebener Forschungsgelder. Die Nutzung führt häufig zu unzeitgemäßer oder übermäßiger Anwendung mit nachteiligen Folgen für Boden und Qualität der Pflanzen. Die Probleme sind bei der Bereitung von Biogas in mancher Hinsicht ähnlich, wenn auch geringer. Kurzum, Großtierhaltung und Flüssigmistbereitung zeigen in vieler Hinsicht die Merkmale biologischer Unordnung und biologischen Unverständnisses.

Die akut gewordenen Fragen des Energieverbrauches haben zur Folge, daß die Aufmerksamkeit sich gegenwärtig wieder mehr der Nutzung zu und von der bloßen Beseitigung abwendet. Mehr und mehr Betriebe, die nun schon einmal auf die Bereitung von Flüssigmist eingerichtet sind, möchten die biologisch-dynamische Methode aufgreifen. Eine mehrjährige Untersuchung im Institut für biologisch-dynamische Forschung in Darmstadt zeigte, daß durch *Belüftung in Verbindung mit Zusätzen* günstige Resultate erreicht werden können (U. Abele 1976). Es seien deshalb einige Sätze aus dem Bericht referiert: «Belüftung (täglich 2 × 1 Stunde) von Flüssigmist und der Zusatz der biologisch-dynamischen Kompostpräparate verbesserten in allen untersuchten Fällen die Pflanzenverträglichkeit, was sich in meist statistisch gesicherten Mehrerträgen und zum Teil auch in besserer Qualität auswirkte. Belüftete Gülle auf Grünland verursachte auch bei hohen Aufwandmengen keine Verbrennungen und wurde vom Boden viel schneller «verarbeitet» als unbehandelte Gülle. Nach Belüftung, Bentonitzusatz und Präparate-Zusatz konnte ein jeweils höherer Klee-Anteil beobachtet werden. In zwei Fällen (Rote Bete, Spinat) führte die Präparate-Anwendung zu schlechterer Haltbarkeit der Produkte. Der günstige Einfluß der Belüftung der Gülle sowie des Präparate-Zusatzes auf das Wurzelwachstum konnte quantitativ nachgewiesen und optisch dargestellt werden» (s. Tab. S. 161 ff.).

Erfahrungen, die seit Jahren in biologisch-dynamischen Güllebetrieben des Voralpengebietes gemacht werden, erhärten diese Befunde. Rühren, genügend lange Lagerung und Präparate erzeugen einen Dünger, der die Narbe nicht verschlechtert. Bei intensivem Mähweidebetrieb bleibt der Kleebestand des Grünlandes erhalten. Die Aufnahme des Futters durch die Weidetiere wird verbessert, wenn nur nach jedem zweiten Weidegang oder seltener begüllt wird.

Die Belüftung von Flüssigdünger wird derzeit an vielen Stellen bearbeitet, und die Wirkung auf Geruch, Hygiene, Unkrautkeimfähigkeit, Nährstoffverluste, Düngerwert usw. untersucht. Längere Belüftungsintervalle scheinen die bessere Geruchsstabilität zu bewirken. Temperaturen um 27–30° C erweisen sich als vorteilhaft in ihrer Wirkung gegen Coli und andere Enterobakteriaceen, auch gegen Unkrautsamen. – Bei guter Kompostierung gelingt es, die Stickstoffverluste bis auf 15% herabzudrücken. Bringt man unbehandelte Gülle aus, so sind beim Ausbringen ebenso hohe Stickstoffverluste, meist aber höhere zu verzeichnen. Dasselbe trifft für die Stickstoffverluste während der Belüftung zu. D. h. aber, daß man sich sehr wohl die für Bodenleben, Wurzelwachstum, Qualität der Ernte und Nachhaltigkeit der Fruchtbarkeit überlegene Wirkung der Mistkompostierung zunutze machen kann. Beim heutigen Stand der Technisierung und der biologischen Kenntnisse läßt sich der damit verbundene Arbeitsaufwand vertreten, die Stickstoffverluste sind bei allen drei Verfahren ungefähr gleich, d. h. praktisch unvermeidlich. Die negativen Wirkungen auf Böden und Pflanzen sind bei unbehandelter Gülle entschieden am größten.

Die Anwendung der biologisch-dynamischen Kompostpräparate

Diese werden aus den Blüten von *Schafgarbe, echter Kamille,* dem *grünen Sproß der Brennessel, Eichenrinde,* den Blüten von *Löwenzahn* und *Baldrian* hergestellt. Häufig wird noch die ursprüngliche Numerierung 502–507 (in der angegebenen Reihenfolge) gebraucht. Mehr über diese Substanzen wird auf S. 134 ff. gesagt werden. Um einen Komposthaufen, Miststapel oder den Tiefstallmist zu präparieren, stößt man mit einer Stange Löcher von ca. 50 cm Tiefe in den Dünger. Die Löcher sollen mindestens 50 cm, jedoch nicht weiter als 2 m voneinander entfernt sein. Dann gibt man die Präparate in Mengen von 2 – 3 g, von trockenen Präparaten 1 g (= 1 Kaffeelöffel voll), jedes einzelne für sich, in die Löcher nach der Anordnung, die die folgende Skizze zeigt.

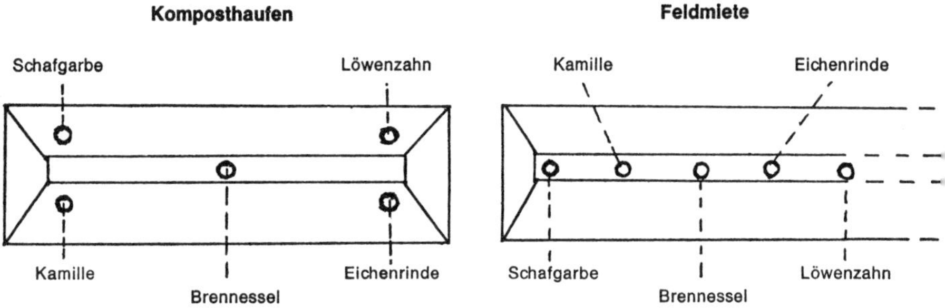

Die Reihenfolge ist nicht ausschlaggebend. Die Löcher werden wieder verschlossen, so daß die Präparate allseitig vom Dünger umgeben sind. Für das flüssige Baldrianpräparat «507» benötigt man handwarmes Wasser, welches weich oder einige Zeit abgestanden sein sollte. 2 – 3 ccm (= 1 Kaffeelöffel voll) der Flüssigkeit werden in fünf Liter Wasser minutenlang, bis zur Trichterbildung, dann in der Gegenrichtung, wieder bis ein neuer Trichter entsteht, gerührt. Die Flüssigkeit spritzt man dann über die Oberfläche des Düngers. Soll Jauche oder Gülle präpariert werden, so gibt man die festen Präparate in steinbeschwerte Stoffsäckchen, die an einem Holzkreuz oder einer Stange angebunden, ca. 50 cm tief in der Jauche schwimmen. Das Baldrianpräparat wird nach dem Verrühren in die Jauche gegossen. – Die angegebenen Mengen reichen für 2 – 5 cbm Dünger oder Jauche aus.

Sammelpräparat oder *Fladenkompost* wird in einer nach unten offenen Grube hergestellt, deren Wände mit Holz oder Reisig ausgekleidet sind. Zur Abdeckung dient ein nicht luftdicht schließender Holzdeckel. Zwei Drittel sind in die Erde eingelassen, der herausragende Teil wird von außen mit Erde angefüllt. Die Größe ist 60 × 60 × 60 cm oder eine Serie dieser Gruben. Man füllt mit strohfreiem frischem Kuhdünger mittlerer Konsistenz oder einer Mischung von frischem Mist mit halb angetrockneten Fladen und fügt 1 oder 2 Sätze Präparate hinzu. Wenn die Tiere überwiegend Weidefutter oder Heu, kein Konzentrat und wenig Zulage erhalten, z. B. trockenstehende Kühe, entsteht eine dunkle, krümelige Masse, die in

Jauche und Gülle, im Tiefstall, vor dem Ausmisten des Anbindestalls, in kleinen Mengen gestreut wird. Sie verbessert die Fermentation und reduziert den Geruch. Auch für Saatbäder eignet sich diese Zubereitung. Ca. 250 g werden in 40 – 50 Liter Wasser 15 Minuten gerührt und auf Acker-, Garten- und Wiesenböden ausgebracht, um die Umsetzungen nach Stoppeln, Gründüngung, nach Grünland- und Kleegrasumbruch anzuregen.

Hof- und Gartenkomposte

Die in Hof und Garten anfallenden erdigen, pflanzlichen und tierischen Abfälle werden durch Kompostieren in ein belebendes *Dünge- und Bodenverbesserungsmittel* übergeführt. Je vollständiger das Sammeln und Rückführen vorgenommen werden, um so weniger Zufuhren von außen werden für Hof und Garten gebraucht. Je besser der Kompostierungsprozeß verläuft, desto mehr unterstützt man das ausgeglichene Wirken aller aus dem Boden kommenden oder durch diesen vermittelten Wachstumsfaktoren. Zwar ist die Kunst des Kompostierens Jahrtausende alt, doch lassen sich im eigenen Bereich immer noch Verbesserungen anbringen.

Wie man es macht, ist dutzendfach beschrieben worden, so daß an dieser Stelle wenige Hinweise genügen. Auch hier lernt man vom Entstehen des Humus in der Natur. Arme oder reiche Humusbildungen entstehen dort je nach der Vegetation, aus der sie hervorgehen. So beeinflußt die Mischung von holzigen, alten mit jungen, grünen Pflanzenteilen, also z. B. von Laub, Stroh, altem Heu, Unkraut, Zweigen, Gras, Küchen- oder Hofabfällen den Verlauf des Kompostierens und den Wert des Endproduktes. Je älter und verholzter die Abfälle sind, um so wichtiger ist es, Leguminosenstroh, tierische Dünger und andere tierische Abfälle einzubringen, um ein günstiges «Kohlenstoff-Stickstoff-Verhältnis» herzustellen. Bei rascher Erhitzung merkt man am Ammoniakgeruch, daß Stickstoffverluste eintreten.

Erde, die dem Unkraut anhängt oder die absichtlich zugesetzt wird, verlangsamt die Fermentation. Auch in der Natur vollzieht sich die günstige Humusbildung in der Mischung von Mineralboden mit sich zersetzender organischer Substanz, vor allem bei der Darmpassage im Regenwurm und anderen Bodentieren. Erde im Kompost beherbergt die langsamer wachsende Gruppe der humusbildenden Mikroorganismen solange, bis sie bei der Reifephase des Prozesses tätig werden. Trockene Pflanzenteile, auch Laub, müssen mit Wasser vollgesogen sein, aber nicht tropfend naß, ehe sie aufgesetzt werden. Das Leben im Komposthaufen verlangt eine laufende, langsame Durchlüftung. Feines, nasses, schweres Material, auch stickstoffreiche Mischungen werden in kleinere, großes, sperriges, mäßig feuchtes, mehr verholztes Material in größere Haufen aufgesetzt: 2 – 3 m an der Basis, 70 – 140 cm hoch. Mehr als 50 – 55° braucht die Temperatur in den ersten Wochen nicht zu betragen, sie sinkt dann bis zur Umgebungstemperatur ab. (Im Privatgarten baut man meist den Haufen an einem Ende zur vollen Höhe und fügt dann laufend den Anfall an der Stirnseite an, oder man verwendet im Kleingarten die im Handel erhältlichen Kompostkisten).

Wie andere Lebensvorgänge hat auch der Komposthaufen auf seiner Organisationsstufe die im Inneren ablaufenden Prozesse und hängt mit diesen von der Umwelt ab. Gegen Austrocknung, zuviel Regenwasser oder direkte Sonneneinstrahlung schützt eine Abdeckung aus pflanzlichem Material, die den Luftaustausch nicht behindert; Teilschatten wird durch Sträucher erreicht. Holunder wird hierfür gerne genommen. Hat man einen permanenten Kompostplatz, dann erfolgt die Besiedlung mit Tieren aus dem Boden oder aus Resten des letztjährigen Haufens. Zusätze wie einige kg Knochen-Hornmehl, Holzasche, Algenkalk, Kalk für Pflanzenkomposte, getrockneter Hühnerdünger, den es zu kaufen gibt, usw. sind häufig angezeigt. Wo viel Laub zur Verfügung steht, macht man mit Zusatz von 5 kg Kalk je cbm und etwas Erde einen Laubkompost. Sind genügend Tomatenpflanzen vorhanden, so kann man daraus einen für Tomaten bestimmten Sonderkompost machen. Die wiederkehrende Frage, wie lange die Fermentation dauern soll, beantwortet sich meist aus dem Betrieb. Nährstoffbedürftige Pflanzen erhalten jüngeren, halbverrotteten, möglichst reichen Kompost, in die Saatrille und für empfindliche Pflanzen nimmt man reifen, meist gesiebten Kompost. Die Haufen sind in der Regel 6 – 12 Monate alt. *Fäkalien,* ausgenommen der Anfall auf dem Hofe selbst, werden im biologisch-dynamischen Anbau nicht verwendet.

Düngemittel des Handels

Der Markt bietet zahlreiche Hilfsdünger und organische Materialien an. Daß diese von Rückständen frei sein sollen, bedarf keiner Begründung. Bei der großen Zahl von Bioziden, die allenthalben angeboten werden, gibt es zu dieser Forderung keine allgemeingültige Aussage. Man muß nachfragen und den Rat der Berater einholen.

Die Eignung und Preiswürdigkeit organischer Handelsdünger wird beurteilt nach ihrem Gehalt und danach, wie rasch sie Nährstoffe verfügbar machen. *Je leichter löslich ein Nährstoff ist, bzw. je rascher er durch das*

Bodenleben verfügbar gemacht wird, um so kritischer wird die Anwendungsmenge. Dieser Punkt kann nicht genug betont werden. Selbst eine größere Menge an Gesteinsmehl, z. B. Basalt, oder eine sehr reichliche Gabe eines vererdeten Kompostes werden kaum Symptome der Überdüngung hervorrufen. Aber feingemahlener Kalkstein, wie er, abgesehen von kleinen Mengen Ätzkalk, hauptsächlich verwendet wird, kann sehr wohl zur Überkalkung führen. (Hier sei erwähnt, daß man, sofern im biologisch-dynamischen Betrieb Kalk angewandt wird, man in der Regel die von der Bodenuntersuchung empfohlene Menge reduzieren kann. Reife Wirtschaftsdünger und die durch Humuspflege erreichte bessere Bodendurchlüftung können die pH-Zahl bereits um ca. 0,5 Einheiten anheben. Die durch Mineraldünger – einschließlich kalkhaltige Mehrnährstoffdünger – induzierte höhere Kalkauswaschung entfällt).

So wird man, wenn organische Handelsdünger dem Kompost oder Boden zugesetzt werden, die Anwendungsmenge sorgfältig bemessen, wobei die vorhandene Bodenfruchtbarkeit in Betracht gezogen wird:

Horndünger (Staub, Späne, Mehl); Borsten und Haarabfälle,

Federmehl, Blut- und Fleischmehl enthalten meist etwa 12–14% Stickstoff;

Rohphosphat, Knochenmehl (je nach Vorbehandlung) und Guano enthalten 20–30, bzw. 12% Phosphat;

Preßrückstände aus der Ölgewinnung, auch getrockneter Hühner- und Rinderdung, werden angeboten.

Fruchtfolge und Bodenbearbeitung

Fruchtfolge, Düngung und Bodenbearbeitung müssen zusammenwirken, wenn Erträge und Gesundheit der Bestände befriedigen und die Leistungsfähigkeit der Böden erhalten werden soll. Keines dieser Glieder der Betriebsführung kann dies für sich allein. Es scheint eine einfache Sache zu sein, den Flächenanteil der Kulturen in Feld und Garten und ihre zeitliche Reihenfolge festzulegen. Tatsächlich sind das richtige Anbauverhältnis, die biologischen, arbeitswirtschaftlichen und ökonomischen Belangen gerecht werdende Fruchtfolge der krönende Abschluß oftmals jahrelanger Überlegungen und Änderungen.

Bodennutzungssysteme

Die in biologisch-dynamischen Betrieben verwendeten Fruchtfolgen enthalten Elemente verschiedener Bodennutzungssysteme, d. h. der *Feldgras-* und der reinen *Ackerbauwirtschaft.* Bei der ersteren wechselt mehrjähriger Futterbau auf einem Felde mit einjährigen Kulturen ab. Man findet dieses System in den niederschlagsreichen Gebieten Nordwesteuropas. In den regenreicheren Mittelgebirgen legen zusätzlich steile Hänge und eine kürzere Vegetationsperiode diese Nutzungsform nahe. Man fand und findet es aber auch in mehr kontinentalen Klimaten und Ackerbaulandschaften. Es war der Sache nach, wenn auch nicht als solches bezeichnet, z. B. in dem nordamerikanischen Mais- und Milchgürtel im Gebrauch. Dort wechselt mehrjähriges Kleegras mit Mais und Hafer (früher auch Weizen) ab. Bei weitgehender Eigenverwertung der Ackerprodukte in der Tierhaltung entsteht eine sehr stabile Bodennutzung – die leider neuerdings in weiten Gebieten durch reinen Mais-Soyabohnen- oder ständigen Maisanbau ersetzt wird. Beim reinen Ackerbau gliedert man die Kulturen in tragende oder bodenverbessernde, wie z. B. Kleearten, Körnerleguminosen, bedingt auch Hackfrüchte, Ölsaaten usw. und getragene oder abtragende Früchte wie Getreide. Man kombiniert tragende und getragene Früchte paarweise oder in Gruppen zu sogenannten Fruchtfolgegliedern.

Fruchtfolge

Richtet sich demnach das Bodennutzungssystem in erster Linie nach den klimatischen, bodenmäßigen und topographischen Gegebenheiten, so sind für den Flächenanteil der Ackerfrüchte (Anbauverhältnis) und die Anbauwürdigkeit einer Kultur *ökologische, organisatorische und ökonomische* Gründe maßgebend. Sie führen schließlich zu einer bestimmten Fruchtfolge.

1. *Ökonomisch* ist der Deckungsbeitrag einer Kultur zu berücksichtigen, d. h. – vereinfacht – die Differenz zwischen Verkaufserlös nach Abzug der für die Kultur benötigten Spezialkosten, ferner ihr Beitrag zur Risikoverminderung durch vielfältigen Anbau;
2. *organisatorisch* kommen innerbetriebliche Leistungen in Betracht wie Futter, Stroh usw., ferner der benötigte Arbeitsaufwand und die Arbeitsverteilung während des Jahres;
3. die *biologischen* Gründe sind differenzierter.

Ein natürlicher Pflanzenbestand zeigt eine vielfältige Artenmischung, um so vielfältiger, je fruchtbarer der Boden von Hause aus ist. Diese Vielfalt ist das Ergebnis einer Folge – Sukzession – von Pflanzengesellschaften, die während einer längeren Periode gleicher Umweltbedingungen allmählich ein stabiles Endstadium erreicht haben. Im Gegensatz dazu soll auf dem Acker jährlich oder im Abstand weniger Jahre eine Monokultur, gelegentlich auch eine Mischung aus wenigen Arten wachsen. Diese sind auf bestimmte Leistungsansprüche gezüchtet, weniger robust in ihrer Vermehrung als Wildpflanzen. Um der natürlichen Vielfalt etwas näher zu kommen, verwendet der Ackerbauer das zeitliche Nacheinander verschiedener Früchte in der Fruchtfolge, z. T. auch deren Mischung in einem Bestande. So kann er durch Wahl der Art und Sorte und deren Behandlung das Potential des Standortes ausschöpfen. Er verringert die *biologischen Begrenzungen,* die im Ackerbau auftreten. Diese sind *Fruchtfolgekrankheiten, Verunkrautung, Bodenmüdigkeit.* Da diese Zusammenhänge allgemein bekannt sind, sind hier nur wenige Hinweise am Platze.

Aus Gründen der Technisierung und Arbeitseinsparung hat in der allgemeinen Landwirtschaft neuerdings der Flächenanteil der Getreide zugenommen – bis zu 100 % der Ackerfläche. Die Geschichte des *Weizenanbaus* in den letzten 20 Jahren illustriert die damit entstandene Situation. Als Folge von Zucht und drastisch erhöhter Düngung sind zwar die Erträge erheblich angestiegen. Jedoch ist zu der schon länger gebrauchten Saatgutbehandlung und Mineraldüngung eine lange Liste zusätzlicher Agrochemikalien gekommen. Halmverkürzungsmittel wird verwendet, damit die Pflanzen eine höhere Stickstoffdüngung «vertragen». Halmbruchkrankheit und Schwarzbeinigkeit allerdings bringen bei fortgesetztem Weizenanbau um über 20 – 30% erniedrigte Erträge. Besondere Kontrollen werden für Blatt- und Ährenmehltau, Braunspelzigkeit, Schwärzepilze angeboten, die Gelbrostresistenz entsprechender Zuchtsorten hält nur kurze Zeit vor. Ein chemischer Wirkstoff gegen Halmbruchkrankheit erhöht den Mehltaubefall. Unkräuter, bei Wintergetreide besonders Gräser, nehmen zu. In rund 20 Jahren ist vielerorts die Anwendung von Unkrautbekämpfungsmitteln von Null auf 100 % angestiegen. Oft werden neuerdings Mehrfachbehandlung und Wirkstoffkombinationen erforderlich, da auch hier Interaktion und Resistenz vorkommt. Gegen die Resistenzbildung bei pilzlichen Schäden sucht man sich durch Mischanbau verschiedener Sorten derselben Art zu helfen: Die Resistenz gegen einen bestimmten Schadpilz beruht meist nur auf einer oder wenigen Erbanlagen. Bei gebietsweise fast einheitlichem Anbau bildet sich ziemlich rasch eine Population von resistenten Erregern aus. So sucht man nun deren Ausbreitung zu verlangsamen, indem man z. B. Gerstensorten unterschiedlicher Resistenzveranlagung innerhalb eines Feldes mischt.

Andere Fruchtfolgekrankheiten sind die Cystennematoden bei *Kartoffeln, Rüben,* auch im Getreide, vor allem *Hafer,* ferner der *Kleekrebs* oder die *Kohlhernie.* Nicht zu häufige Wiederkehr derselben Kultur auf einem Felde, auch die Vermeidung der Übertragung vom Nachbarfeld sind die sichersten Mittel, das Vorkommen der genannten Krankheiten und Schädlinge problemlos zu reduzieren.

Die bei engen oder einseitigen Fruchtfolgen in einem Ertragsabfall sich äußernde *Bodenmüdigkeit* hat das Überhandnehmen von Krankheiten und Schädlingen als eine ihrer Ursachen. Doch hat der häufig wiederholte Anbau einer und derselben Kultur auch allelopathische Effekte: es häufen sich Hemmwirkungen der Keimung und des Wachstums an, sei es durch Hemmsubstanzen, die natürlicherweise in den Ernterückständen enthalten sind oder die beim Abbau derselben entstehen. Einseitigkeit des Anbaus äußert sich demnach in Einseitigkeiten der biochemischen Vorgänge im Boden. – Neben Mangelerscheinungen schiebt sich in dieser Zeit der schwerer werdenden Geräte und Traktoren bei zu engen Fruchtfolgen ein weiterer Faktor der Bodenmüdigkeit in den Vordergrund. Das sind *Strukturschäden* des Bodens. Der Verfasser hat in den äußeren Tropen die Böden des fortgesetzten Weizen-Soyabohnen-Anbaus gesehen. Es wachsen zwei Ernten im Jahre bei Direktsaat der Soyabohne in die Weizenstoppel. Zur Bearbeitung werden Scheibenpflug und Wälzegge benutzt. Die Weizenerträge lassen trotz hoher Düngung nach, sie leiden an Fußkrankheiten, das Wurzelsystem ist wegen Verschlechterung der Bodenstruktur fast ausschließlich auf eine oberste 5 – 6 cm dicke Bodenschicht beschränkt. Unter diesen Umständen sind gute Erträge trotz Aufwand kaum noch zu erzielen.

Diese *negativen Effekte enger Fruchtfolgen* wurden hier erwähnt. Sie sind gegenwärtig eine wesentliche Ursache nachlassender Bodenfruchtbarkeit, kranker Bestände und einer rasanten Zunahme des Bedarfs an landwirtschaftlichen Chemikalien in der allgemeinen Landwirtschaft. Ähnlich ist es in kommerziellen Garten- und Blumenkulturen. Dort spezialisieren sich nicht nur zunehmend Betriebe, die Konzentration findet auch innerhalb der europäischen Gemeinschaft länder- und gebietsweise statt.

In der biologisch-dynamischen Praxis macht man sich die Möglichkeit der Fruchtfolgegestaltung in vielfältiger Weise zunutze. Diese ist gekennzeichnet durch den Wechsel von tragenden und getragenen Früchten, der als Fruchtwechsel von Halm- und Blattfrucht oder in einer erweiterten Dreifelderwirtschaft usw. erfolgt. Die Palette wird erweitert, z. B. durch fruchtfolgegünstige Pflanzen wie *Roggen,* der einen Markt als Brotfrucht hat oder durch Raps. Nachdem erucasäurefreie Sorten vorhanden sind, bietet sich *Raps* für die heimische Ölerzeugung an. In der Fruchtfolge wird er geschätzt. Die Felder mit Brot- und Futtergetreide erhalten womöglich eine *Untersaat* entweder als Gründüngung oder für einen mehrjährigen Futterschlag. Rotklee, Weißklee werden angebaut; wo genügend Kalk vorhanden ist, steht der Gelbklee häufig als Gründüngung; ferner werden Luzerne, auch andere Kleearten verwendet. Es erfolgt Reinsaat, jedoch meist die Mischung mit Gras. Bei mehrjährigem Futterschlag wird eine Mischung unterschiedlicher Arten und Sorten gewählt. Zur Qualitätsverbesserung werden *Kräuter* mit eingesät. Anstelle einer Untersaat kann eine *Herbstzwischenfrucht* nach der Ernte des Getreides gebaut werden. So sind viele Felder während des Jahres weitgehend begrünt. Nach frühräumenden Früchten und bei genügend langer Vegetationszeit kommen hierfür Leguminosengemenge oder Ackerbohne in Betracht, auch auf leichtem Boden Süß- oder Bitterlupine, Peluschke, Raps, Ölrettich, Senf usw. Landsberger Gemenge steht oft in Vorbereitung für das Maisfeld im folgenden Jahr. Auch Sonnenblumen oder Phacelia kommen vor. Soweit das Futtergetreide im Betrieb verwendet wird, werden Ertrag, Ertragssicherheit und Futterwert durch *Mischanbau von Hafer und Gerste,* häufig mit Zugabe von 10 kg/ha Erbse zur Saatmischung, aufgewertet. Wenn auch eine längere Bewährung noch aussteht, kann hier doch auch für fruchtbare Lagen die Aussaat von Ackerbohne mit Mais erwähnt werden, die später mit Weiß-, Gelb- und Hornschotenklee eingesät werden. Für Silage werden Hülsenfruchtgemenge gebaut. Die Ausdehnung des Ackerbaus, und in Verbindung damit eine größere Fläche an mehrjährigem Kleegras, das hohe Erträge bringt, wird auch dort empfohlen, wo feuchtes Dauergrünland nach erfolgter Dränage ackerfähig geworden ist.

In den Einzelheiten wechseln die Fruchtfolgen von Betrieb zu Betrieb. So gibt die folgende Übersicht, die auf einer zufälligen Auswahl von 20 Betrieben in der Bundesrepublik beruht, nur einen allgemeinen Anhaltspunkt, sie bezieht sich also nicht auf eine repräsentative Stichprobe.

Zahl der Felder in der Fruchtfolge	7 (5–13)
davon Brot- und Futtergetreide	48 %
Hackfrüchte (Kartoffeln, Rüben, Feldgemüse)	15 %
Feldfutter (meist Kleegras), Flächenteil pro Jahr	28 %
Leguminosenmischung für Silage, Ölsaaten	9 %
andere Untersaaten, % der Getreideschläge	43 %
sommer- und herbstgepflanzte Zwischenfrüchte, in % der Getreideschläge	15 %

Das Bild wird bestätigt durch eine vom Landwirtschaftsministerium angestellte Erhebung an neun Betrieben in Baden-Württemberg. Es wurde festgestellt, daß der Getreideanteil in den biologisch-dynamischen Betrieben um 3–24 % niedriger liegt als in konventionellen Vergleichsbetrieben. Dagegen wird mehr Kleegras angebaut. Die Fruchtfolgen seien in der Regel vielseitig, Fruchtwechselglieder (s. o.) kommen häufig vor.

Kleearten sind nur wenig mit sich selbst verträglich. Die Zahl von 43 % Untersaaten erscheint hoch. Sie schließt das Aussaatjahr der Kleegrasgemenge mit ein. Gründüngungsklee ist deshalb, wie erwähnt, häufig der Gelbklee, sonst auch eine Mischung von Gelb- und Weißklee. Das Saatgut für solche Untersaaten ist billiger als die nach der Ernte gepflanzten großsamigen Leguminosen. Bei der Nutzung als Zwischenfrüchte werden die Untersaaten im Herbst nicht zu tief eingepflügt. Eine Futternutzung, auch Beweidung ist möglich. Im Vergleich mit den im Sommer und Frühherbst gepflanzten Zwischenfrüchten, erzeugen die Klee- und Kleegrasuntersaaten mehr Wurzelmasse, mehr Gesamtmasse und binden mehr Luftstickstoff, ca. 80–120 kg/ha in Wurzeln und Aufwuchs. Insbesondere sind diese Untersaaten auch für die Strohnutzung auf dem Acker geeignet. Stroh wird eingehäckselt. Eine drittel oder halbe Sommerdüngung mit Mist oder Mistkompost erweist sich als vorteilhaft. Diese Decke wird dann, nicht zu tief, im Herbst eingebracht.

Da Herbizide – von einer gelegentlichen Notmaßnahme abgesehen – im biologisch-dynamischen Betrieb nicht verwendet werden, ist – neben der Bearbeitung – *die Fruchtfolge ein wichtiges Instrument der Unkrautregulation.* Bekanntlich führt einseitiger Getreideanbau in der allgemeinen Landwirtschaft zur Unkrautvermehrung, so z. B. der Herbstkeimer wie Ackerfuchsschwanz und Windhalm im Wintergetreide, von Frühjahrskeimern wie Hederich, Flughafer und vielen anderen im Sommergetreide. Abwechslung dämmt die Massenvermehrung der einen oder anderen Gruppe ein. Auch im Hackfruchtschlag kommen sie nicht zum Zug, da hier in erster Linie Sommerpflanzen wie Melde, Franzosenkraut usw. unter Kontrolle gebracht werden müssen. Gute Getreidebestände, Sorten mit nicht zu kurzem Stroh, Nachsäen bei unbefriedigendem Bestand im Frühjahr, sind weitere Möglichkeiten. Hackfrucht, z. B. Stoppelrübenzwischenfrucht nach Getreide, hinterläßt in der Regel einen sauberen Acker. Andere frohwüchsige Zwischenfrüchte, wie z. B. Phacelia, können auch zur Unterdrückung des Unkrauts beitragen. Mehrjährige Kleegrasbestände tragen nach allgemeiner Ansicht zur Unkrautvermehrung, z. B. der Distel, bei.

Mit nur zweijähriger Hauptnutzung und mehrmaligem Abmähen, vor allem bei dem öfters gemähten Perserklee, wird aber die Distel sehr geschwächt, das Feld wird sauber.

In biologisch-dynamischen Betrieben hat sich *der Anbau von Feldgemüse,* vor allem Möhren und Rote Beten, wegen der guten Qualitäten, die erzeugt werden, verbreitet. Dies veranlaßte die Ausarbeitung der *Abflammtechnik* mit Propangas. Wird das junge Unkraut von der heißen Flamme richtig getroffen – bei Möhren 1–2 Tage bevor diese zur Oberfläche durchbrechen, so wird das Gewebe gesprengt, bzw. das Eiweiß gerinnt und die Pflanze stirbt ab. Abflammen wird schon seit längerem in den USA für Mais, Baumwolle usw. angewandt, es wurde auch in einigen europäischen Ländern anfänglich gebraucht. Für die vorgenannten Wurzelfrüchte wurde vor allem von den biologisch-dynamischen Betrieben Entwicklungsarbeit geleistet und dadurch der feldmäßige Anbau ohne Herbizide erleichtert, sogar erst ermöglicht. Heute werden brauchbare Geräte angeboten. Auch beim Mais wird bei der bereits schon wachsenden Pflanze die Abflammtechnik angewandt. Aussichten bestehen auch für die Kontrolle parasitischer Krankheiten (HOFFMANN 1975).

Biologisch richtige Bodenbearbeitung

Ackerbauliches Können und das Verständnis für biologische Zusammenhänge bedingen ihren Erfolg. Ihr Ziel ist – gegenüber den naturnäheren Kulturarten Wiese und Wald – eine *biologische Intensivierung.* Die mechanische Beeinflussung des Luft-, Wärme- und Wasserhaushaltes des Bodens führt zu einer vermehrten biologischen Mobilisierung von Nährstoffen aus dem Humus und der Mineralreserve. Die ertragreichen «Monokulturen» des Ackers, d. h. seine Weizen-, Kartoffel-, Rübenbestände u. a. werden dadurch möglich. Indessen, *Humusverlust, Strukturverlust, Erosion und Auswaschung sind die Langzeitwirkung der Bearbeitung, – falls nicht, neben Fruchtfolge und Wirtschaftsdüngung, auch die Bodenbearbeitung auf die Erhaltung der Fruchtbarkeit ausgerichtet wird.* Kurzum, sie hat eine Primärwirkung für die nächste Ernte und eine Langzeitwirkung auf die Bodenfruchtbarkeit. Die Aufgaben der Bodenbearbeitung sind:

Bereitung des Saatbettes und Bestandspflege,
Kontrolle des Unkrautwuchses,
Lenkung der bodenbiologischen Vorgänge.

Unkraut wird abgeschnitten oder mit Boden bedeckt, die andern Ziele werden durch Wenden, Mischen, Lockern oder Verdichten erreicht.

Die je nach Pflanzenart und Größe der Körner gröbere oder feinere Lockerschicht des Saatbettes soll die Samen dicht anliegend umgeben und die gleichmäßige Tiefenablage zwischen 2–7 cm, je nach Art, ermöglichen. Diese Schicht schließt sich an die poröse Krume an, die ohne Unstetigkeiten wie Schollen, ungleich verteilte Mist-, Stroh- oder Gründüngungsmassen allmählich in den dichter gelagerten Unterboden übergehen soll. Gute Dränage und Durchlüftung, nicht gestört durch Pflugsohlen oder Allgemeinverdichtung, verhindern das Entstehen von Zonen, in denen organische Stoffe faulen und wurzelabweisende Substanzen bilden. Für diesen Gefügeaufbau kann Bodenbearbeitung zwar die Voraussetzung schaffen, sie erzeugt ein «Aggregatgefüge». Stabilisiert in einem «Krümelgefüge» wird dieses erst durch die Lebewelt des Bodens und die Beschattung durch den Pflanzenbestand, durch Mulch oder eine durch Oberflächenbearbeitung geschaffene lockere Schicht. Jeder Anbauer beobachtet regelmäßig, wie die bei der Frühjahrsbestellung künstlich geschaffene Struktur sich weiter entwickelt. Sie hält sich, verbessert sich sogar unter einem guten Getreide- oder flächendeckenden Bestand von Hackfrüchten. Das junge Wurzelsystem trägt zur Porosität des Bodens bei. Aber – besonders seitdem die Ernte auf die Mähdrescherreife warten muß – z. Zt. der Reifung und gleich nach der Ernte wird der Boden kompakt und fest. Hier muß dann die *Stoppelbearbeitung* einsetzen. Auch die tiefer greifende Bearbeitung von Krume und Unterboden kann nur Voraussetzungen schaffen. Wurzeln, Mikroorganismen und Bodentiere verbessern und stabilisieren dann die Struktur. Andererseits hängt deren Leben und Wachstum selbst davon ab, daß überschüssiges Wasser versickern kann und genügend Luftaustausch zwischen Boden und Atmosphäre stattfindet. Durchlüftung ist eine Voraussetzung für ein tiefgehendes, reiches Wurzelnetz, das die Wasser- und Nährstoffvorräte in den tieferen Schichten nutzt und den Unterboden aufschließt.

Die klassischen Werkzeuge Pflug, Egge, Walze, auch der Kultivator und die Schleppe werden neuerdings durch eine Serie neuer Geräte ergänzt, die z. T. vom Schlepper angetrieben werden. (Größere Pflüge, Schwergrubber, Scheibenegge und -pflug, eine Anzahl «Pflugnachläufer», Wälzegge, Fräse, Kreiselegge usw.) Die Nützlichkeit des Pfluges wird in Frage gestellt. Die Arbeitsbreiten werden erhöht. Die Traktoren werden stärker und schwerer. Gerätekombination und Minimalbearbeitung, auch Direktsaat, sollen die Arbeitsgänge verringern. Das kann nicht darüber hinwegtäuschen, daß Bodendruck und die Gleitflächen schwerer Pflüge und Grubber, auch der

Fräse zur kontinuierlichen Verschlechterung der Bodenstruktur beitragen. In den vorwiegend körnerbauenden Betrieben ist die Einbringung großer Strohmengen ohne Nachteil für die nächste Ernte ein nur teilweise gelöstes Problem.

Trotz andersweitiger Versuche, die auch von biologisch-dynamischen Höfen unternommen werden, dürfte der Pflug auch künftig sein Feld behaupten. Für die Kontrolle der Wurzelunkräuter, die Mischung der Krumenschicht und die Einarbeitung von organischen Rückständen ist die nicht zu tiefe Herbstfurche häufig unentbehrlich. Sie geht dem Hackfruchtschlag des nächsten Jahres voran. Das Ziel ist, durch Furchentiefe und -breite eine Struktur zu erzielen, in der die eingemischten organischen Rückstände bei genügendem Luftzutritt hinreichend ab- und umgebaut werden. Hemmwirkungen auf die Keimung, die von der Stoppel ausgehen können, werden bei genügend Niederschlag ausgewaschen und abgebaut. Ist Quecke zu beseitigen, dann wird im Sommer und Herbst mehrere Male mit Pflug und Grubber bearbeitet. Dies kann eine vorübergehende Umstellung im Anbau erforderlich machen. Außer der richtig angewandten Herbstfurche ragen Frühjahrsbestellung und Stoppelbearbeitung nach der Ernte als wichtigste Zeiten heraus.

Die Verdrängung des Pferdes als Zugtier hat auch ein wichtiges Gerät der Frühjahrsbestellung verdrängt: die Schleppe. Diese hat, sehr zeitig im Frühjahr die durch den Frost gelockerte Winterfurche eingeebnet und eine erste Generation der oberflächennahe liegenden Unkrautsamen zum Keimen angeregt. Heute hilft man sich mit dem Blindeggen des Getreides 3–4 Tage nach der Frühjahrssaat. Die Egge folgt dann wieder nach dem 4. Blattstadium. Winterweizen, mit Vorsicht auch Winterroggen, werden im Frühjahr geeggt, oft mit Untersaaten bestellt. Andererseits findet in biologisch-dynamischen Betrieben z. T. die Hackmaschine wieder Eingang. Der Geräteträger, vorausgesetzt man wartet bis der Boden genügend abgetrocknet ist, leistet gute Dienste. Ergänzend möge gesagt werden, daß im Unterschied zum konventionellen Betrieb, bei biologisch-dynamischem oder organischem Vorgehen auch die *«Düngewirkung» der Bearbeitung* beachtet wird. Auf die Bedeutung der *Nacherntebearbeitung* für Humusbildung und Unkrautkontrolle sei nachdrücklich hingewiesen.

Zur Saatgutfrage

Dieses pflanzenbauliche Problem nimmt Jahr um Jahr an Aktualität zu. Die alten, standortsgemäßen, widerstandsfähigen Landsorten sind den ertragreichen Zuchtsorten gewichen. Vielen Kulturpflanzen wird eine größere klimatische Streubreite angezüchtet. Aber sie bauen rasch ab, sind wenig krankheits- und schädlingsresistent. Die breite Verwendung chemischer Dünger und Pflanzenschutzmittel ist in die Zuchtverfahren und -prüfung eingebaut. Einerseits kommen in rascher Folge neue Sorten heraus. Andererseits macht sich die der züchterisch erworbenen Resistenz sehr nachteilige gebietsweise Vereinheitlichung in Anbau und Sortenwahl geltend. 1979 wurden 90% der Weizenfläche in der Schweiz von vier Sorten eingenommen. Da bricht angezüchtete Resistenz, die meist auf nur einem Gen beruht, schnell zusammen. Die rasch sich ausbreitenden Hybridsorten bedingen dann ohnehin ständigen Saatgutwechsel.

Die Beschaffung und Erzeugung geeigneter Sämereien, auch die Frage nach der *Neuentwicklung* von Kulturpflanzen war von Anfang an ein Interessengebiet der biologisch-dynamischen Bauern und Gärtner. Im praktischen Anbau handelt es sich bis auf weiteres vielfach um die *Erhaltung brauchbarer Sorten.* Durch Anbau an biologisch-dynamische Verhältnisse angepaßtes Saatgut für Gemüse ist zum Teil erhältlich.

Aber mehr wird gebraucht. Verbesserung und *Regeneration* müssen zur bloßen Erhaltung hinzukommen. Aufbauend auf dem Werk von MARTIN SCHMIDT, der sich bald nach 1945 der Roggenzucht zugewandt hatte, ist seit einigen Jahren mit der Beteiligung zahlreicher Landwirte eine Arbeit entstanden, die sich mit Getreide und anderen Kulturpflanzen, auch mit Waldbäumen, befaßt.

Für *die Erhaltung von gutem Saatgut* innerhalb des Hoforganismus macht man sich die Angabe RUDOLF STEINERS zunutze, wonach beim Wintergetreide die Spätsaat im Herbst die Saatkornqualität fördert, frühe Herbstsaat dagegen die Brotkornqualität steigert. Will man auf dem Hofe die Saatgutqualität verbessern, dann bedarf es der *Feldauslese* und Vermehrung im Versuchsgarten (Schutz vor Vogelfraß!). Als weitere unterstützende Maßnahme kann der *Landschaftswechsel* hinzukommen, d. h. der Anbau für ein Jahr auf einem standörtlich sehr verschiedenen Betrieb. Über das, was der Betrieb selbst tun kann, geht die *Sortenauswahl* im Versuchsgarten und die Gewinnung geeigneter Formen im Ährenbeet hinaus. Bei diesem Vorgehen, das *Umkreiswirkungen* ins Spiel bringt, werden außer dem Rhythmus von Früh- und Spätsaat auch lunare Rhythmen und Konstellationen beachtet. Es entstehen morphologisch unterschiedene und in ihren Leistungen brauchbare Formen.

Biologisch-dynamische Betriebe

Der Hof als eine Art Individualität

Bereits in den zwanziger Jahren dieses Jahrhunderts wurde die «Fremdbestimmung» landwirtschaftlicher Angelegenheiten deutlich. Sie hat seitdem zugenommen. Weniger und weniger kommt das Eigenwesen dieses Lebensgebietes zum Zuge, und die Folgen dieser Entwicklung für die Produktion, für die Sozialgestalt des Hofes und seine Beziehung zu den anderen Gruppen der Gesellschaft und Ökonomie werden spürbar. Das Bild, das der Politiker, Wissenschafter, Wirtschafter, Journalist, Beamte und viele andere von der Landwirtschaft haben, auch handfeste Gruppeninteressen, haben ihren beherrschenden Einfluß. Im ersten seiner landwirtschaftlichen Vorträge macht Rudolf Steiner ein paar kurze Bemerkungen über die Stellung der Landwirtschaft in der Volkswirtschaft: « . . . Selbstverständlich sollte jeder erkennen, daß man über die Landwirtschaft nur sprechen kann, auch in ihrer sozialen Gestaltung, wenn man die Sache der Landwirtschaft zuerst als Unterlage hat . . . Ohne das kann man auch nicht über die nationalökonomischen Prinzipien sprechen . . . Über die Landwirtschaft kann nur derjenige urteilen, der sein Urteil vom Feld, vom Wald, von der Tierzucht hernimmt.» Wenn es der Zweck der Landwirtschaft ist, Nahrung und Futter zu erzeugen, so wird hier darauf hingewiesen, daß die Lebensbedingungen ihrer Betriebsmittel Ausgangspunkt für ihre Gestaltung sind.

Die Meinung, daß damit angesichts der komplexen Struktur der modernen Wirtschaft Unmögliches verlangt werde, ist rasch bei der Hand. Man soll auch nicht versuchen, sie mit ein paar Bemerkungen wegzuwischen. Es handelt sich darum, daß diese Lebensbedingungen klar herausgestellt werden ohne die unreflektierte oder tendenziöse Vermischung mit Sonderinteressen oder realen und vermeintlichen Zwängen, denen die Landwirtschaft unserer Tage nach der Meinung vieler folgen soll. Man kann schließlich wissen, was der Gesundheit eines Menschen zuträglich ist, obwohl ihm seine täglichen Pflichten gar nicht erlauben mögen, alles entsprechend einzurichten; er wird das Mögliche tun. Viele Schattenseiten der konventionellen Landwirtschaft haben ihre Ursache in einer unsachgemäßen Vermischung der Interessen. Prioritäten werden falsch gesetzt. –

Doch seit Jahren arbeiten biologisch-dynamische Bauern und Gärtner, und sie setzen mit gutem Erfolg, mitten im herrschenden wirtschaftlichen Klima, die Prioritäten anders als die konventionelle Landwirtschaft. Sie sind bestrebt, ihre Betriebe so zu führen, daß sie «die Sache der Landwirtschaft zuerst als Unterlage» haben.

Angestrebt wird der *standortsgemäße, gemischte, soweit möglich geschlossene Betrieb.* Dafür wird häufig der Begriff *Betriebsorganismus* gebraucht. Genauer ist indessen der Ausdruck *Betriebsindividualität,* er bezeichnet zugleich die Ganzheit eines Organismus und auch die Besonderheit des Betriebes als Folge des natürlichen Standortes, der Betriebsfläche usw. Doch ist die Besonderheit auch durch das lebendige Drinnenstehen des Betriebsleiters in seiner einmaligen Situation gegeben. Die Anschauung vom Betrieb als einer Art Individualität geht zurück auf Bemerkungen R. Steiners im 2. Vortrage des Landwirtschaftlichen Kurses: «Eine Landwirtschaft erfüllt eigentlich ihr Wesen im besten Sinne des Wortes, wenn sie aufgefaßt werden kann als eine Art Individualität für sich . . . (Sie) müßte eigentlich sich nähern – ganz kann dies nicht erreicht werden – diesem Zustand . . . Es sollte die Möglichkeit herbeigeführt werden, alles dasjenige, was man braucht zur Hervorbringung innerhalb der Landwirtschaft, selbst zu haben . . .»

Die Wurzeln dieser Anschauung von einer Landwirtschaft liegen in den Beziehungen von Boden, Pflanzen, atmosphärischem und kosmischem Umkreis. Zwei, scheinbar gegensätzliche Eigenschaften der «landwirtschaftlichen Individualität» fallen ins Auge. *Ihre Geschlossenheit bezieht sich hauptsächlich auf den «Substanzkreislauf» zwischen Böden und Pflanzen. Ihre «Umweltbeziehungen» finden ihren Ausdruck in Formbildung und Regulation.* Die rechts stehende Skizze (S.89) deutet dies an.

Wirtschaftsdünger und Ernterückstände, die Humusstoffe des Bodens und die grüne Pflanze sind die hervorragenden Glieder des *Stoffkreislaufes.* Dieser schließt die Elemente ein, die man bei der chemischen Analyse der Pflanze in dieser finden kann. Es sind das in erster Linie die Elemente in den Kohlenhydraten, Eiweißen usw., aus denen die Trockensubstanz von Pflanzen zum größten Teil besteht. Diese sind Kohlenstoff, Stickstoff, Schwefel, ferner die Elemente des Wassers: Wasserstoff und Sauerstoff. Die erstgenannten entstammen der Zersetzung der organischen Substanz, auch der Kohlenstoff, denn der atmosphärische Vorrat an Kohlendioxid wird überwiegend aus den Natur- und Kulturböden ergänzt. *Stickstoff tritt durch biologische Bindung in den Kreislauf ein und unterliegt in seiner Verfügbarkeit*

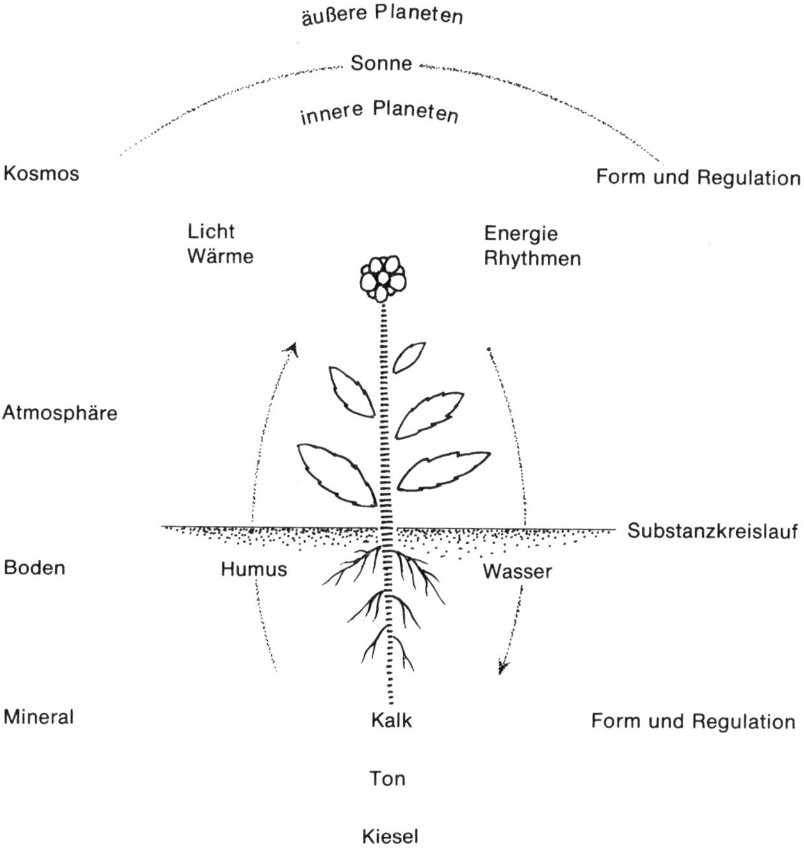

und Menge dem Einfluß der Lebensvorgänge im Boden. Diese mobilisieren auch die anderen, auf S. 65 f. erwähnten Nährstoffe aus dem Humus und der Mineralreserve des Bodens, schützen sie vor Festlegung und Auswaschung. Daß wachsende Pflanzen die Stoffe vorfinden, die sie aufnehmen können, beruht also auf der *Lebendigkeit,* die durch Bestandsabfall, Ernterückstände und organische Dünger im Boden erzeugt wird, d. h. letzten Endes auf dem Leben vorangehender Generationen von Pflanzen. Ein Stoffstrom pflanzt sich von Pflanzengeneration zu Pflanzengeneration fort, er erzeugt den Überschuß, der als Nahrungs-, Futter- und Faserstoffe den Betrieb verläßt, er ergänzt sich aus Boden und Atmosphäre durch Lebensvorgänge.

Der zweite Aspekt dieser Individualität, der in der Skizze angedeutet wird, ist die Beziehung zu dem *weiteren irdischen und kosmischen Umkreis*. Das ist das Thema, mit dem R. Steiner seine landwirtschaftlichen Vorträge einleitet, ehe er überhaupt auf die Rolle des Humus zu sprechen kommt. Auf das Eingebundensein des Pflanzenlebens in die *Rhythmen* der kosmischen Umwelt wurde bereits auf S. 35 f. hingewiesen. *Der Gestaltreichtum der Pflanzen, ihre reiche Palette an stofflichen Qualitäten wird im Licht und in der Wärme der Sonne gebildet.* Darauf weisen die Ausdrücke *Form und Regulation* in der Skizze hin.

Doch ist der kosmische Umkreis nur der *eine* Pol von Formbildung und Ordnung des Stoffwechsels. Der andere wird deutlich, wenn man die «Funktionen» der Elemente, die in Pflanzen gefunden werden, etwas anders als sonst üblich anordnet:

Kohlenstoff, Stickstoff, Schwefel, Wasserstoff, Sauerstoff, auch der Phosphor gehört z. T. dazu, wurden als die Elemente in den wichtigsten, massebildenden Pflanzenstoffen bereits genannt.
Kalzium, Magnesium, z. T. der Phosphor werden zwar auch in größeren Mengen in Pflanzenstoffen gefunden, doch tritt ihre Bedeutung für das *Funktionieren* des pflanzlichen Stoffwechsels in den Vordergrund. Vor allem für alle Vorgänge des Bodenlebens, der Bodenbildung, der Struktur usw. ist das Kalzium das Schlüsselelement.
Beim Kalium, Eisen, Mangan, Zink, Kupfer, Bor usw. tritt der Bausteincharakter noch deutlicher in den Hintergrund. Als Bestandteile und Aktivatoren zahlreicher Enzyme, durch allgemeine Ionenwirkung usw. werden ihre *regulierenden Funktionen* beherrschend.
Kiesel schließlich, der überwiegend in der Epidermis, in Zellwänden, in den stark durchgeformten Organen, wie Grannen usw. auftritt, steht besonders mit der *Raumgestalt* der Pflanze in Beziehung.
Das Leben in Böden und Pflanzen verläuft zwischen den «formativen» Einflüssen des kosmischen Umkreis und dem Mineral, das diese vermittelt.

Im Betrieb als Ganzem wird *möglichste Geschlossenheit des Substanzkreislaufes* angestrebt. Anbau, Wirtschaftsdüngung, Zufuhren aus Boden und Atmosphäre füllen den Kreislauf auf. Verluste durch Auswaschung, Erosion und bei der Düngerbehandlung usw. müssen gering gehalten werden. *Man kann, wie die Betriebserfahrung zeigt, das Ziel der Geschlossenheit weitgehend erreichen.* Teilweise Spezialisierung oder relativ zur Produktion geringe Tierhaltung, wie z. B. in Handelsgärtnereien, machen den Zukauf von Wirtschaftsdünger oder organischen Düngemitteln des Handels meistens erforderlich. Über die dynamischen Maßnahmen, Beachtung von Rhythmen usw. wird im nächsten Kapitel gesprochen werden.

Ziel der Betriebsgestaltung ist die Optimierung der ökologischen, soziologischen und ökonomischen Belange. Das ist mehr als die Berechnung des besten finanziellen Aufwand-Ertrags-Verhältnisses. Als Ganzheit kann ein Betrieb nicht rechnerisch organisiert werden. Er wird entwickelt. Denn jeder Betriebszweig, auch jede betriebliche Maßnahme sollte auch im Hinblick auf nicht oder schwer zu messende Ziele bewertet werden. Zu diesen gehört die Bodenfruchtbarkeit und deren Entwicklung auf lange Sicht, ferner der ökologische Zustand des Betriebes und seiner Umgebung. Dieser schließt Wald, Hain und Flurpflanzungen ein, Vögel, Insekten, andere Wildtiere, die Pflanzen- und Tiergesellschaften von Ödland, Gewässer und Sumpfstellen (Feuchtbiotope) und vieles andere. Es gehört dazu die Erzeugung qualitativ guter Nahrung; nicht zuletzt aber die Arbeits- und kulturelle Welt des Bauern, seiner Familie und Mitarbeiter. Je mehr solche kaum oder nicht meßbaren Werte berücksichtigt werden, um so mehr *wird die Betriebsgestaltung Entwicklungsarbeit, nicht ein Rechenexempel.* Man geht schrittweise nach Irrtum und Erfahrung vor. Auf das Rechnen dessen, was man rechnen kann, braucht man deshalb nicht zu verzichten. Darüber gibt es heute eine ausgedehnte fachliche Information. Doch auch moderne kybernetische Ansätze eignen sich nur für Teilsysteme, nicht für *das hierarchische Gefüge des ganzen Betriebes.*

Die Elemente, die bei dieser Betriebsentwicklung zu gewichten sind, umfassen demnach:

1. *Die Erzeugungskapazitäten*
   a) der Boden und seine Oberflächengestalt; das Groß- und Lokalklima; vorhandene Grund- und Klimaverbesserungen (Dränagen, Windschutzanlagen usw.); Dauerkulturen, Gewässer
   b) bauliche Anlagen, deren innere und äußere Verkehrslage
   c) ständige (und nicht ständige) Arbeitskräfte
2. *Veränderliche Produktionsmittel*
   a) Pflanzen und Tiere
   b) Maschinen, Verfahren (verfügbare Lohnarbeit)
   c) Materialien
3. *Bestimmende Faktoren*
   a) *die Menschen*
   Ziele, Ausbildung und Können des Entscheidungen treffenden und mitarbeitenden Personenkreises

b) *biologische Förderungen und Begrenzungen:*
Boden- und allgemeine Landschaftserhaltung, Wildbestände, Betriebszweige im Feldbau, Wechselwirkungen der Kulturen
Leistung und Gesundheit der Haustierarten
im Betrieb umlaufende Dünger- und Futterstoffe
c) *Nachfrage, Marktentwicklung und -anpassung*
Eigenverarbeitung
Anbauverpflichtung oder -begrenzung (Lieferverträge, Kontingente)
Ansprüche auf Förderung, Begrenzungen durch Vorschriften und Gesetze
d) *planungsunabhängiges Kapital.*

Die Betriebseinrichtung achtet auf die Interaktionen und gegenseitige Förderung der Betriebszweige. Dazu gibt die folgende Übersicht einige Hinweise.

	Eignung (bestimmende Faktoren)	*Binnenleistung* (innerbetriebliche Wirkung)	*Außenleistung*
Ackerland	keine oder geringfügige Behinderung, Bedarf an Verkaufsfrüchten und Futter	Rauh- und Saftfutter soweit benötigt, konzentrierte Futtermittel, Füllung von Lücken im Futterplan, Einstreu	Verkaufsfrüchte
Grünland	Boden: schwer, naß, sehr trocken, flachgründig, steinig, uneben, steil, Erosions- oder Überschwemmungsgefahr, regenreiches Klima; Entfernung	Wiese, Weide, Hutung, Streunutzung	indirekt über Tiere, Pensionsweide, Futtermittel
Tierbestand	betriebseigene Futtererzeugung, Düngerbedarf, Markt	Dünger, Nutzung natürlicher Futterflächen, Offenhaltung der Landschaft	tierische Produkte einschließlich Zuchttiere

	Eignung	*Binnenleistung*	*Außenleistung*
Garten- und Feld-gemüsebau	günstig sind tiefgründige fruchtbare Böden und mildes Klima, bestimmend: intensive Nutzung einer kleineren Fläche, Arbeitskräfte, wirtschaftlicher Standort	hoher Düngeranspruch, arbeitsintensiv	Verkaufsfrüchte
Obst, andere Spezial-kulturen	intensive Flächennutzung, Klima	hoher Düngeranspruch, arbeitsintensiv	hochwertige Verkaufsfrüchte
Wald, Ödland	steil, felsig, flachgründig, trocken, naß usw.	Holz, Lebensraum für Wildtiere, Lokalklima	Holz, Landschaftspflege
Flurgehölze	Windschutz, Uferbefestigung, Sicherung von Böschungen, Bereicherung der Landschaft	Verbesserung des Lokalklimas, ökologische Nischen, Futter für Waldtiere, Beifutter, Bienen	Landschaftspflege

Haustiere im Betrieb

«. . . Aber dasjenige, was auf der Erde als Pflanzenwachstum ist, ist noch nicht alles, sondern zu einem bestimmten Erdgebiete gehört ebenso ein bestimmtes Tierisches. Vom Menschen können wir aus Gründen, die auch noch zutage treten werden, absehen. Aber vom Tierischen können wir nicht absehen, denn es besteht das Eigentümliche, daß die beste, wenn ich so sagen soll, kosmisch-qualitative Analyse sich selber vollzieht im Zusammenleben eines gewissen mit Pflanzen bewachsenen Gebietes mit dem, was an Tieren in diesem Gebiete lebt» (Landw. Kurs, 2. Vortrag). Auf die

Bedeutung der Haustierhaltung für die Dauerfruchtbarkeit der Böden wurde auf S. 50 ff. hingewiesen. Gegenüber der relativ geringen Besatzdichte mit Großtieren in den Naturlandschaften, ist deren Zahl in Kulturlandschaften ungleich größer. Das ist ein wesentlicher Grund, weshalb diese aus der selbsterneuernden Fruchtbarkeit des Distriktes den Überschuß an Nahrung und Kleidung erzeugen, den eine wachsende Bevölkerung braucht. Die bisherige Entwicklung der europäischen Landwirtschaft und anderer Gebiete der gemäßigten bis kühlen Zone zeigt dies. Aber *die Integrierung der Haustiere in die Betriebe ist auch ein Schlüsselproblem für die Verbesserung der Landwirtschaft in den Entwicklungsländern*. Davon hängt auch in den warmen Klimaten die Entwicklung des Eigenpotentials der Landschaften zum Teil ab. An dieser Stelle werden einige allgemeine Gesichtspunkte der Tierhaltung im biologisch-dynamischen Betrieb erörtert.

In der konventionellen Landwirtschaft schreitet die Herauslösung der Tiere aus den Höfen rasch voran, dafür werden zentralisiert mehr Tiere pro Produktionseinheit, pro Quadratmeter und pro Arbeitskraft aufgestellt. Dies führt zu Großhaltungen, bzw. man hängt dem kleineren oder mittleren landwirtschaftlichen Betrieb eine Intensiv-Schweine- oder Intentsiv-Hühnerhaltung an. Das Ziel ist der kurzfristig erreichte ökonomische Gewinn aus den Großhaltungen bzw. die Umsatz- und Gewinnzunahme in den kleineren Betrieben. Die Gewinne werden nicht erreicht durch Verringerung der Futterkosten bei diesen flächenunabhängigen bzw. auf Zukauf angewiesenen Haltungen. Die Futterkosten sind eher relativ höher und mit einem großen Marktrisiko belastet. Vielmehr wird der Gewinn im rationellen Einsatz der menschlichen Arbeitskraft, der Mechanisierung und Automatisierung von Fütterung und Haltung gesucht – obwohl das Futter etwa 60–80 % der variablen Kosten beträgt. Angesichts der *ökologischen, ethischen und volkswirtschaftlichen «Nebenkosten»* dieser Produktionsformen, liegt in dem Trend zur Großhaltung eine der offensichtlichen Fehlleistungen eines einseitig ökonomisch-technologischen Denkens vor. Heute ist offensichtlich, welche Kalamitäten für die EWG-Agrarpolitik aus der Förderung der bodenunabhängigen Massentierhaltung entstanden sind.

Während für Stallbau, den Arbeitsablauf, Belichtung, Belüftung usw. eine Reihe guter technischer Entwicklungen vorliegen, ist die *Behandlung und Rückführung der tierischen Ausscheidungen* schlechthin unbefriedigend. Sie führt zur Geruchsbelästigung, zu Belastung von Böden und Wasserkörpern, auch zu hygienischen Gefahren. Die Resistenzbildung von Pathogenen wird durch die Tabelle auf S. 72 illustriert. Großhaltung tendiert zur

Bereitung von Flüssigmist – obwohl dieser ökologisch wie auch für die nutzbringende Anwendung mehr Nachteile als Vorteile mit sich bringt. Die Infektionsanfälligkeit und -gefahr in Massentierhaltungen ist groß. Vorbeugende und therapeutische Behandlung mit stark wirkenden Mitteln wird erforderlich. In Österreich stieg von 1965–71 in der Hühnerhaltung die Verwendung von Medikamenten um 600 %, obwohl die Eierproduktion des Landes nur um 5 %, die an Hähnchen um 50 % zunahm.

Eine undurchsichtige toxikologische Situation durch Rückstands- und Resistenzbildung ist die Folge. Hierzu kommt ein weiterer Umstand. Wie erwähnt, kann zwar die Kostendegression nicht im Futter gesucht werden, da aber dieses der Hauptausgabeposten ist, muß man durch mehr oder weniger bedenkliche Zusätze die Futterausnutzung bis zum letzten zu steigern versuchen. Die Qualität der Produkte wird fragwürdig.

Welcher Stellenwert dem einseitig technologisch-ökonomischen Denken zukommt, das wird auch durch *die ethischen Fragen des Tierschutzes* beeinflußt und die Wertskalen, die der kulturellen Betätigung von Menschen zugrunde liegen. So mehren sich in den letzten Jahren die Untersuchungen über tiergerechte Haustierhaltung. Denn manche Haltungen führen «zu so ungünstigen Lebensbedingungen (der Tiere), daß sie die Umwelt kaum mehr integrieren können, weshalb dann kaum noch ein artgemäßes Verhalten möglich ist. Daraus folgen einerseits Verhaltensanomalien, verringerte Lebensleistung, Krankheit und Abgang. Andererseits führt aber eine nicht artgemäße Nutztierhaltung auch zur Verbildung und Verrohung des Tierhalters. Bestünde doch der Kulturfortschritt darin, daß der Tierhalter seine Tiere immer besser versteht und ihnen deshalb immer artgerechtere Umweltbedingungen schafft» (M. Rist 1978, 1976; Graf et. al. 1976, H. Bartusseck 1977).

Zur tiergerechten Umwelt gehört die Aufstallung. Dabei ist vieles zu bedenken: z. B. ob Kälber in Einzel- oder Gruppenhaltung aufgezogen werden; oder ob man auf die gesunde Stroheinstreu zugunsten der Spaltenböden verzichten kann; Wärmedämmung und Verhalten zur Luftfeuchtigkeit bei den verschiedenen Baumaterialien und ihr Beitrag zur Bildung einer Hülle; Belüftung, Anbindevorrichtungen, Bewegungsmöglichkeiten, die das Befinden der Tiere beeinflussen. Heute werden diese Zusammenhänge auch am Verhalten der Tiere in Ruhe und Aktivität, in physiologischen Untersuchungen usw. studiert. *Bewegung durch Weidegang oder im Auslauf beeinflussen das Wachstum,* die Muskel- und Knochenbildung vor allem bei Jungtieren, bei denen der Bewegungsdrang besonders groß ist.

Sie hält auch produzierende und Zuchttiere gesund. Deren *Sinnestätigkeit* wird angeregt. Das Licht, das in das Auge fällt, ändert beim Geflügel den Bedarf an Vitamin C, auch den Stoffwechsel. Auslauf und Weidegang für Rinder und Schweine beeinflussen alle Phasen der Fortpflanzung, die Brunst und die Geburt der Jungen. Bei der Fütterung soll das Tier ebenfalls als Sinneswesen ernst genommen werden. Es ist nicht nur ein Verwerter von Stärkewerten und Eiweiß. Die Futtertabellen soll man benutzen, man kann sich trotzdem klar machen, daß sie den Bedarf nur in erster Annäherung anzeigen. *Schmackhaftigkeit des Wirtschaftsfutters, Kräuterbeifutter unterstützen die Bekömmlichkeit und Futterverwertung.* Die Düngung ist, neben der Futterverwertung und Konservierung, hierbei ein wichtiger Faktor. Auf S. 53 wurde bereits auf den langjährigen Befund des Haughly-Experiments hingewiesen, der zeigt, daß bei organischer Düngung eine geringere Masse an Aufwuchs den höheren Flächenertrag an Milch erbringt.

Die Arbeiten von ÄHNELT und HAHN (1974) haben Zusammenhänge zwischen *Düngung der Futterflächen und der Fortpflanzung* aufgedeckt. Diese Befunde erlangen nicht nur Bedeutung, weil sie zeigen, wie die Tiere gesund erhalten werden können. Es wurden damit auch der Qualitätsforschung an Nahrungs- und Futtermitteln neue Wege eröffnet. Als erstes zog

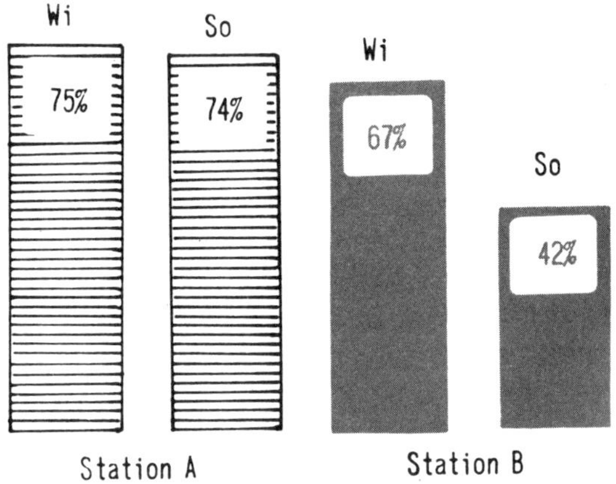

Samenqualität der Bullen von 2 Besamungsstationen mit unterschiedlicher Wirtschaftsweise (A: vorwiegend Kompostdüngung; B: intensive Mineraldüngung).

die unterschiedliche Fruchtbarkeit von Bullen in Besamungsstationen die Aufmerksamkeit auf sich. Intensive Mineraldüngung des vorwiegend im eigenen Betrieb der Besamungsstationen erzeugten Rauhfutters führte zu Funktionsstörungen in den Tieren und verringerter Fruchtbarkeit. Eine vielseitige Ration während des Winters und die Zugabe von kräuterreichem Bergheu verbesserte deren Zustand. Das Diagramm zeigt den Abfall der Samenqualität bei den Tieren auf Station B während der Sommermonate, d. h. während der Zeit, als die Ernährung der Bullen hauptsächlich mit stationseigenem Futter erfolgte.

Die nächste Darstellung bringt die Ergebnisse eines Versuches, der an der tierärztlichen Hochschule Hannover mit Kaninchen gemacht wurde. Er bestätigt die Befunde an Großtieren. Die Resultate der Untersuchung sprechen zugunsten der Gruppe (3), die Heu aus biologisch-dynamischem Anbau erhalten hat. Ferner zeigt die Versuchsgruppe (2) insgesamt ein besseres Bild als Gruppe (1). Diese beiden Betriebe düngten zwar ähnliche Mengen an Pflanzennährstoffen, mit Ausnahme des Phosphors, doch war bei Gruppe (2) der Anteil an Wirtschaftsdüngern höher als bei Gruppe (1). Außer verschiedenen Arten von Heu wurden auch Möhren und Kohlrabi aus biologisch-dynamischem und konventionellem Anbau getestet. Die Reaktion der Fruchtbarkeitsmerkmale entspricht der bei dem hier wiedergegebenen Versuch. Dabei ist außerdem noch bemerkenswert, daß die Nährstoff- und Mineralstoffgehalte in den geprüften Futtermitteln nur geringe Unterschiede aufwiesen. Die Autoren des Berichtes vermuten deshalb, daß bei zunehmender landwirtschaftlicher Intensivierung bisher unbekannte pflanzliche Inhaltstoffe auftreten können, die das Sexualverhalten beeinflussen.

Fütterungsversuch an Kaninchen mit Heu (Heupellets mit 14% Soja u. 6% Melasse) aus 3 Betrieben mit unterschiedlicher Wirtschaftsweise (je Gruppe (1)–(3) 4 Tiere; Versuchsdauer 6 Wochen)

Fruchtbarkeitsmerkmale (Mittelwerte)	(1) intensiv	(2) intensiv	(3) biol.-dynam.
Ovargewicht in mg	156	227	271
Ovulationspunkte (Anzahl)	3,5	6,0	9,3
gewonnene Eizellen (Anzahl)	3	6	9
befruchtete Eizellen in %	0	100	96
Blastozyten in %	0	50	100
Uterindrüsen (Anzahl)	28,5	25,7	35
Ascorbinsäure Nebenniere (in $\gamma/\mu g$)	606	487	251

Biologisch-dynamische Höfe halten meistens 1–2 Tierarten. Die Rinderhaltung herrscht vor, Pferde als Zugtiere gibt es nur noch in einigen Fällen. Obwohl die Eigenversorgung mit Hofdünger angestrebt wird, ist der durchschnittliche Tierbesatz mit rund 1 GV/ha dem der Bundesrepublik fast gleich. Eine wegen der Zahl von nur 35 Betrieben vielleicht nicht ganz repräsentative Gruppe hatte 1975–1977 einen Viehbesatz von 0,9 GV/ha, 42 % der Tiere sind Milchkühe. – Dem Zweck dieser Darstellung wird am einfachsten dadurch gedient, daß eine erfolgreiche biologisch-dynamische Kuhhaltung als Beispiel kurz beschrieben wird (SATTLER 1977).

Diese befindet sich in dem 55 ha großen Talhof, der 1930 auf die biologisch-dynamische Bewirtschaftung umgestellt wurde. Bodenmäßig und klimatisch handelt es sich bei einer Höhenlage von 495–570 m über NN auf der Ostalb um eine ausgesprochene Grenzertragslage. 1934 erreichte die Herde einen Stalldurchschnitt von 4228 kg Milch/Tier·Jahr, infolge Personalwechsel und anderer Umstände sank die Leistung in den Jahren von 1938 bis 1947 auf 2570 kg. Die Verhältnisse besserten sich ab 1949, der gegenwärtige Betriebsleiter übernahm 1952. Die Herde baut sich in der Hauptsache auf zwei Kühen auf, die bei Leistungen zwischen 4000 und 4500 kg Milch sich durch *Langlebigkeit, gleichmäßige Milchleistung, gute Konstitution, Adel und Futterdankbarkeit* auszeichneten. Zur Zucht werden gute Bullen von fruchtbaren, langlebigen und leistungsstarken weiblichen Vorfahren gekauft. Inzwischen werden alle weiblichen Tiere ohne grobe Formfehler aufgezogen, überzählige nach dem Abkalben verkauft. Behalten werden Kühe, die sich durch *regelmäßige, nicht zu schwache Brunst, gutes Aufnehmen, leichtes Kalben, gute Melkbarkeit* auszeichnen und die *gute Fresser* sind. Auch im Winter bekommen die Tiere täglich *Auslauf*. So gibt es beim Übergang zum Weidegang keine Schwierigkeiten mehr mit Verletzungen, abgebrochenen Hörnern usw.

Der Übergang von der Winterfütterung im Stall zur Weide und zurück im Herbst wird sorgfältig gehandhabt. Im April kommen die Tiere bei voller Winterfütterung am Nachmittag für etwa zwei Stunden auf die Weide, wo das noch sehr junge Futter nur in geringer Menge aufgenommen wird. Mit dem Heranwachsen der Gräser wird die Saftfutterration allmählich verringert und die Weidezeit verlängert. Auch im Herbst wird eine Übergangszeit von etwa vier Wochen eingehalten, indem zunächst während des Melkens Heu, später nach dem Aufstallen noch Grünfutter gefüttert wird. So wird dem Bedarf der Tiere nach einer möglichst gleichbleibenden Ration Rechnung getragen. (Die lebenswichtige Vormagengärung der Wiederkäuer kann sich nicht in einem oder innerhalb weniger Tage auf ein anderes Futtergemisch einstellen. Zudem sind junge Weidepflanzen eiweißreich. Bei der heute vielfach üblichen treibenden Düngung enthalten sie noch viel freie Aminosäuren, Nitrat usw. im Blatt. Der Stoffwechsel, vor allem die Leber, wird durch solches einseitiges Futter belastet.*

Die *Winterration* der Tiere besteht aus ca. 20 kg Kleegras- und Perserkleegrassilage, 4 kg Maissilage, 2–2,5 kg Getreideschrot (40 % Erbsen, je 30 % Nackthafer und -gerste), 10–14 kg Heu. Es werden vielleicht 1–2 kg Hafer und Gerstenstroh gefressen. Während der Weidezeit erhalten die Tiere lediglich Heu, Grünfutter und Stroh zugefüttert. Je 600 kg Lebendgewicht wird täglich folgende *Mineralstoffmischung* verfüttert: 40 g Viehsalz, 40 g Algomin, 8 g Kräutermischung, 10 g Bolus alba, 10 g eigene Weizenkleie, 1 g Kalkpulver TA, Weleda. Die *Kräutermischung*, die in der Hammermühle vermahlen ist, enthält ca. 50 % getrocknete Brennessel, ferner, wie verfügbar, aus eigenem Anbau: Kümmel, Fenchel, Dill, Geißraute, Koriander, Kerbel, Wermut, Kamille, Pfefferminze, Calendulablüten, Thymian, Ysop, Melisse, Majoran, Salbei, Liebstöckl, Weinraute, Eberraute (letztere in kleinen Mengen), ferner Schafgarbe und, wenn die Zeit vorhanden ist, dieses zu sammeln: Laubheu von Feldahorn, Linde, Weide, Haselnuß.

Der Herdendurchschnitt	1972–1976 von 25,7 Kühen beträgt:
	5443 kg Milch mit 4,49 % Fett
1976	6324 kg Milch mit 4,57 % Fett,
der 10 besten Kühe:	7055 kg Milch mit 4,91 % Fett.

Wird das – eigenerzeugte – Kraftfutter rechnerisch eliminiert, so werden aus dem Grundfutter allein 4500–5000 kg Milch erzeugt. Das ist eine hohe Leistung. Der Betriebsleiter bemerkt dazu: «Diese Tatsache wird nur verständlich, wenn man berücksichtigt, daß 1. die Futtermittel einen sehr hohen Nährstoffgehalt haben; 2. die vorhandenen Nährstoffe in besonders günstiger Form (z. B. Aminosäuremuster) vorliegen; 3. die Tiere ausgezeichnete Futterverwerter sind und 4. durch die Behandlung mit biologisch-dynamischen Präparaten die feinstofflichen Wirkungen besonders gut sind.»

* Die Überfütterung hat auch bei Mastrindern negative Folgen. In Illinois/USA, wo eine sehr intensive Landwirtschaft betrieben wird, wurde in einem lokalen Schlachthaus beobachtet, daß fast alle Lebern der Mastrinder unbrauchbar waren. Bei den Tieren von der biologisch-dynamisch bewirtschafteten Cockleburr-Farm in derselben Gegend sind die Lebern gesund und brauchbar.

Diese Einzelheiten werden geschildert, weil hier ein Beispiel gesetzt ist, das über den Hof hinaus *ökologische und agrarstrukturelle Beachtung* verdient. Das Rind ist seiner Veranlagung nach der vollkommene Rauhfutterverwerter. Mit dem Auseinanderfallen der geschlossenen Betriebe in industriell betriebene Betriebszweige und der Konzentrierung vieler Tiere fern ihrer Futtergrundlage nimmt der Trend zur Verfütterung des zugekauften konzentrierten Handelsfutters zu. Zwar wurden die meisten der folgenden Punkte schon erwähnt, trotzdem erscheint es angemessen, an einem Beispiel einmal die Implikationen einer solchen Entwicklung aufzuzählen:

Viel Körnerfutter in der Ration macht das Rind teilweise zum Nahrungskonkurrenten des Menschen;
solches Futter ist unphysiologisch, die hohen Leistungen werden auf Kosten der Gesundheit und Lebensdauer der Tiere erzwungen;
das Futter nimmt Fruchtbarkeit irgendwo weg, wenn es aus der Dritten Welt kommt, sogar Nahrungsmittel;
der Dünger aus solchem Futter ist minderwertig und eine hygienische Gefahr;
pathogene, schlechte Futterverwertung, kranke Tiere müssen mit Medikamenten, Futterzusätzen usw. behandelt werden;
die Resistenzbildung nimmt trotz vorbeugender und kurierender Medikation rasch zu;
Futtermittelherstellung, Mischung, Lagerung und Transport tragen zur Ausbreitung von Pathogenen bei;
die Fälle von Mykotoxinvergiftungen aus Importfutter sind noch in frischer Erinnerung, die Salmonellenverseuchung nimmt zu;
Düngeranfall in großen Mengen gefährdet Grund- und Oberflächengewässer;
die bei mangelndem Futterbau und Fehlen der Wirtschaftsdüngung nachlassende Bodenfruchtbarkeit muß durch energiekonsumierende Mineraldünger ausgeglichen werden usw.

Diese – wenn auch unvollständige – Liste volks-, privatwirtschaftlicher, hygienischer und ökologischer Nachteile wandelt sich in *Wohlfahrtswirkungen um, wenn die Tiere auf vorwiegend wirtschaftseigener Futtergrundlage und eigener Düngerwirtschaft in die Betriebe integriert sind.*

Die Aufzucht der *Jungtiere* auf dem vorgenannten Betrieb trägt im Laufe der Zeit zur Selektion von Rindern bei, die gute Rauhfutterverwerter sind. Kälber erhalten bis zu einem halben Jahr Vollmilch – später allmählich verdünnt; bestes Heu wird vom 4. Tag an angeboten und grobes Haferschrot nach 8 Tagen zugefüttert. Vom 4.–8. Monat erhalten sie Weidegang, im Winter werden, soweit verfügbar, Möhren zugefüttert. Im Laufstall bekommen die Jungrinder gröberes Heu, Erbsen-, Hafer-, Wick-Erbsenstroh und etwas Silage. Männliche Zuchttiere werden für die Auktion gefüttert. Sie erhalten Heu, Nackthafer und -gerstenschrot, Möhren, später auch Leinmehl. Nach Abzug des Geburtsgewichtes beträgt die Tageszunahme in 1,26 Jahren 1296 g/Tag, gegen Ende der Aufzucht 2,7 kg/Tag.

Beispiele erfolgreicher Kuhhaltung liegen auch von anderen biologisch-dynamischen Betrieben vor. Die Resultate sind nicht zuletzt bedingt durch Futterbau und Futterwerbung. Auf belebten Böden gewachsenes Futter vermittelt in der Ernährung Kräfte, die über den bloß kalorischen Inhalt und die sonst üblicherweise bestimmten Nährstoffe hinausgehen. Dazu gehört auch die rationelle Verwendung von Wurzel-, Sproß-, Samennahrung in der Ration. Die Bedürfnisse der Tierarten und die besondere Leistung, die erwartet wird, sind in dieser Hinsicht verschieden. In einer rationellen Fütterung ist die Wurzelnahrung dem Nerven-Sinnes-System des Tieres zugeordnet, Blüte und Samen dem Stoffwechsel und der Reproduktion, Blätter dem mittleren, dem Brustsystem. Die drei Pflanzenorgane Wurzel, Stengel-Blatt, Frucht oder Same wachsen unter sehr verschiedenen, teilweise entgegengesetzten Bedingungen heran. Werden sie in der Ernährung aufgenommen, so erhalten die Organe im Tier entsprechende Anregungen für ihre Bildung und Funktion. So wird die kräftige und ausgewogene Entwicklung der Kälber unterstützt, wenn die Ration Möhren und Leinsamen, neben gutem Heu, enthält. Die blattreichen Kleearten sind insbesondere für die Milchviehfütterung geeignet. *Gutes Wiesenheu oder Heu von artenreichem Feldfutter* kann in seiner ernährenden und diätetischen Wirkung beim Rind, vor allem auch bei dem heranwachsenden Tiere, durch anderes nicht ersetzt werden. Die Beschleunigung der Bodentrocknung, z. B. durch den Quetschzetter, und anschließende Unterdach-Belüftung erlaubt es leichter als früher, ein Heu zu erzeugen, in dem Sonnenwärme und Duftbildung eine hervorragende Qualität bedingen. – Auf dem genannten Betrieb wird für Heu und Silage zweijähriges Ackerfutter gebaut, das Rot- und Weißklee, Hornschotenklee, Luzerne und Esparsette enthält, bis zu zehn verschiedene Gräser, Kümmel und Pimpinelle. Die Düngung der Wiesen erfolgt mit präpariertem Mistkompost und Jauche, möglichst im Sommer. Die Weidefläche wird zweimal am Tage durch Elektrozaun zugeteilt, so wird sie schnell und sauber abgefressen und hat nach 2–3 Tagen wieder Ruhe zum Nachwachsen. Dieselbe Weidefläche, die heute als Ganztagsweide genutzt werden kann, reichte vordem gerade als Kurztagsweide. Nach dem Abweiden werden die Fladen verteilt. Als wertvolle Bereicherung der Futterpflanzen hat sich Perserklee, Sorte Maral, eingeführt, von dem 15 kg mit 5 kg einjährigem Weidelgras, 5 kg Alexandrinerklee mit 120 kg/ha Hafer gepflanzt werden, und der erste Schnitt vor dem Ährenschieben des Hafers wird für Silage genommen.

Hühner- und Schweinehaltung sind in der allgemeinen Landwirtschaft am meisten von den industriellen Haltungsformen ergriffen. Auch in der Schweinehaltung soll vor allem den Zuchttieren durch Bewegung und Auslauf, Wechsel der Weiden, deren Beschicken mit anderen Tierarten, Grünfutter für trächtige Sauen im Sommer usw. eine gesunde Entwicklung ermöglicht werden. Abferkelhütten und gesunde Ställe tragen zu naturnaher Aufzucht bei. Die früher einmal übliche Beigabe von gedämpften oder gekochten Hackfrüchten in der Schweinehaltung ist leider ganz verschwunden. Bei den Getreideschroten bewähren sich Nackthafer und -gerste wegen ihrer Armut an Faser. Auch während der Mast soll das optimale Aufwand-Zuwachs-Verhältnis gewählt werden. Optimal, nicht maximal gefütterte Tiere sind weniger anfällig für Krankheiten oder Herztod.

Die *bäuerliche Hühnerhaltung* hat den Käfigbatterien für Hennen und der konzentrierten Bodenhaltung für Hähnchen weitgehend Platz gemacht. Diese Verfahren werden aus ökologischen und ethischen Gründen kritisiert. Um so bemerkenswerter sind die Beispiele, wo Betriebe in ihrem Rahmen zu einer mehr *tiergerechten Haltung* von einigen hundert Hühnern übergehen. *Auslauf,* auch hier möglichst im Wechsel mit einer anderen Tierart, hilft den Aufbau einer Parasitenpopulation zu verhindern. Eine rentable Haltung in Ställen für 300 Hühner mit 150 m^2 großem Auslauf, der mit Stroh beschüttet ist, wird in der Zeitschrift «Lebendige Erde» 2/1975 beschrieben. In «Bio-Dynamics» 74/1965 stellen HANCOCK und ESCHER die Wirkung von präpariertem Kompost zur Tiefeinstreu für Hähnchen dar. Ein erheblicher Anteil der «kompostierenden» Einstreu wird von den Tieren wieder aufgenommen. Die Tiere auf der behandelten Streu sehen besser aus, haben stärkere Knochen, die Verlustquote bis zur 10. Lebenswoche verringerte sich von 17,6 auf 5,7 %, das Achtwochengewicht betrug 782 g, gegenüber 635 g auf der unbehandelten Streu. Die Hühnerhaltung auf dem oben erwähnten Talhof wird so beschrieben: «Ein neuer, zweiteiliger Hühnerstall mit neuem, großem zweiteiligem Auslauf wurde eingerichtet. Puten wurden für die Naturbrut der Hühner als Glucken benutzt. Nach etwa 10 Jahren *Naturbrut* waren auch unsere Leghornhennen wieder bereit, ihre Küken selbst auszubrüten. So kann die Putenhaltung wieder abgebaut werden. Die Junghennen kommen etwa zwei Monate vor Legebeginn in die zweite Stallabteilung neben die Althühner. Der Auslauf wird wechselweise ein Jahr von den Hühnern benutzt, im nächsten Jahr weiden die Kälber dort. Die Fütterung erfolgt mit eigenem Hafer-Gerstenschrot, Abfallweizen, Quark, Erbsenschrot und etwas zugekauftem Dorschmehl. Weleda Kalkpulver TA und Seemuschelschrot wird zusätzlich gegeben, im Winter bekommen die Hühner Möhren. Bei der Aufzucht wird viel junger Brennnessel-, Schnittlauch-, Kamillen- und Pfefferminztee verwendet. Gegen Aufzuchtschwierigkeiten wird Arsenicum album D7 und Coffea praep. D4 ins Trinkwasser gegeben. Die Legeleistung liegt bei 235 Eiern pro Henne im Jahr, die Nutzungsdauer bei ca. 3 Jahren.»

Ein wegen kurzer Laufzeit noch vorläufiger Fütterungsversuch wird von H. Vogtmann u. a. (1978) beschrieben: Zwei Gruppen verschiedenaltriger Legehennen erhielten jeweils ein Handelsfutter und ein hofeigenes Futter aus Mais, Raps, Grasmehl, Ackerbohne und Gerste aus biologisch-dynamischem Anbau. Kalk und eine Kräuter-Vitamin-Mischung wurden zugegeben. (Als wichtiges Nebenergebnis wurde gezeigt, daß die für die Fruchtfolge interessanten Pflanzen Raps und Ackerbohne in kleinen Mengen auch für Geflügel eingesetzt werden können.) Die Legeleistung der Gruppen auf hofeigenem Futter war nur 14 % geringer, die Futterkosten pro Ei allerdings um 36 % niedriger als beim Handelsfutter. Das Eigewicht war bei beiden Gruppen gleich.

Im ländlichen England findet man allenthalben Schilder, auf denen Frischeier aus Auslaufhaltungen zum Verkauf angeboten werden. Sie kosten etwas mehr als Batterieeier, aber sie sind geschätzt. Ähnliches ist anderswo auch möglich, Abfälle und Abfallkorn können verwendet werden. Oft wird der Preis etwas höher sein müssen als bei Eiern aus den Eierfabriken. Für den bäuerlichen Betrieb ist eine kleinere bis mittlere Haltung durchaus sinnvoll.

Betriebsformen und Betriebsergebnisse

Die Diskussion über die Wege, die Landwirtschaft und Gartenbau einschlagen sollten, leidet häufig unter eingeschränkten Gesichtspunkten. Das Gespräch wird dann wenig ertragreich. Es stehen sich oft das Eigeninteresse des einzelnen bzw. des Hofes und das Gemeinwohl entgegen. Beide müssen bewußt ins Auge gefaßt werden. Die Situation ist durch die folgenden Beziehungen gekennzeichnet.

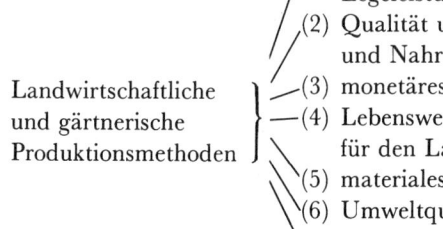

Landwirtschaftliche und gärtnerische Produktionsmethoden

(1) Flächenleistung, Milch-, Mast-, Zucht-, Legeleistung je Tier
(2) Qualität und Gesundheitswert von Futter und Nahrung
(3) monetäres Aufwand/Ertrags-Verhältnis
(4) Lebenswerte und deren Erfüllung für den Landwirt und Gärtner
(5) materiales Aufwand/Ertrags-Verhältnis
(6) Umweltqualität
(7) Rohstoff- und Energievorräte der Nation und der Erde

Das Gewicht dieser sieben Punkte ist nicht konstant, es ändert sich mit dem Auf und Ab der wirtschaftlichen und sozialen Entwicklung. Auch hängen Wohlergehen des einzelnen und der Allgemeinheit eng miteinander zusammen. Doch kann man sagen, daß gegenwärtig die Allgemeinheit an den Punkten (2), (5), (6), (7) lebhaft interessiert ist, während Punkt (3) und (4) und auch (1) mehr den einzelnen Betrieb angehen.

Die Mehrzahl der biologisch-dynamischen Landwirtschaften ist den *bäuerlichen Familienbetrieben* zuzurechnen. Einer Erhebung, die die Zeit vor 1972 erfaßt, ist zu entnehmen, daß unter den Vertragspartnern des Demeter-Bundes 69 % der Betriebsgröße 5–30 ha angehören, 18 % sind größer als 30 ha, 9 % größer als 50 ha (Ronnenberg 1973). 20 % der Gartenbaubetriebe haben 2–5 ha, 10 % 5–15 ha, 3 % 30–50 ha, die anderen bewirtschaften weniger als 2 ha. Bei den Höfen handelt es sich um gemischte Betriebe, in aller Regel mit Tierhaltung, der Getreideanteil ist gleich oder geringer als in der allgemeinen Landwirtschaft, der Feldgemüsebau nimmt eine erheblich größere Fläche ein, als sonst üblich ist. Obstbau als Betriebszweig oder selbständig wird vornehmlich in Süddeutschland betrieben. Nicht erfaßt in der Aufstellung über Vertragsbetriebe sind die Nebenerwerbsstellen und zahlreichen Privatgärten.

Eine gewisse Sonderform stellen die *Höfe und Gärtnereien dar, die kulturellen und karitativen Einrichtungen* angeschlossen sind und deren Programm dann durch die Bedürfnisse dieser Institutionen mitgestaltet wird. Das Interesse der Verbraucher an biologisch-dynamisch erzeugtem Gemüse spiegelt sich nicht nur im Anbauprogramm der Höfe wider, sondern auch in einigen größeren Erwerbsgärtnereien, die eine breite

Palette von Gemüsen erzeugen. Die Kapitalbeschaffung für Vergrößerung oder Erwerb erfolgt hier teilweise mit *Hilfe oder sogar auf Initiative der Verbraucher.* Als Beispiel dafür sei der 50 ha große Weilerhof (bei Aschaffenburg) erwähnt. Außer der Gärtnerei wird auf 22 ha hofnahen Flächen Gemüse erzeugt, ausgenommen je 2 ha Getreide, Kleegras und Zwischenfrüchte, die aus Fruchtfolgegründen eingeschaltet werden. Rinder-, Schweine- und Hühnerhaltung tragen zur betriebseigenen Düngererzeugung bei. Auch die Erzeugnisse aus der Tierhaltung werden lokal verarbeitet und sind Teil des Warenangebotes. Auch anderweitig kommt das Interesse der Verbraucher an wohlschmeckender, haltbarer Nahrung, deren Ursprung man kennt, zum Ausdruck in hofeigener Verarbeitung und Direktvermarktung eines Teiles der Erzeugung. Diese Formen des Absatzes nehmen zwar an Häufigkeit zu, doch sind die Möglichkeiten und der wünschenswerte Umfang der Direktvermarktung begrenzt.

Da die biologisch-dynamischen Höfe über das Land hin verstreut sind, ist es schwierig, die durchschnittlichen *Flächenerträge* mit denen konventioneller Betriebe derselben Erzeugungsgebiete zu vergleichen. In der vorerwähnten Schrift von A. RONNENBERG werden die älteren und neueren Unterlagen gesichtet. Die allgemeine Schlußfolgerung ist, für Brot- und Futtergetreide, Kartoffeln und Feldgemüse für Speisezwecke und Weiterverarbeitung, «daß in der biologisch-dynamischen Landwirtschaft der Ertrag nur etwas niedriger ist, als in der allgemeinen Landwirtschaft (Kartoffeln bilden auf einigen Betrieben eine Ausnahme). Die Milchleistung war in allen biologisch-dynamischen Betrieben, von denen mir Angaben vorliegen, im mehrjährigen Durchschnitt etwa gleich hoch oder höher (bis zu + 30 %) als in den Vergleichsbetrieben.»

Andererseits werden von den biologisch-dynamischen Betrieben Spitzenerträge im Feldbau in der Regel nicht erreicht. Gute Hektarerträge und Gesamtleistungen der Höfe lassen sich häufig finden. Ein Betrieb auf den günstigen Böden der Kölner Bucht berichtet für 1969–1974 Weizenerträge zwischen 45,4–60,0 dt/ha, der Mittelwert liegt bei 53,0. Auf alluvialen Schneckensanden im Rheintal mit Bodenzahlen von 16–24 und 35–50 auf einigen Außenschlägen, wurden im Schnitt während 4 Jahren 40 dt/ha Weizen, 35–38 dt/ha Roggen, 250 dt/ha Kartoffeln geerntet, die rotbunte Milchviehherde produzierte 1974/75 4700 kg Milch/Tier·Jahr, die Leistung ist im Zunehmen (FÖRSTER 1976).

Auf S. 98 wurde die vorwiegend auf betriebseigenes Futter abgestellte Milchviehhaltung des Talhofes auf der Ostalb erwähnt. Dieser Betrieb ist interessant, weil er zur Berichtszeit die biologisch-dynamische Methode seit fast 50 Jahren angewandt hat, bei nur geringen Zufuhren von außen. Die Böden sind flachgründig, wenn auch klimatisch in einem dem Humusaufbau relativ günstigen Klima gelegen. Über den *Bodenzustand* liegen folgende Informationen vor:

Bodenzustand	Acker intens.	Acker extens.	Wiesen intens.	Wiesen extens.	Weiden intens.	Weiden extens.	Mittel aller Flächen
% Humus	4,4	3,6	7,8	5,6	7,2	6,5	6,0
% Stickstoff im Boden	0,32	0,28	0,52	0,38	0,50	0,44	0,45
pH	7,0	6,8	6,7	6,5	6,8	6,5	6,8
Phosphat verfügb. mg/100 g	27	6	14	4	25	10	19
Kali verfügb. mg/100 g	22	17	23	18	44	22	27

Das sind, mit Ausnahme relativ niedriger Werte für Phosphor auf ärmeren Teilstücken gute Gehalte. Die *Erträge* der letzten Jahre betrugen (in dt/ha) bei:

Sommerweizen	43	(38– 50)	
übrigem Getreide	37	(25– 42)	einschl. 50 % Nackthafer und 100 % Nacktgerste
Kartoffeln	240	(180–300)	
Wiesen und Ackerfutter etwa	80–90	(Heu).	

Oben wurde bereits darauf hingewiesen, daß neben den privatwirtschaftlich interessanten Flächenerträgen auch der geldliche Erfolg und das volkswirtschaftlich interessante Aufwand-Ertrags-Verhältnis sowie die Zufuhren von außen den Betriebserfolg kennzeichnen. Die folgenden etwas älteren Zahlen stammen vom Talhof und 138 etwa vergleichbaren Betrieben des Erzeugungsgebietes (gleicher ha-Satz, über 70 % der Betriebsfläche in Futterbau, klimatisch allerdings günstiger gelegen):

	Betriebe		Talhof	
Hauptfutterfläche je GV	0,6	ha	0,75	ha
Handelsdüngeraufwand	147,–	DM/ha	7,70	DM/ha
(im Falle des biol.-dyn. Betriebes: Materialien für Präparate, Stroh und Sägemehl zur Einstreu)				
Getreideertrag	29	dt/ha	36	dt/ha
Milchleistung je Kuh und Jahr	3 376	kg	4 399	kg
Kraftfutter je Kuh und Jahr	225,–	DM	35,–	DM
Nutzfläche je Arbeitskraft	9,7	ha	10,8	ha
Betriebseinkommen je ha	1 111,–	DM	1 800,–	DM
Betriebseinkommen je Arbeitskraft	10 760,–	DM	18 750,–	DM

Das Ministerium für Ernährung, Landwirtschaft und Umwelt in Baden-Württemberg hat in Zusammenarbeit mit dem Forschungsring für biologisch-dynamische Wirtschaftsweise in den Jahren 1971–1974 *vergleichende Erhebungen* auf 9 Paaren von biologisch-dynamischen und konventionell bewirtschafteten Betrieben angestellt.

Auch hier zeigt die Auswertung, daß bei den biologisch-dynamischen Betrieben die Getreideerträge meist etwas niedriger sind, doch ist das nicht immer der Fall. Die Mengenleistung an Milch ist bei den biologisch-dynamischen Höfen höher, gleich oder niedriger als bei den Vergleichsbetrieben. Doch der Deckungsbeitrag der Milchviehherde ist wegen geringeren variablen Kosten (Kraftfutterzukauf) höher; auch erhalten diese Höfe z. T. mehr für ihre Milch. Geringere Kosten für Düngung und Pflanzenschutz gleichen höhere Arbeitszeit und geringere Flächenerträge nicht vollständig aus. Da aber zu diesen Einsparungen noch höhere Marktpreise für die Produkte kommen, ist das finanzielle Ergebnis der biologisch-dynamischen Höfe besser. Der Agrarbericht 1984 weist für alternative Betriebe ähnliche Tendenzen auf, die Erträge der alternativen Gruppen sind aber deutlich niedriger.

Ein Wort sollte ergänzend zum *Arbeitsbedarf* gesagt werden. Wie stark dieser von der individuellen Befähigung abhängt, ist bekannt. Müssen Löhne bezahlt werden, dann ist der Arbeitsaufwand ein wichtiger Punkt der Betriebsführung. Der Familienbetrieb muß eher mit einer vorgegebenen Situation rechnen, d. h. Betriebsgröße, Zahl der Familienglieder, Alter der Kinder, deren Ausscheiden aus dem Hof. Die Situation ist veränderlich und auch in sich flexibler.

Das Bild, das man aus den erwähnten Betriebserhebungen erhält, wird durch exakte *Versuchsanstellung* erhärtet und zugleich erweitert. Abschließend soll daher auf einen Feldversuch hingewiesen werden, der von der *Landwirtschaftlichen Universität in Uppsala* und dem *«Nordischen Forschungsring» in Järna/Schweden* durchgeführt wurde. Er lief in gleicher Weise, doppelt also, auf den Versuchsgeländen der beiden Institutionen. Zweck der Untersuchung ist es, durch einen Fruchtfolge- und Düngungsversuch in Parzellen mit einem Vergleich so nahe wie möglich an den *Betriebsvergleich* heranzukommen. Das ist nicht ganz möglich, doch kann man im Versuch viele Einflußgrößen und Ergebnisse klarer erfassen. Aus dem auf 6 Jahre veranlagten Projekt wird hier auszugsweise über die Jahre 1971–1973 berichtet, wobei um des geschlossenen Bildes willen die Ergebnisse der Qualitätsuntersuchungen gleich mit eingeschlossen werden (B. D. Pettersson 1977, J. Diouhy 1977).

Der Versuchsplan umfaßt eine konventionelle, den Boden und seine Nährstoffe beanspruchende

Fruchtfolge 1: Kartoffeln – Sommerweizen – Gerste

und eine dem biologisch-dynamischen Anbau mehr angepaßte

Fruchtfolge 2: Kartoffeln – Sommerweizen – Kleegras.

Beide Varianten laufen mit Mineraldüngung (A) und biologisch-dynamisch (B), wobei das Nährstoffangebot an Stickstoff (N), Phosphor (P) und Kali (K) in mineralischer Form bzw. im Stalldung eher die konventionellen Parzellen etwas begünstigt, wie die folgende Übersicht zeigt:

Nährstoffzufuhr	A (konventionell)			B (biologisch-dynamisch)		
in drei Jahren in kg/ha:	N	P	K	N	P	K
Fruchtfolge 1	280	130	387	180	102	173
Fruchtfolge 2	160	126	355	164	93	149

Um die verschiedenen Produkte auf einen Nenner bringen zu können, wurden die *Ernteergebnisse* nach einem Schlüssel in verfügbare Energie (Megajoule, MJ) umgerechnet.

Variante	MJ	relativ
A_1, A_2	56 800	103
B_1, B_2	53 900	97
A_1	54 100	98
B_1	53 400	96
A_2	59 500	108
B_2	54 300	98

Die folgende Tabelle zeigt nun allerdings – für das verderbliche Produkt Kartoffeln –, welche Fehlbeurteilung sich einstellen kann, wenn man nur den Ernteertrag ins Auge faßt. Die biologisch-dynamisch gezogenen Kartoffeln sind in Qualität und Haltbarkeit deutlich überlegen. Zum Verständnis der Qualität sei an dieser Stelle nur gesagt, welche Merkmale positiv zu werten sind: relativ niedriger Rohproteingehalt, geringeres Nachdunkeln und Extraktzersetzung, weniger Fehlereinheiten im Kristallisationstest und weniger Kochfehler, höhere Werte für Eiweiß %, höherer EAA-Index, mehr Ascorbinsäure, höhere Geschmackspunkte.

Ertrag und Qualität der Kartoffelernten

Variante	konventionell	biol.-dyn.
Erträge im Oktober dt/ha	382	342
Verluste durch Sortierung u. Lagerung %	30,2	12,5
Gewicht im April dt/ha	266	300
Rohprotein, % der Tr.S.	10,4	7,7
Reinprotein, von Rohprot.	61,0	65,8
EAA-Index (Oser)	58,9	62,8
Vit. C, mg/100 Fr.S.	15,5	18,1
Extraktdunkelung $E \cdot 10^3$ (48 h, 8° C)	462	354
Extraktzersetzung R_{el}/R_0 (elektr. Leitfähigk.)	30,9	22,0
Kristallisationstest, Fehler	5,2	4,2
Geschmack im Dezember (Skala 1–4)	3,0	3,1
April	2,3	2,7
Defekte beim Kochen im Dezember	4,1	1,9
April	9,2	2,1

Durch die Paralleluntersuchungen in Uppsala werden diese Ergebnisse bestätigt, wie die folgende Tabelle zeigt:

Erträge aller Gewächse in kg/ha-Mittelwert über die Versuchsperioden

	A_1	A_2	B_1	B_2	A	B	bzgl. A=100
Kartoffeln	31 500	34 300	26 800	30 400	32 900	28 600	87
Sommerweizen	2 820	2 830	2 790	2 770	2 825	2 780	99
Gerste	3 160	–	2 890	–	3 160	2 890	91
Kleegras 1. Schn.	–	5 920	–	5 500	5 920	5 500	94
Kleegras 2. Schn.	–	3 850	–	4 270	3 850	4 270	111

Qualitäts- und Mengenmerkmale für Kartoffeln

konventionell		biologisch-dynamisch	
Ertrag	+15%	Trockensubstanz	+ 7%
Ertrag Trockensubstanz	+ 6%	Reineiweiß in % von Roheiweiß	+ 4%
Roheiweißgehalt	+19%	EAA-Index	+ 4%
Roheiweißertrag	+17%	Ascorbinsäuregehalt	+ 6%
Reineiweißgehalt	+14%	bessere Kochfähigkeit ungefähr	+60%
Reineiweißertrag	+22%	besserer Geschmack	+ 2%
freie Aminosäuren	+22%	Lagerverluste	−48%

Auch dieser Versuch bestätigt, daß die Vorzüglichkeit einer Erzeugungsmethode von verschiedenen Seiten aus angeschaut werden sollte, wenn man nicht zu irreführenden Urteilen kommen will.

Biologisch-dynamischer Anbau in warmen Klimaten und Entwicklungsländern

Von der gemäßigten Zone breitet biologisch-dynamischer Landbau sich in die entwickelten und Entwicklungsgebiete der *wärmeren Zonen* aus, d. h. die gemäßigt warmen, sommertrockenen Mittelmeerklimate und die wechselfeuchten Tropen. Die landwirtschaftlichen Aufgaben in der Dritten Welt leben heute im Bewußtsein vieler, sie werden in den Medien behandelt. *Es handelt sich in diesen Ländern um zwei Aufgaben: nämlich die Erhaltung der noch vorhandenen Naturbestände und die Entwicklung der Produktion.* Manche bittere Bemerkung fällt über die rasant fortschreitende Ausbeutung unberührter, und für die Bewohnbarkeit der Erde wahrscheinlich wichtigste Bestände, wie z. B. der tropischen Regenwälder. «Viele internationale Gesellschaften, die Holz-, Zucker- und Bananenfirmen, die Gummi- und die ‹Hamburger›-Könige beziehen ihre Dividenden immer noch direkt oder indirekt aus der Zerstörung des Waldes und dessen Ersatz durch ökologisch unstabile Systeme» (New Sci., 19. 4. 1979, S. 170). Das komplexe Problem der Produktion in den warmen Klimaten auch nur anfänglich aufzurollen, überschreitet den hier gebotenen Rahmen. Wohl aber kann davon gesprochen werden, daß die *Prinzipien biologisch-dynamischen Arbeitens in standortsgemäßer Ausarbeitung in diesen Gebieten gebraucht werden.* Das zeigt sich auch an der wachsenden Zahl der Anfragen und Interessenten. Manches Richtige liegt in der Bemerkung eines älteren Farmers, der Jahre in den Tropen zugebracht hat: «In der gemäßigten Zone kann man biologisch-dynamisch arbeiten, in den Tropen muß man.»

Die Wirklichkeit ist davon noch weit entfernt. Dafür gibt es viele Gründe. Mehr als die reichen, sind die Entwicklungsländer von den Nöten des Tages bedrängt: Armut, Unter- oder Mangelernährung. Witterungsbedingte Mißernten steigern die ohnehin angespannte Situation zur Katastrophe. In den Ländern mit Nahrungsdefizit bleibt die Zuwachsquote der Nahrungserzeugung, z. B. 1,3 % jährlich für Getreide trotz Entwicklungsprogrammen hinter der Bevölkerungszunahme zurück. Unter diesen Umständen, vielfach auch aus politischen und anderen Gründen steht die Wahrung der Naturbestände und die langfristige Entwicklung des Potentials als gering im Kurs. Gewerblicher Ausbau soll die Kaufkraft erhöhen. Es werden dadurch Menschen vom Lande in die Städte gezogen, die dann ihr eigenes Bündel an Problemen haben. Die Vielzahl der landwirtschaftlichen und gewerblichen Entwicklungsprogramme ist technisch am westlichen Landwirtschafts- und Industriemodell orientiert. So sind auch die Erwartungen. In der Landwirtschaft sucht man die Produktionssteigerung vornehmlich über neue Sorten, Mineraldüngung und Pestizide zu erreichen. Darin spiegelt sich das Verhältnis zum Boden, das in den reichen Ländern vorherrscht. Anstelle der selbsterneuernden Bodenfruchtbarkeit tritt das «Transformationsvermögen des Bodens» (F. Scheffer), d. h. sein Vermögen, hohe Aufwendungen an Saatgut und Chemikalien in hohe Erträge umzusetzen. Doch selbst in den entwickelten Ländern steigt der Aufwand disproportional zum Ertragszuwachs. In den meisten Entwicklungsländern sind die Voraussetzungen für den Erfolg dieses Vorgehens aus ökologischen, kulturellen und wirtschaftlichen Gründen noch weniger gegeben.

Die *ökologischen Schäden* sind in den wärmeren Klimaten ähnlich wie in den gemäßigten. Sie treten als Folge der höheren Temperaturen nur viel *rascher* in Erscheinung. In den feuchten Tropen wird viel organische Masse erzeugt. Aber wenn die schützende Pflanzendecke des Bodens beschädigt oder zeitweise entfernt wird, erfolgt der Abbau der organischen Substanz ebenso rasch. Nach der Rodung werden für kurze Zeit hohe Ernten erzeugt, dann ist der Humus aufgebraucht, der ohnehin stark ausgelaugte Mineralboden wird unfruchtbar. Die meist hohen Regenintensitäten haben in der Folge auf den meist tiefen Verwitterungsdecken leichtes Spiel. *Die Erosion der Böden ist gegenwärtig in vielen tropischen Gebieten im raschen Fortschreiten.* Auch dort, wo in trockenen oder gar Halbwüstengebieten die ohnehin dünne Pflanzendecke durch Überbeweiden beschädigt wird, findet Bodenzerstörung statt, in Trocken- oder Dürreperioden durch den Wind, bei den gelegentlich auftretenden Starkregen durch die Wassererosion. Die Folgen der Waldzerstörung, auch der Wechselwirtschaft zwischen Wald und Ackerbau sind heute allenthalben sichtbar. Kurzum, der – tatsächlich ja ebenfalls bestehende – Zwang zu höherer Produktion führt bei modernen und traditionellen Verfahren zu *einem raschen Aufbrauch an selbsterneuernder Fruchtbarkeit durch Humusverlust, Entbasung und Tonzerstörung, oftmals auch zu ökologischen Schäden durch Pestizidrückstände.*

Auch der *Ausbildungsstand der Bevölkerung* entspricht selten den Anforderungen, die bei westlichen Produktionsmethoden gestellt werden, ganz zu schweigen von der Diskrepanz zwischen der kulturellen Einstellung der Bevölkerung, ihren Tabus usw. und der westlichen Haltung gegenüber den Naturkräften und den Gaben der Erde. Und schließlich ist noch zu sagen, daß die Maschinen und landwirtschaftlichen Hilfsstoffe Geld kosten. Der nötige Kapitaleinsatz kann aus Eigenem nicht geleistet, Mineralöl- und andere Importe nicht bezahlt werden. Die binnenwirtschaftliche Armut, oft auch die Mißwirtschaft der eigenen Leute, führt zur Verschuldung und Abhängigkeit von Hilfsprogrammen. *Viele Triebkräfte: steigender Bedarf und Ansprüche, Ausbeutung, Armut der kleinbäuerlichen Bevölkerung, liegen mit dem ökologisch vorgegebenen Rahmen vielfältig im Konflikt.*

Diese, nur mit wenigen Strichen skizzierte Situation geht nicht nur die Armen, sondern auch die Reichen an. In der Tat muß man gegenwärtig Entnahme, Aufbrauch und Selbsterneuerung der Fruchtbarkeit im Weltmaßstab betrachten – obzwar die Vorräte an Energie und Rohstoffen unter den Ländern sehr ungleichmäßig verteilt sind. Stellt man aber die Frage, was zu tun sei, dann sind globale Programme wenig hilfreich. Da muß man *lokal,* d. h. am Standort ansetzen, bei der Vielfalt der größeren, meist aber kleineren wirtschaftlichen und kulturellen Räume. Zunächst ist das Eigenpotential an Nahrungsproduktion und Betriebsmitteln der Höfe selbst und der Erzeugungsgebiete zu entwickeln. Die oft benutzte Phrase der Hilfe zur Selbsthilfe enthält viel Berechtigtes. Zu den Aufgaben gehören: Humusaufbau und -erhaltung durch betriebliche Maßnahmen, Mischkulturen und möglichst permanente Bodenbedeckung, gleichmäßige Futterversorgung der Haustiere, Bodenschutz.

Aus eigener Erfahrung und Aufbauarbeit stellt J. OBERMEIER in «Lebendige Erde», 5/1976 das Methodengefüge dar, das in der kleinbäuerlichen Landwirtschaft tropischer Berg- und Hochländer brauchbar ist. Die Mittel dazu sollten im Betrieb oder im nahen Umkreis zugänglich sein. Es werden hier die wesentlichen Punkte herausgegriffen. Die Maßnahmen führen zu reich gegliederten Landschaften und Lebensgemeinschaften, sie sind dem traditionellen Gedankengut der Bauern auch noch vertraut und werden deshalb eher aufgegriffen:

die Aufforstung ertragsarmer und erosionsgefährdeter Kuppen, möglichst mit Mischbeständen, verbessert den Wasserhaushalt der Landschaft;

Teilbeschattung durch Baumwuchs ist für viele Unterkulturen günstig, die Laubstreu enthält Nährstoffe, die die Baumwurzeln aus tieferen Schichten entnehmen;

Mischkulturen tragen zur Dauerbedeckung des Bodens bei, der Anbau der Komponenten kann zeitlich gestaffelt werden, der Schädlingsbefall wird geringer;

Hangparallel bepflanzte Schutzstreifen von horstbildenden Gräsern verringern die Flächenerosion;

Mulchen zum Bodenschutz und Anregung des Bodenlebens einschließlich Stickstoffbindung ist für Neupflanzungen von Baum und Strauch ebenso günstig, wie für kurzlebige Kulturen;
Kontrollierter Unkrautwuchs liefert Material für Mulch: Unkrautwuchs wird periodisch zwischen zwei Kulturen, z. T. während deren Entwicklung erlaubt. Es handelt sich um eine ausgebildete Technik;
die Integrierung der Tierhaltung in den Betrieb erlaubt bei teilweiser Stallhaltung bzw. deren Unterbringung im Nachtstall eine gewisse Produktion an tierischem Dünger.

Die biologisch-dynamische Arbeit im Staate Sao Paulo/Brasilien leistet zu diesem letztgenannten Punkt einen Beitrag. In diesem tropischen Gebiet mit Sommerregen und Wintertrockenheit kommen die Leguminosen der gemäßigten Zone für die Bodenverbesserung und Futterbeschaffung nicht in Betracht. Geeignete Pflanzen für diese Zwecke werden aber dringend gebraucht. Denn die Viehhaltung ist gekennzeichnet durch reichlich Futter in der regenreichen und Mangel, mit proportionalem Leistungsabfall der Tiere, in der trockenen Jahreszeit. Als Weideflächen stehen zudem in erster Linie die nach der Waldrodung zurückgebliebenen, verarmten Flächen zur Verfügung. Deren Flächenanteil ist hoch. Die fruchtbaren roten Lehme bleiben den ertragsreichen Verkaufsfrüchten, Zuckerrohr, Weizen, Sojabohne, Trockenreis usw. vorbehalten. Bei ungenügendem Schutz vor Erosion und häufig großflächigem Anbau verlieren auch diese rasch ihre Ertragsfähigkeit. *In dieser Situation wird die Integrierung der Viehhaltung in den Betrieb, bei möglichst ausgeglichenem Futterplan ein ökologisch und ökonomisch wichtigster Schritt zum Aufbau einer bodenständigen Fruchtbarkeit.*

Der hier fällige Fortschritt ähnelt in mehr als einer Hinsicht dem Schritt, den weite Gebiete in Europa im 18. Jahrhundert vollzogen haben. Damals wurde der Fruchtwechsel und die Besömmerung der Brache verbreitet, die Futter- und Hackfruchtbau mit all ihren Wohlfahrtswirkungen für Boden und Tiere in die Getreidefruchtfolgen einführten. Für die bodenständige Fruchtbarkeit bedeutete dies eine entscheidende Verbesserung.

In dem genannten Gebiet können die Kleearten der gemäßigten Zone in derselben Funktion weitgehend durch die von R. von Schaaffhausen («Lebendige Erde» 4/1976) beschriebenen Leguminosen ersetzt werden. Er erwähnt *Dolichos lablab (Faselbohne)* und *Cajanus cajan (Taubenerbse, Pigeon Pea)*. Die Samen beider werden in vielen tropischen Gebieten auch von Menschen verzehrt. Cajanus wächst in Lagen, wo andere Kulturpflanzen kaum mehr gedeihen. Beide Leguminosen produzieren reichlich organische Masse und binden Luftstickstoff. Sie sind tiefwurzelnd und bereichern den organischen Kreislauf mit Nährstoffen aus dem Unterboden. Insbesondere aber ist wichtig, daß sie *während der Trockenzeit grün bleiben und so helfen, die Futterlücke zu schließen. Sie eignen sich zur Silagegewinnung, wenn sie mit Mais zusammen gebaut werden.* Bei Körnermais kann Dolichos nach der Ernte als Futter- und Gründüngungspflanze im Felde bleiben. *Cajanus wird in Weiden in Streifen* angebaut und von den Tieren gefressen, wenn das Gras während der Trockenperiode nicht weiter wächst. Andere Formen des Anbaus sind möglich. Ein Programm, das diese Leguminosen nutzt, ist auf einer biologisch-dynamischen Farm in dem genannten Gebiete im Gange.

Mehrjährige Erfahrungen über biologisch-dynamische Bewirtschaftung liegen von einer in Südmexiko gelegenen Kaffeepflanzung vor (KOEPF 1963). Diese ist in mehr als einer Hinsicht ein Beispiel für den Erfolg ökologisch orientierter Methoden. Die Umstellungsflächen liegen in 1000 m Höhe auf dem steilen, zerklüfteten Westabhang der Sierra, die sich aus der Küstenebene erhebt. Die tropischen Rotlehme, vorwiegend aus einem vulkanischen Gestein (Andesit) entstanden, empfangen jährlich 4000–5000 mm Niederschlag. Das ist 5–6,5 mal so viel wie es in Deutschland regnet. Kaffee ist von Natur ein über mannshohes Untergehölz, dessen Gedeihen von der Pflege der Mulchschicht auf dem Boden abhängt. Diese wird durch den Laubfall der Schattbäume – es handelt sich um tropische Leguminosen – und breitblättriges Unkraut ständig erneuert. Der Schatten erzeugt das feuchte, etwas kühlere Waldbodenklima, das für die Erhaltung der Mulchschicht notwendig ist. *Regulierung des Schattens ist deshalb wichtig,* das Unkraut wird mehrere Male im Jahre mit der Machete abgehackt und um die Sträucher gelegt. Der Betrieb war für die Umstellung geeignet, da der Besitzer immer schon auf *Erosionsschutz* und Schattenregulierung geachtet hatte. Die Umstellung erfolgte unter Beibehaltung der guten organischen Praktiken durch die Einführung biologisch-dynamischer Kompostierung. Für Kompost steht die Pulpa (Haut und Fruchtfleisch des Kaffees) und ca. 15–20 % Mist und Streu zur Verfügung. Dieser Kompost erlaubte nicht nur die Wiederanpflanzung geschädigter Hänge, auf denen nach Sturmwurf des Schattholzes die Sonneneinstrahlung den Boden rasch ausgehagert hatte. Kompost ermöglichte auch auf den Umstellungsflächen eine 20–48 %ige Anhebung der Erträge. Für den Kompost werden Präparate, bzw. ein aus Präparaten hergestellter Starter verwendet, die Präparate 500 und 501 werden angewandt. Sehr bewährt hat sich weiterhin *Granitgrus,* der dem Kompost beigemischt wird. Kaffee hat einen hohen Kalibedarf, und die hohe Verwitterungsintensität des tropischen Klimas erlaubt es, dieses Urgesteinsmehl als Quelle für Kali zu verwenden. Lösliche Kalidünger wären bei den dortigen Niederschlägen ohnehin wenig geeignet. Pestizide brauchen in dem Betrieb nicht angewandt zu werden. Es ist also in einem Klima, in dem der Plantagenbau normalerweise mit allmählichem Verlust an Bodenfruchtbarkeit rechnen muß, seit über 20 Jahren möglich gewesen, mit betriebseigenen und lokalen Mitteln die Fruchtbarkeit der Flächen (gegenwärtig sind 70 ha für Demetererzeugung anerkannt) zu fördern. Ein ausführlicher Betriebsbericht wurde kürzlich von G. MERKKENS (1978) erstellt.

Nicht nur in der Dritten Welt, auch in den entwickelten Ländern des Mediterranklimas breitet sich der biologisch-dynamische Anbau aus. Hierzu seien wenigstens zwei Beispiele angeführt.

Wegen seiner Bekömmlichkeit und Schmackhaftigkeit ist *Reis* eines der vielgefragten Grundnahrungsmittel. In der Poebene, vor allem dem Einzugsgebiet des Ticino, wo ein Großteil des in Europa erzeugten Reises wächst, gibt es auch biologisch-dynamisch bewirtschaftete Flächen. Reines Wasser für die überstauten Felder ist eine wichtige Voraussetzung. Das früher übliche, im Osten heute noch geübte Auspflanzen der in Saatbeeten vorgezogenen Jungpflanzen kommt nicht mehr in Betracht in Ländern wie Italien, Spanien und Südfrankreich oder im Großanbau der USA. Andererseits muß die Verwendung chemischer Unkrautbekämpfung, auch anderer Hilfsstoffe, die sonst bei fortgesetztem Reisanbau in großen Mengen verwendet werden, ausgeschlossen werden. Das ist ohne Handjäten möglich. Der im Herbst gepflügte Acker wird im Frühjahr zur rascheren Erwärmung vorübergehend überstaut. Nachdem das Wasser wieder abgelassen ist, wird der Reis auf das genügend abgetrocknete Land gesät. Später wird die Überstauung so gelenkt, daß das Wasser zur Unterdrückung der Landunkräuter beiträgt. Ferner wird der Reis in einer *Fruchtfolge* gebaut, in der ein Kleegrasbestand den Unkrautwuchs eindämmt. D. h. man muß nach einem Jahr wieder eine Kultur bringen, die nicht überstaut wird. Die Düngung der Flächen erfolgt vor der Aussaat mit präpariertem, kompostiertem Stallmist. Das Präparat 501 wird mit der Rückenspritze auf die Pflanzen ausgebracht, nachdem das Land wieder überstaut ist. Auch Zwischenfruchtbau – ebenfalls mit dem Blick auf die Unkrautregulierung – mit anderen Leguminosen kommt in Betracht.

Auf Sizilien und anderen Plätzen werden auch *Citrusfrüchte* gebaut. Der biologisch-dynamisch hergestellte Kompost wird im April-Mai ausgebracht, die mit Gründung bebauten Flächen werden gefräst. Anschließend erfolgt die Behandlung mit *Horndung.* Das Kieselpräparat wird nach der Blüte auf die etwa walnußgroßen Früchte gespritzt. Die Bekämpfung des Knospenwicklers und der Blattläuse mit biologischen Mitteln ist möglich. Im Sommer und Herbst wird das Unkraut durch Fräsen niedergehalten. Dies ist auch die Zeit, in der nach Bedarf beregnet wird. Da die aufgewandte Düngermenge an Stallmist in Grenzen gehalten wird, zeichnen sich die Früchte durch süßeren Geschmack und feines Aroma aus.

Diese wenigen Beispiele über biologisch-dynamischen Anbau in wärmeren Klimaten machen zweierlei klar. Solche *Prinzipien des biologisch-dynamischen Vorgehens,* wie z. B. der Betrieb als in sich gegliederte Ganzheit, Bodenschutz und Bodenpflege durch betriebseigene Dünger, Anwendung «dynamischer» Maßnahmen, Verantwortung gegenüber der Leistungsfähigkeit der Betriebsmittel und ihrer Gesundheit, *sind überall in gleicher Weise gültig.* Die praktische Ausführung allerdings muß aus den Gegebenheiten des standörtlich und sozial gegebenen Rahmens vollzogen werden. Das ergibt die lebendige Vielfalt der Betriebsformen anstelle einer öden Technologie. Der zweite Punkt ist, daß die genannten Prinzipien am dringendsten gerade in den warmen Ländern gebraucht werden. Dort verlaufen Wachstum, aber auch die Zerstörung der Naturgrundlage viel rasanter, als in den gemäßigten Zonen. Das bisher Erreichte, so bescheiden es angesichts der enormen Probleme auch sein mag, bestätigt diese Meinung.

Garten- und Obstbau

Diesen gibt es biologisch-dynamisch in vielen Formen: *den Privatgarten* auch mit einigen Obstbäumen und Beerensträuchern; den *Nebenerwerbsbetrieb,* der außer dem Gartenland noch etwas landwirtschaftlichen Grund bewirtschaftet, und den *Erwerbsgarten- und Obstbau.* Die letztgenannten können heute an einer Reihe von Orten auf eine städtische Verbraucherschaft zählen, die ihre Produkte haben will. E. Pfeiffer und E. Riese (1974), kürzlich auch E. Lust (1979) beschreiben, wie der Privatgärtner auf 100–200 m^2, mit 15–20 m^2 Glas die 300–350 kg/Jahr an Frischgemüse und je nach Fläche auch an Beeren erzeugen kann, die eine vierköpfige Familie verbraucht. Daß heutzutage Interesse am eigenerzeugten Gemüse besteht, ist naheliegend. Gemüse und Obst sind die Bestandteile der Kost, bei denen der diätetische und Gesundheitswert, Wohlgeschmack und Haltbarkeit auffallender in Erscheinung treten als bei den anderen Grundnahrungsmitteln. Sie sind für Kinder, Erwachsene, auch Rekonvaleszenten gefragt wegen ernährungsphysiologisch für wichtig erachteter Inhaltsstoffe wie Vitamine, Mineralstoffe und Faser. Andererseits sind es aber gerade Gemüse und Obst, deren Qualität am stärksten dem Einfluß landwirtschaftlicher Chemikalien ausgesetzt ist: Blattgemüse kann mit Mineraldüngung zu rascher Mengenleistung getrieben werden, die Spezialkulturen des großmaßstäblichen Anbaus werden mit zahlreichen Bioziden behandelt. Es entstehen Rückstandsprobleme. – Doch der Privatgärtner schätzt den eigenen Garten nicht nur aus diesen Gründen. Er hat Freude an der Lebensgemeinschaft, die unter der Pflege seiner Hände wächst. Anstelle eines leeren Zeitvertreibes tut er eine sinnvolle Arbeit – um so mehr dort, wo es gelingt, heranwachsende Menschen an die Beobachtung und das Tun heranzuführen. Heime und andere kulturelle Einrichtungen schätzen die Erzeugnisse aus ihrem eigenen Garten und/oder Hof. Unter den größeren biologisch-dynamischen Handelsgärtnereien gibt es auch solche mit landwirtschaftlichen Flächen. Auch Landwirtschaftsbetriebe mit eigener oder nahegelegener Verkaufsstelle erweitern den Gemüseanbau. Seit einer Reihe von Jahren sind eine größere Anzahl biologisch-dynamischer Höfe zu einer *Erzeugergemeinschaft für Demeter-Feldgemüse* mit Vertragsanbau, eigenen Vollerntemaschinen usw. zusammengeschlossen. Auch hierin drückt sich das Interesse der Verarbeiter und Konsumenten aus. Erzeugt werden hauptsächlich Möhren und Rote Bete für Gemüsesäfte, aber auch zum Frischverkauf und zur betriebseigenen Einlagerung. Baum- und Beerenobstbau wird im Privatgarten, auf Höfen und in Erwerbsbetrieben angetroffen. Es gibt also, den Bedürfnissen entsprechend, zahlreiche *Betriebsformen*. Solche biologisch-dynamischen Grundanliegen wie Vielfalt und möglichste Geschlossenheit mit Bezug auf die Düngerbeschaffung sind deshalb differenzierter zu beurteilen als in landwirtschaftlichen Anwesen. Die Vielfalt folgt aus dem Zweck des Privatgartens. Dort fällt auch der Arbeitsaufwand für manche Pflegemaßnahme nicht erheblich ins Gewicht. Eine gewisse Menge an tierischem Dünger oder anderen Abfällen kann eingekauft werden. Der Forderung nach Vielfalt sind im isolierten Obstbaumgrundstück Grenzen gesetzt. Deutlicher stellt sich die Frage des *Düngerzukaufes* im Erwerbsgartenbau. Die jeweils möglichst weitgehende Eigenversorgung mit Wirtschaftsdünger ist das Ziel. Auf der einen Seite ist davon auszugehen, daß der Betrieb in der Wahl der Betriebsmittel frei sein muß. Dann entsteht Fortschritt und das Interesse am eigenen Bemühen. Andererseits aber ist eine Schutz- oder Gütemarke heute unentbehrlich. Will man dann unter Markenschutz verkaufen, dann betritt man das Rechtsfeld, und Regulierungen, die auch die Düngung betreffen, müssen befolgt werden. Ein Gütezeichen ist ein Versprechen, das dem Verbraucher gegeben wird. Mehr wird darüber auf S. 205 ff. gesagt werden.

Anleitungen für den Kleingärtner, Arbeitskalender, auch wie man es im Grünhaus oder Frühbeet macht, stehen reichlich zur Verfügung. So z. B. in dem Buch von E. Pfeiffer und E. Riese (1974). 1980 ist dann *«Das biologische Gartenbuch, Gemüse, Obst, Blumen, Rasen auf biologisch-dynamischer Grundlage»* von K. v. Heynitz und G. Merckens erschienen. So handelt es sich an dieser Stelle lediglich darum, einige Merkmale des biologisch-dynamischen Gartenbaus zu erläutern.

Ein *Betriebsorganismus* in dem Sinne, wie er für die Landwirtschaft beschrieben wurde, ist ein Garten nicht. Er ist aber, als – nicht zu kleiner – Privat-, Heim- oder Bauerngarten eine vielseitige *Lebensgemeinschaft.* Zu dieser gehört der, wenn möglich, von einer lebenden *Hecke* umschlossene, geschützte Raum, der durch die Anlage der Beete, Staudenquartiere, Reihen von Beerensträuchern, weiter gegliedert ist. In feuchtem, häufig schwülem Klima wird man mehr auf Öffnung, in trocken-windigem Klima auf die Schaffung von geschützten Räumen bedacht sein. Bäume, deren Schatten nicht auf die Gemüsebeete fällt, sind erwünscht. Wie reich die Palette von Gemüse, Kräutern, Blumenrabatten, Rasen, Baum- und Strauchobst ist, hängt vom Platz und der verfügbaren Zeit ab. Kompostierbare Abfälle werden auf dem *Kompostplatz* gesammelt. Dieser Teil sollte, durch Holunder oder andere Gewächse der direkten Sonneneinstrahlung entzogen, im Halbschatten liegen. Je nach der Größe des Grundstückes und seiner Bepflanzung wird sich dann auch das nötige Insektenleben und die erwünschten Vertreter der Vogelwelt, vielleicht sogar Kröte und Igel einstellen.

Auch im Garten hängt der Erfolg von der Bodenpflege ab, die durch Düngung, Bearbeitung und Anbau erreicht wird.

Kompostieren gehört wohl, seit es Gärtner gibt, zu deren Arbeit. Abfälle von den Beeten, Hausabfälle, Gras, Laub usw. werden genutzt, um den Zustand des «belebten Erdigen» herbeizuführen, von dem R. Steiner in seinem Kurs spricht, im Gegensatz zu der von Mineraldüngern erzeugten «angeregten Wässrigkeit». Mit Humus der Phasen II und III reichlich durchzogene Erde bringt nicht nur zuverlässig gute Erträge an gesunden Beständen, sondern auch qualitativ hochwertige Produkte. Das meiste, was in diesem Rahmen vom Kompostieren zu sagen ist, wurde schon auf S. 75 f. angeführt. Da im Garten vorwiegend faserreiche, stickstoffärmere Stoffe anfallen, ist es ratsam, *Zuschläge* zu beschaffen. Mist von Tieren eignet sich am besten. Auch getrockneter Rinderdünger wird angeboten. *Horngries* und *-späne* etwa 4–6 kg pro m^3 Kompost bewähren sich, Guano oder Borstendünger sind auch brauchbar. Bei getrocknetem Hühnerdünger ist auf antibiotikafreie Ware zu achten. *Ledermehl* und *Wollstaub,* die an sich brauchbar wären, müssen wegen *Rückständen* meist ausgeschlossen werden.

Von dem *Horn-Knochen-Klauendünger,* der häufig in Mischungen angeboten wird, werden 2 Handvoll/m^2 auch direkt auf den Boden gestreut. Oder man läßt 3 kg in 100 l Wasser vergären und verwendet die Flüssigkeit 1:1 verdünnt beim Gießen der Starkzehrer. Ist der Garten groß genug, dann wird man im Sommer und im Winter eine Miete anlegen, so daß der Vorrat an verfügbarem Material unterschiedlichen Rottungsgrades nicht ausgeht.

Der Herbst ist die Jahreszeit, wenn *große Mengen an kompostierbaren Materialien verfügbar werden wie Laub, Reste vom Abräumen der Beete, Stroh, Preßrückstände vom Obst.* Man kann dann Sonderkomposte, z. B. Lauberde herstellen. Das gut durchgefeuchtete Laub wird in ca. 2 m breite, 1,2 m hohe Mieten geschichtet und mit Präparaten versehen. Man mischt 1–2 % Basaltmehl, ebensoviel Horn-Knochendünger, auch etwas Erde ein. Nach einmaligem Umsetzen sollte der Kompost in einem Jahr vererdet sein.

Häufig findet man auf dem Kompostplatz auch Fässer für *Gärwasser* oder Düngergüsse. Frische *Brennesseln* werden in einer Tonne mit Wasser überschichtet, man kann zu 50 l Wasser auch 1 kg getrocknete, gemahlene Brennesseln nehmen. Nach 8–10 Tagen kann die verdünnte Brühe auf das grüne Blatt gespritzt werden. Sie regt das Wachstum an, vor allem während Trockenzeiten, und kann auch dem Gießwasser zugesetzt werden. Ähnliche Pflanzenjauchen können von grünem Unkraut zubereitet werden. Entweder als Tee oder Gärwasser wird ein Auszug aus dem *Ackerschachtelhalm* gemacht und vorbeugend gegen pilzlichen Befall angewandt. Der Kieselgehalt der Pflanze ist sehr hoch, ca. 5–6 % der Frischmasse. Man kann 300 g der trockenen Substanz kochen und zum Aussprühen auf 15 l verdünnen. Oder man setzt eine entsprechende Menge für 100 l Wasser an und verwendet nach ca. 15 Tagen den Auszug. Dieser wird, vornehmlich nach nassem Winter und feuchtem Frühjahr mehrmals auf den Boden versprüht, auch dem Gießwasser zugesetzt.

Der Garten bietet vielfältige Gelegenheit, *dynamische Maßnahmen* intensiv anzuwenden. Zu diesen gehören nicht nur die Präparate, die im Komposthaufen angewandt werden, sondern auch die Feldpräparate 500 und 501. Das *Horndungpräparat* 500 sollte vor der Bepflanzung auf den Boden gespritzt und unmittelbar danach flach eingearbeitet werden. Im Garten wird vom Frühjahr bis in den Herbst hinein wiederholt etwas gepflanzt oder gesät. Man wird das Präparat zwar nicht für jede kleine Aussaat frisch zubereiten, doch hat man mehrere Male während der Saison Anlaß, es anzuwenden, wobei auch die Kulturen, die den Boden noch nicht bedecken, mit bedacht werden können. Ähnlich verhält es sich mit dem *Kieselpräparat* 501. Dieses wird um die Zeit gegeben, wenn die Pflanze das Organ zu bilden beginnt, das man ernten will. In Jahren mit viel trübem Wetter werden wiederholte Anwendungen angezeigt sein. Für Pflanzen, bei denen baldiges Schießen unerwünscht ist, wie z. B. Salat oder Spinat wird Kiesel am Nachmittag gespritzt, sonst morgens. Ferner bieten sich im Garten viele Möglichkeiten, von den *Saat- und Pflanzzeiten* nach den Vorschlägen von M. THUN (1963) Gebrauch zu machen. So bietet sich, abgesehen vom praktischen Nutzen, ein Feld der Beobachtung und Entwicklung an, für das dem Landwirt oft nur begrenzte Zeit gelassen ist.

Saatbäder sind eine häufig geübte Praxis. Es werden empfohlen für

Spinat, Mangold, Rote Beete, auch andere Kulturen	Hornmistpräparat 500
Erbsen, Bohnen, Rettich, Kohlarten	Kamillepräparat
Salatsorten, Buschbohnen	Eichenrindepräparat
Möhren, Chicoree, Gurken, Paprika, Tomaten, Kürbis, Lauch, Zwiebeln und Sellerie	Baldrianpräparat

Mehr als in der Landwirtschaft haben im Gartenbau eine Anzahl von *Hilfs- und Pflegemitteln* Eingang gefunden. Ihre Stellung im biologisch-dynamischen Anbau ist nicht anders zu beurteilen als die einer anderen Maßnahme: was tut sie im Naturzusammenhange. Sie soll sich bewähren und keine schädlichen Nebenwirkungen haben.

Sandige Böden reagieren günstig auf relativ kleine Mengen an *Tonmehl* (Bentonit) und *Basaltmehl*. Von letzterem werden gerne auch einige Handvoll pro m^2 auf schwereren Böden angewandt. Dem *Komposthaufen* kann man 3 kg/m^3 Bentonit, auch 1–2 % Basaltmehl feinverteilt beigeben. In eine *Gründüngung* streut man eine Menge, die 1–2 dt/ha Basaltmehl entspricht, oft auch in Mischung mit *Algenkalk.* Hinter diesen Maßnahmen steht die richtige Meinung, daß bei der Darmpassage im Regenwurm und anderen Boden- und Komposttieren aus einer Mischung von organischer Substanz mit Basalt oder Ton günstige Humusformen gebildet werden. Algenkalk ist das feingemahlene Kalksediment von Rotalgen von der Küste der Bretagne. Er wird in der Landwirtschaft und von Gärtnern in zunehmenden Maße verwendet, soll die Krümelung verbessern und enthält Spurenstoffe. Für die Korrektur der pH-Zahl braucht man 1–1,2 t/ha; in Sonderkulturen werden, bei jährlicher Anwendung, 2–3 dt/ha verwendet. 30–50 kg/ha werden zum *Verstäuben gegen pilzliche und tierische Schädlinge benutzt.* Bei Insekten muß der feine Staub in die Atmungswege eindringen, um sie abzutöten.

Der krümelige Zustand alter Gartenböden, ihre dunklere Farbe und reicher Besatz mit Regenwürmern zeigen, was durch die Düngung allmählich erreicht werden kann. Die Bodenverbesserung wird unterstützt durch Bearbeitung. Diese erfolgt in der Regel und ausreichend als *Krumenbearbeitung* auf Spatentiefe, gelegentlich auch als *Hügelkultur* oder durch *Rigolen* mit oder ohne Einbringung organischer Substanz in die tiefere Lage. Tiefes Umgraben oder Pflügen, meist nicht tiefer als 20–22 cm, erfolgt möglichst im Herbst, flache Bearbeitung im Frühjahr. Im Gartenbau ist *Mulchen* eines der wichtigen Mittel, um einen günstigen Bodenzustand zu erhalten. Die Verdunstung wird herabgesetzt, die täglichen Temperaturschwankungen im Boden werden gedämpft, seine Oberfläche bleibt feucht und krümelig. Er ist mit Leben, einschließlich vielerlei Bodentieren erfüllt bis in die Unterseite der Mulchschicht. Für diese Bodendecke nimmt man *Stroh, Laub, Ernteabfälle, Gras, Brennessel, anderes Grünmaterial.* Man kann solches auch erzeugen, z. B. indem man *Spinat* oder *Perserklee* zwischen die Reihen sät und diese Pflanzen nach dem Abhacken liegen läßt. Beerenobst reagiert positiv auf eine Mulchschicht, die dick genug ist, um das Unkraut niedrig zu halten oder zu unterdrücken. Braucht der Boden allerdings die Frostgare des Winters, dann wird die rauhe Scholle dem Frost ausgesetzt. Bei Blattgemüse bewährt sich rechtzeitig aufgebrachter Mulch meist gut. Hat man reichlich halbverrotteten Kompost, so kann dieser auch zum Mulchen genommen werden. Er wird später flach eingearbeitet, während wenig verrottetes, faserreiches altes Pflanzenmaterial wie Stroh, Laub usw. weggenommen und kompostiert wird.

Trotz seines nicht gerade niedrigen Preises wird *Torf* in konventionellen Privat- und Handelsgärten zur Bodenlockerung, für säureliebende Ziersträucher, auch als Kultursubstrat, das mit Mineraldünger versehen ist, reichlich verwendet. Wegen seiner Herkunft handelt es sich um ein ziemlich inertes, mit wenig Leben erfülltes Substrat. Es ist in dieser Hinsicht das Gegenteil der belebten Erde, die man im Kompost erzeugt. Diesem ist deshalb für alle die Pflanzen, die dem menschlichen Verzehr dienen, der Vorzug zu geben. Im Kuhstall hinter den Tieren in die Jaucherinne gestreut, auch in solchen Komposten, aus denen andernfalls Ammoniak entweichen würde, ist Torf wegen seiner hohen *Absorption* angebracht. Für die Aufbewahrung der biologisch-dynamischen Präparate verwendet man mit Torf ausgekleidete Behälter.

Die Funktionen von Mulch und *Gründüngung* sind verschieden. Von dieser kann man, um dem Bodenleben neue organische Substanz zuzuführen, Gebrauch machen, wo immer Platz zum Aussäen frei wird. Leguminosen verdienen wegen ihres reichen und meist tiefgehenden Wurzelsystems den Vorzug. Eine leichte Kompostgabe und Spritzen von Hornmist verhilft zu zügigem Wachstum. Roggen mit Wicke im Winter, Landsberger Gemenge, auch Inkarnatklee, im Verhältnis 5:1 mit Raps gemischt, haben eine gute Wirkung, ferner auch Hornklee und Weißklee. Im Obstbau verwendet man Bitterlupine, Bohnen, Erbsen, Wicke, meist im Gemenge mit Gräsern oder Kreuzblütlern als einjährigen Anbau. Der Erfolg einer Gründüngung hängt, wie es wohl bekannt ist, nicht nur vom Bestand ab, sondern auch von der biologisch richtigen Einbringung in den Boden. Größere Grünmassen werden besser vom Beet genommen und kompostiert. Will man die Gründüngung anstatt im Herbst erst im Frühjahr einbringen, so muß man Sorge tragen, daß der Boden Zeit zum Abtrocknen hat; auch braucht die nur flach eingearbeitete Gründüngung einige Wochen Zeit zur Rottung, ehe gepflanzt oder gesät werden kann. Bei Luftmangel langsam sich zersetzende Grünmasse kann das Vorkommen von Drahtwürmern und Erdraupen begünstigen.

Über den *Anbau* selbst ist in diesem Rahmen zu sagen, daß er reichlich Gelegenheit zur Anwendung biologisch-dynamischer Grundsätze bietet. Die räumliche und zeitliche Vielfalt der Pflanzengemeinschaft wird durch die *Fruchtfolge* erreicht, durch *Vor-, Haupt- und Nachkultur, Anbau von Gründüngung* und *Nachbarschaftspflanzung*. Meist wird die übliche Fruchtfolge eingehalten, d. h. Blattgemüse wie Kohlarten, Mangold, Kopfsalat,

Endivien, Spinat, ferner Sellerie, Lauch, Gurken, Kürbis bekommen die reichliche Kompostdüngung, entweder beim Umgraben oder zur Pflanzung. Danach ist es günstig, wenn die *Leguminosen* folgen. Als *abtragende Kultur* mit keinem oder allenfalls wenig reifem Kompost folgen Möhren, Rote Bete, Zwiebeln usw. Ein volles *Jahresprogramm* vom ersten Salat im Frühjahr bis Endivie, Feldsalat, Zuckerhut und schließlich Chicoree wird als Vor-, Zwischen-, Haupt- und Nachkultur erzeugt. So sind es zwar viele Arten, aber doch vorwiegend Blatt, Knospe und Wurzel, die im Garten wachsen. Auch Bohnen und Erbsen werden überwiegend im unreifen Zustand geerntet. Von daher ist der Vorschlag verständlich, durch den mehr Ausgewogenheit in bezug auf die ganze Pflanze erreicht wird. Das ist eine 4feldrige Folge von Wurzelgemüse – Fruchtgemüse – Blütenpflanzen (ersatzweise Kartoffeln) – Blattgemüse.

Bleibt das Erdbeerquartier für 4 Jahre bestehen und wird diese Fläche einbezogen, so hat man insgesamt 5 Quartiere. Vor- und Zwischenkulturen lassen sich leicht einfügen. Das System hat sich seit längerem bewährt (THUN 1963). Daß Blüten und Duft durch Sträucher, Stauden, Annuelle und der Kräutergarten zum Ganzen gehören, bedarf kaum der Erwähnung. An ausdauernden Kräutern kommen in Betracht z. B.: Bohnenkraut, Estragon, Knoblauch, Kümmel, Liebstöckl, Lavendel, Pfefferminze, Pimpinelle, Rosmarin, Schnittlauch, Salbei, Thymian, Weinraute, Ysop, Zitronenmelisse; an einjährigen: Anis, Basilikum, Boretsch, Dill, Fenchel, Kerbel, Koriander, Kamille, Petersilie.

Die Insekten, besonders Schmetterlinge werden Blumen und Kräuter besuchen.

Ein reiches Beobachtungsfeld für den Gartenfreund, doch auch im Erwerbsgartenbau teilweise verwertbar, ist der Mischanbau und die Nachbarschafts- oder Randpflanzung. Darüber wird im folgenden Abschnitt einiges Allgemeine gesagt werden (S. 129 ff.). Die Liste der Pflanzen, die sich tatsächlich oder vermutlich gegenseitig beeinflussen, ist lang. An dieser Stelle wird daher nur ein einzelner Aspekt herausgegriffen, nämlich die *blühenden und duftenden Pflanzen* (nach einer Zusammenstellung von STUART HILL).

Die angeführten Beispiele zeigen, daß es sich um subtilere, selten aber durchschlagende Wirkungen handelt. Sie sollten im praktischen Anbau die nötige Aufmerksamkeit finden, ohne überbewertet zu werden.

Name	günstig für	ungünstig für	weist ab	zieht an
Basilikum	Spargel, Tomate	Raute	Fliegen	Bienen
Boretsch	Kürbis, Erdbeere, Tomate	–	–	Bienen
Calendula	die meisten Gartenpflanzen	–	viele Insekten	–
Kamille	Kohl, Zwiebeln	–	–	–
Kümmel	viele Gartenpflanzen	–	–	–
Katzenkraut	in Einfassungen	–	Erdfloh	Bienen
Schnittlauch	Apfelbäume, Möhren, Rosen	–	Blattläuse, Apfelschorf	–
Koriander	Anis	Fenchel	viele Insekten	Bienen
Cosmea	–	–	viele Insekten	Bienen
Taubnessel	Kartoffel (Randpflanze)	–	Kartoffelkäfer	–
Dill	Kohl	Möhre	–	–
Fenchel	–	viele Gartenpflanzen	–	–
Flachs	Möhre, Kartoffel	–	Kartoffelkäfer	–
Knoblauch	Obstbäume, Himbeere, Rose	Bohne, Erbse	Blattläuse	–
Meerrettich	Kartoffel (Randpflanze)	–	Kartoffelkäfer	–
Ysop	Kohl, Wein	Rettich	Fangpflanze für Kohlweißling	Bienen
Zitronenmelisse	viele Kulturen	–	–	Bienen
Liebstöckel	viele Kulturen	Rhabarber	–	–
Tagetes	Bohne, Kartoffel, Rose, Tomate	einige Unkräuter	Insekten, Nematoden	–
Majoran	viele Kulturen	–	viele Insekten	Bienen
Pfefferminze	Kohl, Tomate	–	Ameisen, Blattläuse, Kohlweißling	Bienen
Nasturtium	Kohlarten, Obstbäume, Rettich, Tomate	–	Blattläuse, Blutlaus	–
Petersilie	Spargel, Sellerie, Lauch, Erbse, Rose, Tomate	–	–	–
Dost	Kohlarten	–	viele Insekten	–
Petunie	Bohnen	–	Bohnenschädlinge	–

Zum *biologisch-dynamischen Obstbau*, nicht nur im Privatgarten, auch in der *Erwerbsobstanlage* hat die Entwicklungsarbeit in den letzten Jahrzehnten vieles beigetragen. Auch hier sind Bodenaufbau und Humuspflege die Grundlagen. In solchen Anlagen, die permanent mit Gras eingesät sind, wird dieses mehrere Male im Jahr als Mulch verwendet. Zur Düngung dient biologisch-dynamischer *Kompost,* der im Herbst ausgebracht werden sollte. Im Frühjahr des folgenden Jahres wird nach Bedarf mit einer leichteren Gabe nachgedüngt. Es werden ferner 4–6 dt/ha an *Horn-Knochen-Dünger* verwendet. Die Bäume müssen zu der Zeit, wenn die Blütenknospen angelegt werden (Frühsommer und Sommer des Vorjahres) gut versorgt sein. *Es sollte die am Standort mögliche Humusvermehrung angestrebt werden.* Das Präparat 500 wird im Frühjahr auf den Boden gegeben, meistens zusammen mit dem Auszug aus Schachtelhalm. Bei Äpfeln erfolgt die Spritzung mit Hornkiesel vor der Blüte, dann wiederholt von der Zeit an, wenn die Früchte etwa 2 cm groß sind. Gegen *mäßigen Nachtfrost* werden 0,1 % Baldrianpräparat in lauwarmem Wasser kräftig verrührt und mit feinster Düse zwischen 16.00–18.00 Uhr vor der in Aussicht gestellten Frostnacht versprüht.

Nach der Umstellung der Düngung und einigen Jahren biologisch-dynamischer Behandlung wird es dann möglich, *Schädlinge und Krankheiten* mit ungiftigen Hilfs- und Pflegemitteln unter Kontrolle zu halten. Pestizide der Giftklasse 1–3 werden von Anfang an ausgeschlossen, es wird nur noch nach Bedarf im Sinne des integrierten Pflanzenschutzes mit Bioziden gearbeitet, bis der Wechsel ganz vollzogen werden kann. Daß dafür solche Maßnahmen wie: *Sortenwahl im Bestand, fachmännische Kronenpflege, Verbesserung des Kleinklimas, Kenntnis der Schädlinge und von Schadensschwellen, Schaffung von Nistgelegenheiten,* wichtige Voraussetzungen sind, bedarf wohl kaum der Erwähnung.

Für die Winterbehandlung des Stammes wird ein Lehm- oder Ton-Kuhmistanstrich verwendet, dem auch *Algenkalk, Kali* und *Wasserglas* zugesetzt wird. Der Anstrich dient der Rindenpflege und dem Frostschutz. Für das Geäst verwendet man z. B. eine Mischung, die neben 5 % Ton (Kaolin) noch 3 % 50prozentiges Kali gegen Mehltauknospen und die Eier tierischer Schädlinge enthält, ferner 1 % Wasserglas, das ebenfalls gegen tierische Schädlinge helfen und als Bindemittel dienen soll. Gegen Schorf sind in der Regel mehrere Behandlungen mit *Netzschwefel* oder Präparaten, die solchen enthalten, notwendig. Algenkalk, ferner *Auszüge aus Brennessel,* auch *Wermut, Rainfarn, Nasturtium* werden gegen verschiedene Schädlinge verwendet. Pyrethrum-Derris-Präparate sind zwar für den Menschen unbedenklich, sind aber *Breitspektrum-Insektizide,* die nur im Notfall Verwendung finden. Genaue Anweisungen werden von den Beratern gegeben bzw. können dem bereits erwähnten Gartenbuch entnommen werden. In der seit 18 Jahren in Balingen, am Nordabhang der Schwäbischen Alb betriebenen Anlage (Lust 1972) wurden 1977 Schadorganismen und deren natürliche Vertilger ausgezählt. Die für den Obstbau bedeutenden Schädlinge waren vorhanden, namentlich und summarisch nennt der Bericht wohl über 20 Arten. Zwei davon (grüne Zikade und der Frühjahrs-Apfelblattsauger) überschritten die angenommene wirtschaftliche Schadensschwelle. Erkennbare Schäden im Bestande traten nicht auf. *Spinnen, Florfliegen* und andere *Netzflügler*, zahlreiche nützliche *Wanzen*, acht verschiedene *Marienkäferarten* wurden festgestellt, die offenbar die Schädlingspopulation in Schach halten. Diese Untersuchung unterstreicht, daß es möglich ist, eine *Lebensgemeinschaft* erwünschter und unerwünschter tierischer Arten zu haben, in der die letzteren, soweit erforderlich, eingedämmt werden (Jasser 1979).

Betrieb und Landschaft

Das Leben eines Hofes ist eng verbunden mit dem der Landschaft, zu der er als ein Teil gehört. Die Umweltkrise hat diese Verbundenheit vor Augen geführt. Die biologisch-dynamische Wirtschaftsweise entspringt Prinzipien, die geeignet sind, manchen unerwünschten Einfluß der modernen Landwirtschaft zu heilen, die andernfalls Landschaftsbestände dieser Erde über Gebühr strapazieren würde.

In der gegenseitigen Beeinflussung von Organismus und Umwelt begegnet man einer Grunderscheinung der belebten Natur – gleichgültig ob man die Beziehungen zwischen Pflanze und Pflanze, Feld und Hof, Hof und Landschaft oder in einem noch größeren System ins Auge faßt. Der Übergang von der Natur zur Kulturlandschaft hebt *ökologische Interaktionen* auf, z. B. indem Partner ausgerottet oder zurückgedrängt werden; er setzt andere in Gang, die aber immer nur teilweise erkannt werden und in ihrer Bedeutung kaum ganz abzuschätzen sind.

Auch ohne das Zutun des Menschen finden säkulare Änderungen der Bestände an Wildtieren und -pflanzen statt, ihre Assoziationen wandeln sich. Sippen und Arten wandern ein, verschwinden, dehnen ihre Areale aus oder werden auf kleinere beschränkt. Dies geschah z. B. als Folge der nacheiszeitlichen Klimaschwankungen. *Seit der Landnahme durch den Menschen wird dieser natürliche Wandel durch menschliche Einflußnahme überla-*

gert. Zunächst mehr durch die bäuerliche Arbeit, in jüngerer und jüngster Zeit mit großer Beschleunigung durch *Urbanisierung, Industrialisierung* und die *Produktionsmethoden,* die die moderne Landwirtschaftswissenschaft entwickelt hat. Eine Abnahme an faunistischen und floristischen Elementen ist die Folge, Biozide tragen dazu bei, wenn auch nicht ausschließlich. Ein im Mai 1979 vorgelegter OECD-Bericht (Organisation für wirtschaftliche Zusammenarbeit und Entwicklung) besagt, daß über die Hälfte der tierischen Arten, die in den letzen 2000 Jahren ausgerottet wurden, dieses Schicksal seit dem Jahre 1900 erfahren haben. Gegenwärtig gelten in den USA 10 % der pflanzlichen und 9 % der tierischen Arten als gefährdet. Die entsprechenden Zahlen für Europa sind 10 bzw. 23 %. Das Sammeln seltener Arten, Saatgutreinigung, Herbizide, Pestizide, neue, d. h. meist enge Fruchtfolgen, Dränage, Grundwasserabsenkung, Trockenlegung, Düngung, Luftverunreinigung, veränderte Landnutzung durch Rodung, Erholungsbetrieb, Intensivierung des Grünlandes, Vermehrung der Nadelholzfläche usw. tragen, abgesehen von Hoch- und Tiefbauten, zum Rückgang mancher Pflanzen, zur Massenvermehrung anderer, bei. In der Tierwelt sind viele Arten einer anderen Umwelt ausgesetzt, etwa die Bestände der Feuchtbiotope oder manche Greifvögel, auch andere, die am Ende einer *Nahrungskette* stehend, durch die Akkumulation von Pestiziden in ihren Geweben, in ihrer Fortpflanzung geschädigt werden. Andererseits sind seit dem Jahre 1500 etwa 200 neue Arten von Pflanzen in die Flora Mitteleuropas eingewandert. Dazu gehören auch Kulturpflanzen, Unkräuter, die mit dem Saatgut ankommen, verwilderte Zierpflanzen usw. Auch eine Reihe von Tieren, einschließlich Schädlingen, sind Neuankömmlinge.

Bedenkt man die vielerlei Umweltbeziehungen, die jede einzelne Art auszeichnen, oder auch die gegenseitigen Beeinflussungen und Abhängigkeiten innerhalb der standörtlich wechselnden Gesellschaften, – dann kann man wohl anfänglich ermessen, *welche Änderungen im Kräftewirken des Naturhaushaltes sich fortlaufend vollziehen mögen.* Mehr ins Auge fallend, betrifft der Wandel die oberirdische Tierwelt, vor allem Vögel, Schmetterlinge, andere Insekten. Doch auch die unterirdische Welt der Würmer, Larven usw. in den Böden der Äcker, Wiesen und Wälder ist nicht verschont. Verluste oder Massenvermehrung einer oder weniger Arten sind zu verzeichnen. *Eine recht erheblich betroffene Gruppe sind die Wasser- und Feuchtlandtierarten, samt dem reichen pilzlichen Bodenleben feuchter Standorte.* Dazu gehören die nassen Wiesen des niedrig gelegenen Landes, Bruchwälder, der Sumpf- und Schilfgürtel offener Wasserflächen, feuchte Senken im Walde.

Die *geschlossenen Wälder* haben zahlreiche *Wohlfahrtswirkungen* für die Wildtiere und -pflanzen, den Landschaftswasserhaushalt, die Reinheit der Luft. Mitteleuropa war, begrenzte Flächen ausgenommen, ursprünglich mit Wald bedeckt. Der gegenwärtige Bestand in Deutschland mit etwa 27 % der Fläche kommt dem idealen Flächenanteil an geschlossenen Wäldern ziemlich nahe. Doch besagt eine solche summarische Feststellung nichts darüber, ob die Verteilung der bewaldeten Grundstücke ebenso ideal ist, d. h. wo eine Berichtigung durch Aufforstung oder Öffnen angezeigt wäre. Solche Entscheidungen, auch die Dringlichkeit der Holzarten- und Altersklassenmischung, müssen mehr lokal beurteilt werden und zum Handeln führen. In den letzten Jahrzehnten sind zahlreiche *Grenzertragsflächen,* Hutungen usw. aus der Bewirtschaftung ausgeschieden. Diese, wie z. B. die früher als Schafweiden benutzten Trockenrasen der Kalksteingebiete, sich selbst zu überlassen, geht nicht an. Eine Reihe der Mittelgebirgslagen müssen aufgeforstet oder durch *extensive Weidewirtschaft* offen gehalten werden. Schließlich sind auch die *Flurpflanzungen* zu erwähnen, Hekken, Uferbepflanzungen, Baum- und Strauchgruppen, Einzelbäume. *Sie dienen als Windschutz, Uferbefestigung, Nischen für Wildtiere und sind ästhetisch bereichernde Elemente in der vom Menschen geformten Kulturlandschaft.*

Viele der bestehenden Interaktionen und -dependenzen treten zunächst nicht auffällig in die Erscheinung. Daß die eine oder andere Spezies nicht mehr vorkommt oder zurückgeht, auch die allmähliche Umschichtung der Lebensgemeinschaften, wird zunächst vielleicht kaum wahrgenommen, geschweige denn als wichtig bewertet. Eine Wildpflanze oder eine Tierart war vielleicht immer schon auf dem Felde, im Garten, im Obstgrundstück anwesend. Nun entwickeln sie sich zum lästigen Unkraut oder tierischen Schädling. Solche werden dann bemerkt. Wohlfahrtswirkungen zu identifizieren ist schwieriger. Denn viele dieser dynamischen Wirkungen sind eher subtil, was noch nicht besagt, daß sie auch bedeutungslos wären.

Nachbarschafts- und Randpflanzen sind eine Art von Fenster, das den Blick auf intimere Nebenwirkungen lenkt. Da diese nicht immer auffällige Erscheinungen hervorbringen, werden sie oft zu wenig beachtet. Doch gibt es Erfahrungen und Beobachtungen. Gärten mit ihren blühenden und duftenden Rändern und Mischkulturen sind das ideale Anwendungsgebiet, doch auch der Feld- und Waldbau kann davon vielfältig Gebrauch machen.

E. PFEIFFER (1969) nennt u. a. Taubnessel und Esparsette, die als Randpflanzen an Beeten oder am Feldrand wachsen können. Er bemerkt ferner, daß eine Anregung, von Rand- und Nachbarschaftspflanzen Gebrauch zu machen, auch von R. Steiner ausgegangen sei. Es wird kaum nötig sein, Schafgarbe speziell als Randpflanze anzubauen, da sie gerne an vielen Stellen wächst. Doch werden hier ein paar Sätze aus den landwirtschaftlichen Vorträgen R. Steiners zitiert, die in verschiedener Hinsicht zu Überlegungen Anlaß geben (S. 126 der Ausgabe 1963): «Sie (die Schafgarbe) ist schon außerordentlich wohltätig, wenn sie in einer Gegend wild wächst an den Rändern der Äcker oder Wege, wo Getreidebau oder auch Kartoffel- oder irgendein anderer Bau betrieben wird. Man sollte die Schafgarbe durchaus nicht ausrotten. Man sollte die Schafgarbe behüten davor, selbstverständlich, sich irgendwo anzusiedeln, wo sie lästig ist – schädlich ist sie eigentlich nirgends, lästig kann sie werden –, aber wie manche sympathische Menschen in der Gesellschaft durch ihre bloße Anwesenheit wirken, nicht durch das, was sie sprechen, so wirkt die Schafgarbe in einer Gegend, wo sie viel wächst, schon durch ihre Anwesenheit außerordentlich günstig.» Oder vom Löwenzahn wird gesagt, daß durch seine Verwendung als Präparat die «Pflanzen wirklich gerade empfindsam werden gegen alles, was in ihrer Umgebung wirkt, und dann selber das anziehen, was sie dann brauchen.»

Dies sind Beispiele. Sie weisen auf einen Naturzusammenhang hin, von dem die sogenannten *Rand-* oder *Nachbarschaftspflanzen* ein Teilaspekt sind. Im engeren Sinne versteht man unter diesen solche Pflanzen, die durch die Ausscheidung von Substanzen – meist nur in ganz geringen Mengen – hemmend oder fördernd auf benachbarte Pflanzen wirken. Die ökologische Bedeutung dieser Vorgänge ist erst anfänglich bekannt. Verständlicherweise, denn die Förderung des Wachstums oder das Abhalten eines Schädlings durch eine benachbarte Pflanze funktioniert nicht immer deutlich. Es sind auch noch andere Umweltfaktoren beteiligt. Landwirtschaftswissenschaft und Praxis waren bisher vornehmlich bemüht, den Einfluß der prominenten und auch der manipulierbaren Umweltfaktoren zu messen. Diese sind Licht, Wärme, Wasser, Nährstoffe. Ausgenommen die jetzt sehr detaillierte Kenntnis der Spurenelemente, traten demgegenüber die subtileren Umweltbeziehungen der Pflanzen mehr in den Hintergrund. Konkurrenz, an die meist zuerst gedacht wird, ist ein berechtigter, aber doch begrenzter Gesichtspunkt. Die Beeinflussung einer Pflanze durch die andere kann jede Entwicklungsphase betreffen, Keimen, Schossen, Blühen und Fruchten. Auch Mikroorganismen treten als Partner auf und, wenn man die Thematik erweitert, selbstverständlich auch die Tierwelt. In Mischkulturen macht man, unbewußt, Gebrauch von solchen Interaktionen. Es gab – im Osten und Südosten – Bauerngärten, die eine mehr oder weniger bodendeckende Mischkultur darstellten. Man kann auch an manche, der meist traditionellen, «mehrstöckigen» Anbauformen in den Tropen denken. Und es scheint, daß in mittelalterlichen Gärten mehr Mischkulturen zu finden waren als später, wo das Wissen um solche Zusammenhänge immer mehr verschwand.

Nach dem Studium des «Apfelgases», Äthylen, in den dreißiger Jahren hat MOLISCH den Begriff *Allelopathie* geprägt für den Einfluß einer Pflanze auf die andere. Das in Pflanzen, auch im Boden vorkommende und ausgeschiedene Gas wird manchmal auch als Reifehormon bezeichnet. Äthylen beschleunigt oder induziert Reifung, ist in größerer Konzentration wachstumshemmend, kann in niedriger Konzentration das Wurzelwachstum von Leguminosen fördern (vgl. S. 158 f.). Heute kennt man sehr viele Gase, Düfte, andere Substanzen, die von Pflanzen ausgeschieden, vom Regen von den Blättern abgespült werden, nach dem Absterben der Pflanze eine Zeitlang wirksam bleiben, bei Abbau der organischen Substanz im Boden entstehen und dann physiologische Wirkungen entfalten:

Antibiotika wirken zwischen Mikroorganismen,
Koline zwischen höheren Pflanzen,
Marasmine von Mikroorganismen auf höhere Pflanzen.
Wirken diese auf Mikroorganismen ein, so spricht man auch von Phytonziden. Dazu kommen dann die zahlreichen Lock- oder Abwehrstoffe für bzw. gegen Insekten und andere Tiere.

Allelopathie wird auf eine recht heterogene Gruppe von Substanzen zurückgeführt. Dazu gehören solche, die für die sie erzeugende Pflanze lebenswichtig sind, aber auch sogenannte «sekundäre Pflanzenstoffe», deren Rolle unterschiedlich interpretiert wird. Es handelt sich um Phenolabkömmlinge, Alkaloide, Terpenoide, Pflanzenhormone wie die Indolderivate, Gibberelline, Abszisine, auch wichtige Inhaltsstoffe wie Purine und Porphirine, ferner ätherische Öle, Senfölglycoside, Gerbstoffe usw. Es mag auffallen, daß diese Aufzählung Substanzen mit medizinischer Wirkung einschließt. Eine rationelle Ordnung dieser, z. T. allgemein im Pflanzenreich verbreiteten, z. T. auf einzelne Arten beschränkten Stoffe muß aus einer Wesenskunde der Pflanzen erwartet werden, die aus Ökologie, Entwicklung, Morphologie, Biochemie usw. zu einem Lebensbild führt. Eine solche Darstellung fehlt gegenwärtig, für den medizinischen Bereich kann auf das Werk von W. PELIKAN (1958) verwiesen werden.

Die bekannt gewordenen oder vermuteten Nachbarschaftswirkungen, einschließlich allelopathischer Beziehungen, gehen in die hunderte. Hier seien ein paar charakteristische Gruppen angeführt. Dabei fällt auf, daß über Hemmwirkung mehr als über die schwieriger abzuschätzenden Förderwirkungen bekannt sein dürfte.

Die holzstoffführenden älteren Pflanzenteile wie Stroh und andere Ernterückstände enthalten Hemmstoffe der Keimung und des Wachstums, die vor der Neubestellung der Felder abgebaut oder ausgewaschen sein sollten, was meist, wenn auch nicht immer der Fall ist (vgl. S. 42 über Humus, Phase I).

Ätherische Öle, z. B. von Eukalyptus, Minze, Wermuth, Thymian, Bohnenkraut u. a. haben Hemmwirkungen. Auch Roggen hemmt Unkräuter, vermutlich eher wegen der Gestalt seines Wurzelsystems als infolge von Hemmstoffen.

Die Bodenmüdigkeit in Obstbaumschulen, auch die Hemmung von Pfirsichwurzeln, wird durch Abbauprodukte aus den jeweiligen Baumwurzeln erklärt. Inhaltsstoffe wie Senföle, Phenolderivate, Anemonin, Cumarin usw. hemmen Mikroorganismen. Umgekehrt können von diesen erzeugte Antibiotika in höhere Pflanzen einwandern.

Förderwirkungen, wie z. B. der gemeinsame Anbau von Mais und Bohnen, sind schwieriger klar auszumachen.

Es gibt auch Beispiele für Qualitätsbeeinflussungen. Brennessel erhöht die Gehalte an ätherischen Ölen bei Pfefferminze, Archangelica, Majoran, Salbei, Baldrian. Massenbildende Blattgemüse sollten die schon erwähnten aromatischen Kräuter als Nachbarn haben, wie Dill, Kamille, Salbei, Pfefferminze.

Und schließlich gibt es auch Beispiele für die Schädlingsabwehr. In einer Mischkultur von Kohl und Tomate soll der Kohlweißling fernbleiben, während Möhren neben Zwiebeln oder Lauch empfohlen werden. Dadurch sollen Möhrenfliege, bzw. Zwiebelfliege und Lauchmotte irritiert werden.

In der Natur gibt es wenige Bestände, in denen eine Art fast ganz dominieren kann, wie etwa bei Brennessel oder Maiglöckchen. Eigenhemmung innerhalb einer Art kommt vor. Es ist daher naheliegend, daß die Artenzusammensetzung von Pflanzengesellschaften durch allelopathische Einflüsse mitbestimmt wird. Das begrenzte Wissen, das man von den ökologischen Zusammenhängen in den wenigen Naturflächen hat, die es auf der Erde noch gibt, läßt ahnen, wieviel von dem vielfältig gesponnenen Gewebe gegenseitiger Abhängigkeit wegfällt oder verändert wird, wenn der Mensch eingreift.

Diese etwas ausführlicher besprochene Allelopathie ist ein Teil dieser

Zusammenhänge; er hat seinen Platz in der Praxis des Gärtners und Landwirtes. Die vorhandene Kenntnis unterstreicht, wie notwendig es ist, in Gärten und Feldern nach Vielfalt zu streben durch *Mischen, Fruchtfolge, Landnutzung, Flurgehölze* usw. Die Unkräuter auf den Äckern landauf und landab sind im Zeitalter der Herbizide nicht weniger geworden, es gibt nur weniger Arten. Taubnessel, Esparsette, Kamille, Rittersporn, auch die fast verschwundene Kornblume sind in geringer Zahl *Begleitpflanzen*. Daß man trotz Herbizidanwendung Getreide anbauen kann, sagt angesichts der relativ kurzen Beobachtungszeit wenig darüber, ob und inwiefern ein mäßiger Unkrautbestand entbehrlich oder aber erwünscht ist. Der Verlust an Säugern, Vögeln, Insekten durch Biozide, die Schwierigkeiten der Bienenhaltung, sind in größerem Ausmaße *erst wenige Jahrzehnte alt.* In seinen Ausführungen über die Wirkungen kleinster Substanzmengen bemerkt R. STEINER in den landwirtschaftlichen Vorträgen: «Und wenn man durchschaut das Fördernde einer aromatisch duftenden Wiese, die von aromatisch riechenden Pflanzen durchsetzt ist, so wird man aufmerksam auf das gegenseitig im Leben sich Unterstützende.»

Der Beitrag der konventionellen Landwirtschaft zu den gegenwärtigen Umweltkalamitäten – sie ist nicht deren alleiniger Verursacher – braucht in diesem Rahmen nicht weiter besprochen zu werden. Dafür gibt es eine umfangreiche Literatur, das Thema wird in den Medien behandelt. Betroffen ist die *Qualität der Wasserkörper und der Atmosphäre,* deren Vermögen zur Selbstreinigung und -sanierung überbeansprucht ist. Eigentlich alle Glieder der Biosphäre enthalten Rückstände, die lokal zu auffallenden Katastrophen führen. Die landwirtschaftlichen Betriebsmittel selbst erleiden Einbußen. Die oben besprochene Langzeitwirkung, die die Trennung des Haustieres von seiner Scholle hat, ist ein Vorgang, der kaum gesehen oder ernst genommen wird. Die Gülleanwendung aus bodenferner Massentierhaltung ist eine der Hauptursachen für die *Nitratbelastung* der Wasserkörper. *Bodenerosion* ist das größte Problem in Entwicklungsländern. *Insgesamt geht bis heute und fortdauernd auf der Erde mehr Boden verloren als durch Melioration neu und dauerhaft gewonnen wird.* Denn die sogenannten entwickelten Länder machen da keine Ausnahme. Im nordamerikanischen Maisgürtel, der Kornkammer der Welt, beläuft sich die Erosion noch oder wiederum auf das 2–3,5fache des tolerierbaren Betrages.

Desertifikation ist nicht nur ein Problem der Randgebiete der Sahara, sondern auch in Arizona und New Mexico. In *Mitteleuropa* verläuft die Erosion langsamer. Sie wird aber dort begünstigt, wo bei hügeliger oder leicht gewellter Topographie der Ackerbau spezialisiert wird, wo das Gewicht und die PS-Zahl der Traktoren zunimmt.

Die Landwirtschaft kann ihren Beitrag zur Lösung vieler Umweltfragen liefern, nicht bloß durch das Weglassen der einen oder anderen Chemikalie. *Es handelt sich im umfassenden Sinne um Strukturfragen.* Technologisches Denken benutzt die aus Fremdenergie stammenden Betriebs- und Hilfsmittel, um die einzelnen Betriebszweige als isolierte Prozesse zu hoher Leistung zu führen. Die Betriebe werden spezialisiert. Dieser Vorgang hat seine Wirkungen auf die Landschaften. Er setzt sich in diese hinein fort. Nicht nur, daß die in Jahrhunderten gewachsenen, so charaktervollen *bäuerlichen Kulturlandschaften* an die Siedlungsgürtel der Dörfer und Städte Land abgeben müssen; so wie die alte Lebensgemeinschaft des Hofes sich in einzelne Produktionszweige auflöst, *so zerfallen heute auch die Landschaften* mehr und mehr in Siedlungs-, intensive Produktions-, marginale und Erholungsräume. Konzentration, Einförmigkeit, Abfallprobleme, Einbußen an Erzeugungspotential sind die Folge. Ein Prinzip wird verletzt, von dem man Lebenserscheinungen nicht ablösen kann, das ist *die geordnete Vielfalt eines Lebensgefüges.* Einteilung der Feldflur, abwechselnde Bepflanzung, Böschungen usw. begrenzen den Bedarf an speziellen Maßnahmen zur Erosionsbekämpfung auf besonders gefährdete Flächen. Der gemischte Betrieb mit einer Viehhaltung, die der Naturgrundlage entspricht, und mit geordneter Düngerwirtschaft hat keine und schafft keine Abfallprobleme mit all ihren wasserwirtschaftlichen und hygienischen Konsequenzen.

Gesunde, ästhetisch befriedigende Landschaften und lebensgemäß auf das eigene Potential aufgebaute Landwirtschaften bedingen sich gegenseitig. Es ist heute nötig, daß ganze Landschaften nach dem Leitbild des Betriebsorganismus eingerichtet werden. Das ist auch dort möglich, wo die Betriebe selbst von der Technik und den intensiven Produktionsverfahren angemessen Gebrauch machen. Dieser Schritt ist aber notwendig, wenn man die von Standort zu Standort wechselnde Vielfalt und Lebendigkeit als ein wertvolles Ziel akzeptiert – anstelle von Produktionsräumen und Erholungsgebieten, in denen doch schließlich nur mehr oder weniger hohler Zeitvertreib als käufliche Ware angeboten wird. Es stehen heute Fragen der Gesamtstruktur der Landwirtschaft dort an, wo die Landschaftsentwicklung in heilsame Bahnen gelenkt werden soll. Das *Leitbild des standortgemäßen Betriebsorganismus* ist die Grundlage.

Die Präparate

Vorbemerkung

Die Präparate sind Zubereitungen aus Substanzen pflanzlicher, tierischer und in einem Falle auch mineralischer Herkunft. In geringen Mengen werden sie auf Böden, Pflanzen und Wirtschaftsdünger angewandt. *Sie sind ein Kernstück biologisch-dynamischen Arbeitens.* Doch sollten die bisherigen Ausführungen hinlänglich deutlich gemacht haben, daß die Präparateanwendung keineswegs das ausschließliche Unterscheidungsmerkmal ist, durch das biologisch-dynamisches Vorgehen sich von anderen landwirtschaftlichen und gärtnerischen Systemen abhebt. Um nur ein Beispiel zu nennen: es kommt auch darauf an, wie konsequent und einfallsreich der Betrieb individuell aus der vorhandenen Naturgrundlage entwickelt wird.

In der gärtnerischen und landwirtschaftlichen Praxis haben die Präparate ihren festen Platz. *Sie sind eine Neueinführung, die in älteren Formen des Landbaus kein Vorbild haben dürfte.* In seinen landwirtschaftlichen Vorträgen hat RUDOLF STEINER die Herstellung dieser Präparate und ihre Anwendung im einzelnen beschrieben. Den Ausdruck «dynamisch» benutzt er dabei nicht, obwohl diese – später eingeführte – Bezeichnung sicherlich im Hinblick auf die Präparateanwendung gewählt wurde. R. STEINER hat die genannten Vorträge in erster Linie für die damals anwesenden Landwirte und Gärtner gehalten, nicht für ein breiteres Publikum. So spricht er mit dem der Situation angemessenen Realismus über Substanzen, deren Kräfte und ihre Verarbeitung zu Präparaten. *In der Tat erfolgte die Ausarbeitung seiner Vorschläge in der Hauptsache durch praktische Landwirte und Gärtner.* Heute liegt über Herstellung und Anwendung ein vielfältiges Erfahrungs- und Beobachtungsgut vor. Dieses erweist sich als wertvoll, z. B. bei der Wahl des Zeitpunktes einer Anwendung im Hinblick auf den Standort oder das Entwicklungsstadium der Kulturen.

Begleitet wurde diese Entwicklung durch Versuche von E. und L. KOLISKO (1959), E. PFEIFFER (1969) und anderen. Mit diesen sollte nicht nur ein Wirkungsnachweis geführt werden. Versuche sollen auch einen Einblick in die *Wirkungsweise* erbringen. Aus jüngster Zeit liegt dazu eine Anzahl weiterer experimenteller Arbeiten vor, über die noch zu berichten sein wird. Deren Resultate wurden unter den Kautelen heutiger Versuchsanstellung und -auswertung erzielt. Man kann sagen: *der Wirkungsnachweis für Präparate ist erbracht.* Die damit entstandene Situation läßt sich so kennzeichnen: Es wurden durch die Anwendung der Präparate eine Anzahl charakteristischer Effekte erzielt und auch gemessen. Diese betreffen den Rottungsverlauf bei Komposten und dessen endliche Beschaffenheit, Erträge, eine Anzahl qualitativer Veränderungen des Erntegutes, insbesondere auch dessen Haltbarkeit. Zweifellos werden andere Auswirkungen noch dazu kommen. Dieser Hergang ist bei anderen Neueinführungen auch nicht anders, handle es sich nun um Dünger oder Bearbeitung. Für praktische Belange könnte man sogar vorläufig damit zufrieden sein, daß eine Anzahl von positiv zu bewertenden Wirkungen festgestellt werden kann. *Für das Verständnis der Präparatewirksamkeit sind diese einzelnen Effekte aber doch nur Bausteine.* Sie fügen sich im Laufe der Zeit in *das Bild* des *spezifischen Prozesses* ein, den das einzelne Präparat tatsächlich darstellt. Zu diesem Bilde wird, seit es Präparate gibt, beigetragen. Doch ist noch vieles zu tun. Erst aus dem rationellen Verständnis des Prozesses lassen sich dann weitere, nicht nur vom Erfahrungswissen geleitete Schritte tun. Aus dem Verstehen erst werden sich auch solche häufig gestellten Fragen beantworten lassen, wie z. B. warum gerade diese Pflanzen verwendet werden oder ob man in anderen Erdgegenden heimische Substitute finden könne usw.

Eine Neuerung haben die Präparate gebracht, die 1924 noch nicht so selbstverständlich war. Inzwischen sind Landwirtschaft und Gartenbau und die einschlägige Wissenschaft damit recht bekannt geworden: das sind *die Wirkungen kleinster Substanzmengen in Lebensvorgängen.* Sieht man vom Eisen ab, dann liegt die Entdeckung der *Spurenelemente* etwa zwischen 1922 und 1940, wobei man bedenken kann, daß zwischen Entdeckung und Anwendung in der Regel noch eine Spanne Zeit verstreicht. Eine Ernte, die mehrere Tonnen je Hektar wiegt, entnimmt dem Boden hierfür 30–70 g Kupfer oder 10–40 g Molybdän. Über die Allelopathie wurde in den dreißiger Jahren veröffentlicht. Sie beruht auf verschwindend geringen Substanzmengen. Mit anderen, natürlichen – auch künstlichen – organischen Verbindungen ist es ähnlich. Auxin, der bekannteste unter den Wuchsstoffen, wirkt in Verdünnungen von 10^{-6} – 10^{-10}, mit dem Herbizid 2,4 D werden 700–800 g Wirkstoff auf 10 000 m^2 ausgebracht. Funktionsabläufe und Gestaltbildung in der Pflanze sprechen auf die als Beispiel genannten Substanzen an. – Für das Verständnis der Präparatewirksamkeit selbst ist mit solchen Mengenangaben wenig oder nichts gewonnen.

Auch die Präparate werden in ähnlichen Größenordnungen angewandt. D. h. einige bis ein paar hundert Gramm je ha, bzw. einige g pro Tonne Kompost. Es wird hier nur darauf aufmerksam gemacht, daß das Sprechen von der «Wirksamkeit kleinster Entitäten» in den zwanziger Jahren sich mittlerweile für eine Reihe recht verschiedenartiger Substanzen bestätigt hat.

Die Präparate umfassen zwei Gruppen: zwei *Feldpräparate,* die auf den Boden bzw. die Pflanzen als Spritzungen ausgebracht werden, und sechs *Kompostpräparate,* die dem Wirtschaftsdünger zugesetzt werden. Sie werden z. T. noch mit den – seinerzeit willkürlich gewählten – Nummern 500–507 bezeichnet. Der wäßrige Auszug aus Schachtelhalm führt manchmal auch die Bezeichnung «Präparat 508». Heute verwendet man meist inhaltsvollere Namen:

Feldpräparate:	Horndung	(500)
	Hornkiesel	(501)
Kompostpräparate:	Schafgarbenpräparat	(502)
	Kamillenpräparat	(503)
	Brennesselpräparat	(504)
	Eichenrindenpräparat	(505)
	Löwenzahnpräparat	(506)
	Baldrianpräparat	(507)

*Die Feldpräparate**

Für den *Horndung* (500) wird Kuhdünger mittlerer Konsistenz in ein Kuhhorn eingefüllt. Der Dünger soll von Tieren kommen, die auf die Weide gehen oder die eine Ration mit viel oder überwiegend gutem Heu erhalten. Dieses Horn wird dann den Winter über 40–60 cm tief in die Erde eingegraben, jedenfalls nicht zu tief, d. h. nicht in den mineralischen Unterboden. Von dem fertigen Präparat werden pro Hektar 4 Portionen: 4mal 60–80 g Frischsubstanz in 40–60 l lauwarmem Wasser eine Stunde lang gerührt. Das geschieht so, daß zunächst in einer Richtung ein wohlgeformter Trichter entsteht. Nach ca. 1–2 Minuten wechselt man die Drehrichtung abrupt, bis wieder ein Trichter in der Flüssigkeit aufgebaut ist,

* Einzelheiten über die Herstellung dieser, auch der anderen Präparate findet man in Ergänzung zum Landwirtschaftlichen Kurs bei VÖGELE (1950) und im Arbeitsheft Nr. 1, 1981 des Forschungsrings für biologisch-dynamische Wirtschaftsweise.

und so fort. Das Präparat wird tunlichst in den Nachmittagsstunden bei etwas bedecktem Himmel auf den feuchten, frisch bearbeiteten Boden gespritzt. Die Anwendung erfolgt hauptsächlich um die Zeit des Säens und Pflanzens, doch auch auf abgeweidete oder gemähte Grasflächen.

Hornkiesel (501) ist feinst gemahlener Quarz, man kann nötigenfalls auch Orthoklas (Kalifeldspat) nehmen. Auch diese Substanzen werden in ein Kuhhorn eingebracht, das sich nun aber während des Sommers im Boden befindet. Für einen Hektar verwendet man 4 Portionen: 4 mal 1 g ebenfalls eine Stunde lang gerührt. Die Flüssigkeit wird dann in feinster Verteilung auf die grüne Pflanze gespritzt. Das geschieht in einem Entwicklungsstadium, in dem das Organ sich zu bilden beginnt, das man später ernten will, bei Getreide um die Zeit des Schossens. Weitere Varianten zur Anwendung werden später erwähnt. Man wählt für das Ausbringen einen sonnigen Vormittag, nach M. THUN möglichst bald nach Sonnenaufgang. Während das Rühren von Hand bevorzugt wird, sind manche Betriebe zu den mechanischen Rührgeräten übergegangen, die heute angeboten werden.

Diese beiden Präparate gehören zusammen, d. h. sie sollen zu jeder Kultur angewandt werden, obwohl die Bespritzungen zeitlich um einige Wochen auseinanderliegen. Die «belebende Düngungskraft» des Horndungpräparates wird durch die Kieselanwendung auf die wachsende Pflanze unterstützt.

Die Kompostpräparate

Wie die bereits genannten werden auch diese hergestellt, indem die Substanzen während bestimmter Zeiten des Jahres den Umwelteinflüssen ausgesetzt werden.

Das *Schafgarbenpräparat* (502) besteht aus den Blüten der Schafgarbe (*Achillea millefolium*), die, fest in die Blase des Edelwildes gepreßt im Sommer der Sonne ausgesetzt werden, um dann während des Winters in die Erde eingegraben zu werden.

Für das *Kamillenpräparat* (503) werden die Blüten der echten Kamille (*Matricaria chamomilla*) im Dünndarm des Rindes ebenfalls während des Winters in der Erde fermentiert.

Der Sproß der *Brennessel* (504) (*Urtica dioica*) wird im Stadium der Blüte und beginnenden Samenbildung geschnitten und dann ein ganzes Jahr, von Sommer zu Sommer, in der Erde vergraben, ehe er als Präparat wieder herausgenommen wird.

Zum *Eichenrindenpräparat* (505) nimmt man die fein zerkleinerte Rinde der Stieleiche (*Quercus robur*), die während des Winters in der Gehirnhöhlung eines Haustierschädels an einer feuchten Stelle in die Erde eingegraben ist.
Die Blüten des *Löwenzahn* (506), *Taraxacum officinale,* werden in das Gekröse des Rindes eingenäht und ebenfalls während des Winters in der Erde aufbewahrt.
Für das *Baldrianpräparat* (507) preßt man den Saft aus den Blüten dieser Pflanze (*Valeriana officinalis*) und läßt unter Luftabschluß in einer braunen Flasche bei Zimmertemperatur fermentieren.

Es werden hier nur die wichtigsten Einzelheiten angeführt. Mehr ist den landwirtschaftlichen Vorträgen und anderen Schriften zu entnehmen; die Einbringung in den Komposthaufen wurde auf S. 73 f. bereits erwähnt.

Die Herstellung der Substanzen erstreckt sich über ein Jahr – oder länger, wenn man z. B. die Blütendroge aus dem Vorjahr zu verwenden gezwungen ist.

In der biologisch-dynamischen Praxis hat sich herausgestellt, daß häufig einige Betriebe sich zusammentun und sich in die Arbeit teilen, bzw. die Berater übernehmen die Aufgabe in Zusammenarbeit mit einigen Betrieben ihres Arbeitsbereiches. Sie geben dann auch Präparate an andere Interessenten ab, an Höfe, Handels- und viele Privatgärten. Daß es wünschenswert ist, die Präparate auf dem Hof herzustellen, wo immer sich das darstellen läßt, kann eingesehen werden. Ein Handelsartikel im üblichen Sinne sind diese Zubereitungen nie geworden. Es besteht auch nicht die Absicht, sie dazu zu machen – wenngleich erwartet werden muß, daß die entstehenden Kosten gedeckt werden.

Noch einmal hervorgehoben sei, daß für diese Präparate und ihre Anwendung nach dem Gesagten nicht nur die verwendeten Ingredienzien erheblich sind, sondern auch, daß *die Verarbeitung in das Jahr und die Bedingungen über und unter der Bodenoberfläche eingeordnet ist.* Ferner erfolgt bei den Feldpräparaten die Ausbringung unter Beachtung von Bodenzustand, Tageszeit und auch Entwicklungsstadium der Pflanzen.

Daß diese Zubereitungen dem Zeitgenossen auf Anhieb sehr befremdlich vorkommen müssen – um es gelinde zu sagen –, kann man einsehen. Es wird sich deshalb im folgenden darum handeln, vom gegenwärtigen Kenntnisstand ausgehend, die drei bereits angedeuteten Aspekte im Auge zu behalten:

1. Zahlreiche Beobachtungen und ein Erfahrungsgut liegen aus der betrieblichen Praxis vor, auch einfache Beobachtungsversuche wurden in diesem Rahmen häufig angestellt;

2. Wirkungsnachweise sind durch Versuche erbracht;
3. für das Verständnis der Wirksamkeit und die zugrundeliegenden Wirkungsprinzipien bedarf es allerdings mehr, nämlich einer Betrachtungsart der Lebensprozesse, die vom kausalen Erklären zum verstehenden Anschauen und geistigen Mitvollziehen von Naturzusammenhängen fortschreitet. Diese kann zunächst zum Verständnis, wenn auch vorläufig nicht zum selbständigen Auffinden solcher Präparate führen.

Das Horndungpräparat

Dieses wird im 4. der landwirtschaftlichen Vorträge R. STEINERS im Anschluß an Ausführungen über die Wirtschaftsdünger eingeführt. Daß Düngen mehr meint als bloß die Zufuhr von Nährstoffen, wird heute gewußt. Kein Düngemittel, sei es mineralisch oder organisch, verbleibt im Boden unverändert. Sein Inhalt an Nährelementen wird durch die Tonsubstanz, den Humus, die bodenbewohnenden Organismen an die Pflanzen vermittelt. Sorption, Festlegung und Mobilisierung, Auswaschung und Verflüchtigung sind einige der Wege, die die sogenannten Nährstoffe einschlagen können. Kurzum, *für das Gedeihen der Pflanzen kommt es sehr auf die Bodenprozesse an, nicht nur auf die Anwesenheit von Nährstoffen im Wurzelbereich.*

In dem Vortrag über das Düngen wird eine *Stufenfolge der Substanzprozesse* und ihre Beziehung zum Pflanzenwachstum beschrieben. Führt man sich diese Stufen vor Augen, dann kann von daher auch Licht fallen auf die Natur des Hornmistpräparates als dem Endglied einer *Progression,* das zu den Wirtschaftsdüngern hinzutritt. An dem unteren Ende dieser Progression steht der wasserlösliche Mineraldünger. Auch dieser unterliegt im Boden Veränderungen. Trotzdem ist seine Wirkung auf das Wachstum der Pflanzen durch das folgende Zitat ganz adäquat gekennzeichnet: «Sie können eine Wirkung mit mineralischen Düngemitteln im Wäßrigen der Erde erzeugen, aber Sie dringen nicht vor zur Belebung des Erdigen selber. Daher werden Ihnen Pflanzen, welche unter dem Einfluß irgendwelcher mineralischer Dünger stehen, cin solches Wachstum zeigen, das verrät wie es nur unterstützt wird von angeregter Wäßrigkeit, nicht von belebter Erdigkeit.» Dies entspricht der Erfahrung, die man im Felde macht, und zwar um so deutlicher, je höher die mineralische Düngergabe ist und je schwächer das Bodenleben als Folge des Humusverlustes geworden ist.

Über organische Dünger und ihre Beziehung zu den Humusstoffen der Phasen I–III wurde das Wichtigste bereits auf S. 41 ff. gesagt. Die ätherischen oder Lebenswirkungen zeigen sich, was die Substanzprozesse anbelangt, als *Sauerstoffaufnahme bzw. -abgabe.* Substanzbildung in der Pflanze und deren Abbau im Boden sind durch Abgabe bzw. Aufnahme von Sauerstoff stofflich gekennzeichnet. Photosynthese und Respiration sind die zusammengehörigen Glieder des Lebensprozesses, der sich durch Pflanzen, Dünger und Boden zieht. Sauerstoffaufnahme charakterisiert die Abbauphase I und II im Boden und in Komposten. Durch diesen Vorgang werden die Nährelemente aus dem Dünger und dem Boden verfügbar gemacht. In der Tat ist die «Nährstoffwirkung» von halb verrottetem Kompost oder frischem tierischem Dünger im positiven, aber auch im negativen Sinne, d. h. bei Überdüngung oder unharmonischer Düngung, am deutlichsten ausgeprägt.

Der Übergang zur Phase III ist durch *Stickstoffeinbau in den Humus* gekennzeichnet, später auch durch das Entstehen organo-mineralischer Verbindungen. Die direkte Nährstoffwirkung auf Pflanzen wird schwächer, aber nachhaltiger, sie hält länger vor. *Die regulierenden Funktionen des Humus treten in den Vordergrund.* Sie betreffen außer den Nährstoffen auch das Gefüge des Bodens, seinen Wasser-, Luft- und Wärmehaushalt und die Vielseitigkeit des Bodenlebens. Im vererdeten Kompost ist dieser Zustand am deutlichsten erreicht. *Das «Erdige» wird von der Stickstoffwirkung durchdrungen.* Von Natur aus fruchtbare Böden enthalten stickstoffreiche, stabile, mit dem Mineralkörper verbundene Humusformen. Was bedeutet das? Dieses «Heranbringen des Stickstoffs an das Erdige» ist wichtiger als man zunächst annehmen mag. Im Wasser gelöste Nährstoffe ermöglichen nur dann ein Pflanzenwachstum, wenn man die Nährlösung häufig genug erneuert und neu einstellt. Wird die Fruchtbarkeit, vor allem der Stickstoff, über das Erdige vermittelt, so bestehen grundsätzlich andere Bedingungen, nämlich das kleinräumige Mosaik im Boden von mineralischen und organischen Partikeln, z. B. etwas mehr oder weniger saure Partien mit mehr oder weniger Sauerstoffverbrauch, geringem oder intensivem Bakterienleben usw. Hier liegt also eine zwar niedrige, aber doch eine Ordnung vor, die die zahlreichen gegenläufigen oder sich sogar ausschließenden Prozesse gleichzeitig und nebeneinander ermöglicht, die für das ausgewogene Wachstum notwendig sind.

Im *Komposthaufen* sind die in Rede stehenden Vorgänge noch intensiviert. Der aufgeworfene Hügel begünstigt die Durchlüftung. Abdeckung schafft den *Innenraum* und schützt ihn vor Austrocknung. Es entwickelt sich die Eigenwärme im Haufen. Der *Geruch* verrät, ob die Umsetzungen im Sinne einer erwünschten Humusbildung verlaufen. Nach außen sollte allerdings der Haufen nicht riechen. Besonders stark kann sich die Besiedlung mit Tieren, allen voran dem Regenwurm, vollziehen. In den Ausscheidungen der boden- und kompostbewohnenden Tiere findet man die organo-mineralischen Verbindungen.

Die *tierischen Dünger* stellen ein weiteres Glied der Stufenfolge dar. Der Praktiker kennt die günstige Beschaffenheit des Rinderdüngers, die beim Kompostieren und bei der Anwendung auf den Boden zu Tage tritt. Dabei ist, was den Nährstoff-Gehalt anbelangt, Rinderdünger keineswegs der reichste. Für seine Bewertung ist eben nicht nur vom NPK-Gehalt auszugehen; sie ergibt sich auch aus der Natur des Rindes, seiner Verdauung, der Art des Futters, das es frißt. Man kann sagen: Unter den Weidetieren, die große Mengen pflanzlicher Nahrung aufnehmen, sind *die wiederkäuenden Paarhufer* – und unter diesen wiederum das *Rind* – von Natur der am weitesten geführte und *vollkommene Typ des Verdauungstieres.* Rinder sind darauf eingerichtet, in erster Linie Rauhfutter, vegetative Teile der Pflanzen also, zu verzehren. Auch die nicht durch den Dünger des Warmblüters, sondern in der Waldstreu, dem Gartenkompost usw. sich vollziehende Humusbildung geht vornehmlich von den vegetativen Teilen der Pflanzen aus. *Die Hornbildung der Rinder,* als abschließende Hautverdickung, auch die Klauen, sind dann der *anatomische Ausdruck für den ganz auf das Verdauungsgeschäft im Innern hingerichteten Organismus.*

Die für das Hornmistpräparat verwendeten Bestandteile, auch ihre Verarbeitung im Boden, können so als *Endglieder einer qualitativen Steigerungsreihe von Düngesubstanzen* angesehen werden. Tut man das, dann bewertet man nicht nur Nährstoffgehalte, man legt Wert auf die Prozesse, aus denen sie hervorgegangen sind und die von ihnen angeregt werden können. «Das ganze Lebendige wird konserviert in diesem Mist und man bekommt dadurch eine außerordentlich konzentrierte, belebende Düngungskraft in dem Inhalte des Kuhhorns» (4. Vortrag).

In der beschriebenen Weise wird das Präparat zur Belebung des Bodens ausgebracht. *Die erwartete Wirkung auf die Pflanzenbestände geht über den Boden.* Damit ist es, wie jeder Versuchsansteller aus der Erfahrung weiß, nicht ganz leicht, z. B. die Beeinflussung des Ertrages oder anderer Eigenschaften des Erntegutes, schlüssig auf die Präparateanwendung zurückzuführen. Die allgemeine Betriebserfahrung in Hof und Garten spricht dafür, daß die erwartete Wirkung vorliegt. Es wird eine *Kräftigung des Wachstums* beobachtet, *vor allem der vegetativen Entwicklung,* u. U. sogar eine gewisse

Reifeverzögerung. Wiederholte Anwendung in Trockenzeiten soll deutlich verstärktes Wurzelwachstum und damit bessere Entwicklung anregen. In Kombination mit reichlicher Wirtschaftsdüngung kann eine mehrmalige Anwendung den Ertrag erniedrigen – ähnlich wie man das auch sonst bei Überdüngung beobachten würde. Trotzdem geht man häufig über eine einmalige Anwendung hinaus. M. THUN (1977) empfiehlt eine dreimalige Anwendung zur Aussaatzeit. Beobachtungsversuche von M. ENGQUIST scheinen diese Empfehlung zu bestätigen. Bei Kartoffeln, Möhren, Radieschen brachte eine 4malige Anwendung gegenüber einer 2maligen höhere Erträge.

Doch sollte nach dem Gesagten nicht einfach angenommen werden, daß die Wirkung des Präparates lediglich mit der einer reichlichen Wasser- und Stickstoffversorgung gleichzusetzen sei. So zeigte sich bei den erwähnten Versuchen an Getreide und Sellerie, daß das Präparat gerade in einem niederschlagsreichen Jahr die Erträge verbesserte. Feldversuche von B. D. PETTERSSON (1972) weisen in dieselbe Richtung. Diese Experimente schließen vier Freilandanlagen in verschiedenen Gegenden ein mit Varianten der Düngung und Präparateanwendung. In der folgenden Tabelle werden die auf die Präparateanwendung bezüglichen Werte aus dem regenreichen Jahr 1965 und dem trockeneren Jahr 1966 vorgeführt. Unabhängig von den sonstigen Gegebenheiten der Standorte scheint *eine Wechselwirkung zwischen Präparatewirkung und Niederschlägen* zu bestehen. (Der Qualitätsindex ist eine numerische Zusammenfassung mehrerer Qualitätsmerkmale des Erntegutes, vgl. S. 173).

Qualitätsindex nach PETTERSSON (1972) an Kartoffelproben

Anbaujahr	1965	1966
Kontrolle	98,7	101,4
Hornmistanwendung	+ 2,4	− 1,7
Hornkieselanwendung	+ 1,4	− 0,1
Hornmist/Hornkieselanwendung	+ 3,8	− 1,2
gesicherte Unterschiede bei P = 0,05	3,2	2,0
gesicherte Unterschiede bei P = 0,01	4,6	2,9

Der Einfluß der Bespritzung bleibt insgesamt gering und ist im zweiten Jahre nicht statistisch gesichert. Die Auswertung der Witterungsdaten von den vier Standorten scheint anzuzeigen, daß bei einer Regenmenge von Mai bis September von mehr als 300 mm der Horndung die Resultate positiv beeinflußt hat, nicht dagegen, wenn diese Regenmenge unterschritten wurde.

Auch Wachstumsversuche mit Pflanzen, bei denen das Präparat direkt auf diese angewandt wurde, liegen vor. Man benutzt es dann z. B. als Saatbad: das Saatgut wird in die Aufschlämmung eingeweicht oder besprüht. Anschließend wird, im Feldmaßstab selbstverständlich, nach vorheriger Rücktrocknung ausgesät. Dazu gibt es Feld-, Gefäß- und Nährlösungsversuche für zahlreiche landwirtschaftliche und gärtnerische Gewächse. Die Sache wird praktisch angewandt. Außer verbessertem Wurzelwachstum wird auch über die Anregung der Knöllchenbildung bei Leguminosen berichtet. In Kurzzeitversuchen mit Weizenkeimpflanzen beobachteten W. GOLDSTEIN und H. KOEPF (1982) nicht nur stärkeres Wurzelwachstum, sondern auch ein verändertes Verhältnis in der Länge von 1. und 2. Blatt, 1. und 2. Keimwurzel.

W. C. STEARN (1976) kultivierte Mais (Robison Hybrid R 4222) und Erbsen (Burpee Little Marvel) in Klimakammern bei Licht: Dunkelperioden von 14 h–10 h und 12 h–12 h, sowie Temperaturen von 30°–22° C bzw. 20°–15° C. Die Pflanzen wuchsen in Sand (Leonard-Gefäße) in halbkonzentrierter Hoagland-Lösung und in Miami-Schluff-Lehm (1400 g und 500 g Sand je Gefäß). Die Wachstumszeiten beliefen sich auf 4–6 Wochen. Die Präparatekonzentrationen lagen zwischen 10–2500 mg/Liter, meist nur bis zu einer Konzentration von 250 mg/Liter. Es wurden Sproß- und Wurzellängen, Sproß- und Wurzelgewichte gemessen.

Bei mehreren Versuchen mit Sandkulturen brachten 25 mg/Liter des Präparates 500 und 500–2500 mg/Liter des Präparates 501 die höchsten positiven Ausschläge der gemessenen Größen. Bei den Versuchen mit Boden bedingte eine Anwendung von 50 mg/Liter des Präparates 500 die höchsten positiven Ausschläge aller gemessenen Parameter, besonders von Wurzellänge und Wurzelgewicht. Das Präparat 500 wurde zum Befeuchten des Bodens (auf 0,3 atm Saugspannung) verwendet, von 501 wurden 4 ml/Gefäß auf die Pflanzen versprüht.

Chromatographisch und pflanzenphysiologisch wurde in dieser Untersuchung auch auf Pflanzenhormone getestet. Indolylessigsäure und Gibberellinsäure konnte in keinem der beiden Präparate nachgewiesen werden. Im Präparat 500 befanden sich 40 mg/Liter Cytokinine, in 501 123 mg/g.

Der Hornkiesel

In den letzten Jahren hat die Rolle des *Kiesels im Pflanzenwachstum, auch im tierischen und menschlichen Organismus,* von der landwirtschaftlichen, ärztlichen und allgemein physiologischen Forschung zunehmend Beachtung gefunden. Genauer gesagt, das Element Silizium (Si), das mit 27,6 Gewichtsprozenten nach dem Sauerstoff das zweithäufigste Element in der Gesteinskruste der Erde ist (VORONKOV et. al. 1975, L. JONES and K. HANDRECK, 1967, F. FIDANOWSKI, 1968). Im Arzneimittelbestand der *anthroposophischen Medizin* nimmt die wichtigste Siliziumverbindung, Quarz, Kiesel (SiO_2) schon immer einen bedeutenden Platz ein.

Quarz und Silikate werden in der allgemeinen Landwirtschaft zur Anwendung auf den Boden empfohlen. So schon im ersten Jahrzehnt dieses Jahrhunderts durch den Tübinger Arzt FRIEDRICH SCHLEGEL, der in einer kleinen Schrift den Bauern empfahl, gemahlenes Ergußgestein (von einem der Albvulkane) wegen seines Kieselgehaltes auf die Äcker zu streuen. Er gründete diese Empfehlung auf eine Beschreibung des Kiesels und sein Vorkommen in Pflanzen und im tierischen und menschlichen Organismus. Silizium-Anwendungen erhöhen die Löslichkeit des Phosphors und fördern die Phosphor-Aufnahme durch die Pflanze. Sie können sich positiv auf den Ertrag auswirken. Vor allem ist das auch in tropischen Böden mit freien Eisen- und Aluminiumoxiden der Fall. *Hüttenkalk* (Kalziumsilikat) wird in Deutschland seit langem als wertvolles Düngemittel empfohlen. In Japan wird dieser seit Beginn der fünfziger Jahre von Reisanbauern mit gutem Erfolg für die *Ertragsbildung und Gesundheit der Bestände* eingesetzt. Positive Resultate werden erhalten, wenn der extrahierbare Kieselgehalt im Boden unter einen Sollwert fällt. Verlangsamtes Wachstum, starke Transpiration und hoher Wasserverbrauch, Kornsterilität, braune Blütenstände u. a. werden, vor allem beim Reis, als Mangelsymptome beobachtet. Siliziumverbindungen sollen auch die Wasserhaltefähigkeit und -durchlässigkeit mancher Böden verbessern. Siliziumverbindungen verringern den *Pilzbefall,* wie Mehltau, Schorf, Brand u. a. bei Gerste, Hafer, Weizen, Klee, Reis, auch bei Kartoffeln und Obstbäumen. Kieseleinlagerung soll die Standfestigkeit der Getreidehalme verbessern. Neben Hüttenkalk wird *Natriumsilikat* verwendet; im biologisch-dynamischen Obstbau hat das letztere einen festen Platz.

Die Verwendung des Kiesels als in kleinsten Mengen angewandtes und besonders zubereitetes *Präparat* zur Anregung entsprechender Prozesse in

Pflanzen wurde von RUDOLF STEINER empfohlen. Welcher Art diese sind, sollte durch die *Naturgeschichte des Kiesels* erhellt werden. Diese ist allerdings so umfangreich, daß hier nur auf ein paar Züge aufmerksam gemacht werden kann.

In dem Schema auf S. 89 wurde die Pflanze und ihre Beziehung zur Umwelt unter dem Gesichtspunkt der Polarität von «Stoff» und «Form» vorgeführt. *Der Begriff Form soll sich auf Raumgestalt und Organisation des Stoffwechsels beziehen.* Die in der Formbildung tätigen Wirkenskräfte sind zwar arteigen, sie werden aber in ihrer *Manifestation* vom Kosmos beeinflußt. Am auffälligsten durch Licht, Wärme und Rhythmus. Sie gehen auch vom Mineral aus. Kiesel ist deutlich am Zustandekommen der *Raumgestalt* beteiligt, er hat indessen auch physiologische Funktionen.

Das harte und sehr verwitterungsbeständige Mineral ist als Sand, doch auch als Bergkristall, Amethyst, Achat usw. allgemein bekannt. Es ist Haupt- oder wesentlicher Bestandteil der kristallinen Gesteine, befindet sich aber auch als solches und als Bestandteil der Silikate in Sedimenten und Böden. Trotz ihrer geringen Löslichkeit im Wasser ist die Kieselsubstanz in *der Gesteins- und Lebenssphäre der Erde allgegenwärtig:* in der Bodenlösung, in allen Grund- und Oberflächenwässern, in den pflanzlichen und tierischen Organismen, auch im Menschen. Bis 100 mg pro Liter, meist 30–40 mg sind im *Wasser* gelöst. Der im Wasser gelöste Quarz wandert mit diesem auf Klüften und Spalten, fällt dort wieder aus, verkieselt organische Reste, wie Holz. Aus dem Meerwasser wird er durch Kieselalgen, -schwämme, Radiolarien und andere Organismen wieder ausgeschieden. *Alle Pflanzen enthalten Kiesel.* In der Asche von Moosen findet man 15–45 %, in Equisetum spp. 10–70, gelegentlich 90 %. Auch die höheren Pflanzen enthalten Kiesel, Monokotyledonen wohl mehr als die Zweikeimblättrigen. Auch in der atmosphärischen *Luft* befindet sich Kiesel als Staub, auch als vulkanischer und Meteoritenstaub.

Die Licht- und Gestaltbeziehung des Kiesels in der Pflanze ist beeindrukkend; als Beispiel sei die Verteilung in Hafer angeführt (in %):

Deckspelzen 10,95, Knoten 10,36, Hüllspelzen 8,21, Blattfläche 5,34, Blattscheide 4,55, Wurzel 1,84, Internodien 1,42, Korn 0,12.

Auch in den anderen Getreiden, in Gräsern, Schilf, Seggen findet man ähnliche Mengen und Verteilungen. Wie die *Schachtelhalme* sind dies Arten, die sich gestaltlich durch die betonte Vertikale und lineare Formen auszeichnen. Allgemein findet sich der Kiesel in den oberen und peripheren Organen, der Epidermis und in Epidermisauswüchsen wie Haaren, Grannen, Dornen. Hoch inserierte Blätter enthalten mehr als tiefer inserierte, obwohl diese in der Regel zuerst altern und welken. Das ist bemerkenswert, denn Kiesel befindet sich auch in der Gerüstsubstanz. Dort, wo durch Cellulose und Lignin Zellwände verstärkt werden, d. h. die Pflanze «altert», wird auch Kiesel eingelagert. So gibt es in der Tat Beispiele, daß ontogenetisch ältere Organe höhere Kieselgehalte haben. Dem steht dann die allgemeine Tendenz zur «Verkieselung» in den peripheren, zuletzt entstandenen Organen gegenüber. D. h. dort, wo in *Licht und Wärme* solche Organe entstehen, die, wenn sie stärker ausgeprägt sind, die xeromorphen Typen charakterisieren. Der Kiesel wird proportional der Wassermenge und dessen Kieselgehalt von der Wurzel aufgenommen. Die Ansicht, daß er dann mit dem Transpirationsstrom passiv mitgeführt werde, trifft im allgemeinen zu. Doch enthält eine Pflanze, die dem «linearen» Typ fern steht, z. B. *Rotklee,* der ebenfalls eine hohe Transpiration hat, im Sproß nur 1/10–1/20 des Kiesels, der im Getreide gefunden wird. Hier ist aber der Gehalt in der Wurzel 8mal größer als in der übrigen Pflanze. Auch andere Leguminosen, Erbsen, Bohnen weisen niedrige Gehalte auf. Physiologisch wird Kiesel nicht nur mit organischen Gerüstsubstanzen eingelagert, sondern scheint darüber hinaus am Kohlenhydrathaushalt beteiligt zu sein. *Es tritt also gestaltlich und stofflich eine Polarität zwischen Kiesel- und Kalkpflanzen hervor, deren typische Vertreter z. B. Gräser und Leguminosen sind.*

Die Beziehung zur *Raumgestalt* der Lebensformen wird auch deutlich, wenn man die Verteilung des Kiesels im Organismus des Menschen und der tierischen Warmblüter ins Auge faßt. Er kommt im ganzen Organismus vor, vornehmlich aber in der Haut, den Haaren, Nägeln, Federn, Hufen, der Linse des Auges. Er ist im Bindegewebe, gibt diesem und dem Epithel Festigkeit, Elastizität, Undurchlässigkeit. Kiesel begünstigt die Bildung von Kollagen und Knochengewebe, auch das Wachstum von Haaren, Hufen und Hörnern. Der Wollbildung bei Schafen hat man durch Hirsefütterung nachgeholfen, d. h. den Samen einer kieselsäurereichen Pflanze. Er scheint bei pathogenen Prozessen eine Rolle zu spielen und übt Schutzfunktionen aus, während es bei Überschuß zu Steinbildungen kommen kann.

Für seine Verwendung als Präparat ist *der Zusammenhang zwischen Gestaltbildung und deren Korrelat in den Substanzprozessen* ins Auge zu fassen. Gegen Ende des Lebenszyklus strebt die Gestaltbildung ihrem Abschluß und ihrer Verhärtung zu. Diese lösen die «weicheren» Formungen der vegetativen Phase ab. Die *Reifung* der Gewebe ist einerseits gekennzeichnet durch die Einlagerung von Fasern und Holzstoff. Doch spielen sich in den Organen, die man ernten will, auch die feineren

Reifevorgänge der Substanz ab, die am Ende der vegetativen Entfaltung stehen: Zuckeranreicherung, zahlreiche Aromen, Geschmack und Farbe bedingende Substanzen werden gebildet. Eine Reihe derselben ist den sogenannten sekundären Pflanzenstoffen zuzurechnen. Die Aktivität von Enzymen nimmt ab, wodurch die Haltbarkeit des Erntegutes erhöht wird. *Das Präparat 501 soll diese Vorgänge der Gestalt- und Stoffbildung, also die Reifung der Substanz fördern.* So kann der Gesamtzusammenhang, in dem es tätig ist, in der folgenden Weise veranschaulicht werden:

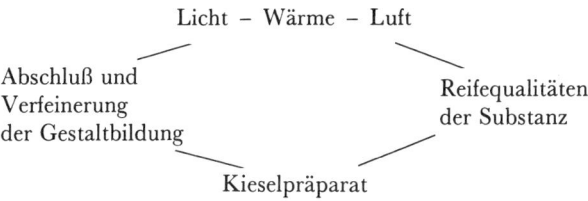

Licht – Wärme – Luft

Abschluß und Verfeinerung der Gestaltbildung

Reifequalitäten der Substanz

Kieselpräparat

Wie wendet man das Hornkieselpräparat an?

Hornmist hat eine allgemein belebende Wirkung auf den Boden. Hornkiesel verhält sich *differenzierter. Wirkung und Richtung der Wirkung ändern sich je nach dem Entwicklungsstadium der behandelten Pflanze, sie hängen auch von solchen Umweltgegebenheiten ab wie Fruchtbarkeit des Bodens, allgemeiner Klima- und Witterungsverlauf, Tageszeit.* Auf S. 136 ff. wurde angegeben, wie im allgemeinen vorgegangen wird. Öfters findet man im Feld-, Garten- und Obstbau eine *mehrmalige* Anwendung des Präparates. Im *Obstbau* z. B. spritzt man bereits schon – im späteren – Knospenstadium; im Juni/Juli unterstützt man die Blütenknospendifferenzierung für das Folgejahr, die um diese Zeit einsetzt; später wendet man das Präparat wieder zur Ausreifung der Frucht an. Im Feldbau ist ein- und mehrmalige Anwendung üblich. Nach M. THUN (1977) und M. KLETT ist bei Getreide eine dreimalige Anwendung optimal für die Ertrags- und Qualitätsbildung. Der Standort soll bei der Wahl des Zeitpunktes beachtet werden. Im *kontinentalen,* lichtreichen Klima, in Verbindung mit ärmeren Böden soll die Spritzung nicht zu früh, eher im Stadium des Schossens liegen. Dagegen wurden im *ozeanischen* Klima und auf reicheren Böden mit einer frühen Spritzung, im dritten Blatt-Stadium, gute Resultate erzielt. Allgemein kann gesagt werden, daß *der Hornkiesel, während der vegetativen Phase angewandt, das Wachstum und den Ertrag erhöht.* Diese Wirkung kann sogar soweit gehen, daß – in einem versuchsmäßig gestützten Beispiel – die Krautentwicklung bei Kartoffeln so angeregt wurde, daß der Knollenertrag gemindert wurde. Bei Blattgemüse, wie Spinat oder Salat, wirkt Hornkiesel positiv auf die hier erwünschte vegetative Entfaltung. Hat die Pflanze allerdings *die fruktifizierende Phase* eingeleitet, dann wird das Aufschießen und die Samenbildung beschleunigt. 501 wird dann nicht mehr oder allenfalls am Nachmittag angewandt. Diese auf Feldbeobachtung beruhenden Angaben sind mit den Versuchen von M. KLETT zu Kartoffeln, Getreide und Gemüse konform. Ertragsmäßig fiel in diesen die Frühvegetationsspritzung gegenüber der Spritzung zur Reifephase (Schossen, Nachblüte) etwas zurück. Das bestätigt die Angabe über Böden, denn die Versuche befanden sich an einem eher trockenen Standort auf leichtem Boden. Einzelne analytische Daten zeigen eine Verbesserung von *Qualitätsmerkmalen nach Spätvegetationsspritzung,* wie Senkung des Roh-, Erhöhung des relativen Reineiweißgehaltes, geringere Proteinase-Aktivität, mehr Gesamt-Vitamin C. Bei diesen Untersuchungen wurden die Produkte auch mit der Pfeifferschen Kristallisationsmethode getestet. Diese zeigten ein günstigeres Bild nach Frühvegetationsspritzung mit Hornkiesel im Vergleich zur Spätspritzung. Auch dies ist nach dem Gesagten zu erwarten, wenn man berücksichtigt, daß die Kristallisationsbilder von wachsender Substanz durch ihre Formung beeindrucken – im Vergleich zu reifenden oder absterbenden Substanzen.

Bei *Getreide* wurde ein verbessertes Tausendkorngewicht und Hektolitergewicht als Folge der Hornkieselspritzung festgestellt. ABELE (1973) fand, daß insbesondere Zuckerrübe mit beträchtlichen Ertragssteigerungen auf Kieselanwendung reagiert. Die von ihm ebenfalls gefundene Erhöhung des Zuckergehaltes wurde von SPIESS nicht bestätigt. In einem Gefäßversuch zu Sommerweizen ermittelte ABELE (1973) eine durch Kieselemulsion verbesserte Festigkeit des Strohs und des Halmdurchmessers, wie die folgende auszugsweise Wiedergabe seiner Daten zeigt:

Kieselemulsion zu Sommerweizen, Bruchmoment (in cmp) und Halmdurchmesser (Ø in mm $\pm S\bar{X}$)

	Hühnerdung				Ammoniumnitrat			
Düngung	1 g N		1,8 g N		1 g N		1,8 g N	
	je Gefäß				je Gefäß (+ P und K)			
Präparate	cmp	Ø	cmp	Ø	cmp	Ø	cmp	Ø
unbehandelt	182,3	2,49	180,3	2,53	197,5	2,59	180,8	2,57
	16,1	0,05	15,3	0,02	8,6	0,04	18,1	0,03
3 × Kiesel-	256,3	2,76	261,0	2,73	282,3	2,74	290,3	2,72
emulsion	15,3	0,07	13,9	0,05	15,3	0,04	12,3	0,04

Diese Hinweise zeigen Ertrags- und Qualitätsverbesserungen nach Anwendung des Hornkiesels. Wichtig für den Erfolg ist die Stadiumentwicklung der Pflanzen und die Bedingungen am Standort.

Ihre volle Wirkung entfalten die beiden Feldpräparate, wenn beide ausgespritzt werden. Versuche bestätigen dies. Als Beispiel seien die Arbeiten von SPIESS (1979) erwähnt, der Zuckerrübe, Mais, Möhren und Weizen anbaute. In diesem Falle wurden auch die Spritzflüssigkeiten untersucht. Beim Präparat 500 liegt der Stickstoffgehalt bei etwa 0,34 mg/Liter. Davon wurden 200 Liter/ha angewandt. Eine Düngerwirkung im üblichen Sinne liegt also nicht vor. Von der Kieselsubstanz wurden schätzungsweise 20 ppm gelöst. (Es ist zu berücksichtigen, daß das verwendete Wasser von Hause aus schon etwas Kiesel gelöst enthält). Die Versuchsanlage zu den verschiedenen Kulturen war gleich oder ähnlich wie in der nachstehenden Abbildung. *Zuckerrüben* reagierten auf die Anwendung der Feldpräparate mit Ertragserhöhungen zwischen 8 und 14 %, beim Blatt zwischen 8 und 26 %. Beim *Mais* waren die Resultate weniger eindeutig. Allgemein zeigte sich, daß bei höherem Ertragsniveau, z. B. wegen hoher Wirtschaftsdüngung, die ertragserhöhende Wirkung der Präparate weniger ausgeprägt ist. Die folgende Abbildung zeigt vierjährige Ergebnisse mit Weizen (200 STM = 200 dt/ha Stallmist).

Der Einsatz von Präparaten
im biologisch-dynamischen Anbau
Rauisch-Holzhausen, Vers. „Lehmkaute A b.-d.“
Weizenerträge in dt/ha
absol. Trockenmasse

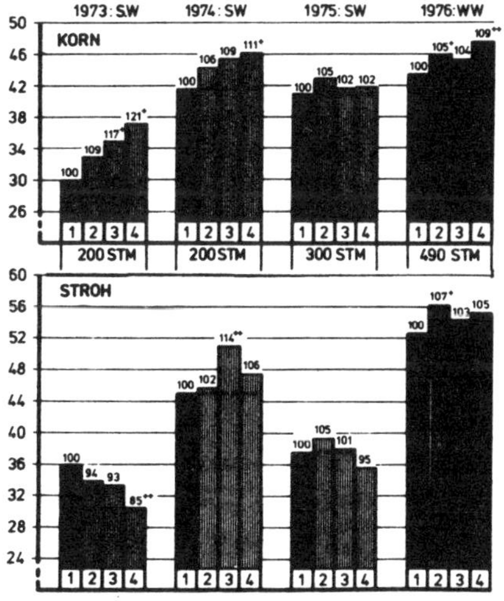

Präparate	1973-75	1976
1 Kontrolle		
2 Kuhmist (500)	3 x	4 x
3 Kuhmist	3 x	
Kiesel (501)	3 x	3 x
4 Kuhmist	6 x	4 x
Kiesel	3 x	3 x

Qualitätsuntersuchungen verschiedener Art wurden bei diesen Versuchen ausgeführt. Am eindrucksvollsten ist wohl die *Ausreifung der Substanz, die bei verderblichen Produkten in deren Haltbarkeit zum Ausdruck kommt.* Die folgende Tabelle zeigt dies für Möhren der Ernte 1975 (verändert nach SAMARAS 1977).

Variante der Präparate-Anwendung	Kontrolle	3×500	3×500 4×501	6×500 4×501
(1) CO_2-Abgabe mg/kg Fr. M. (94 St.)	2 831	2 755	2 565	2 556
(2) Katalase-Aktivität µMol H_2O_2/min· g Tr. M.	397	375	346	345
(3) Peroxydase-Aktivität µMol Gj/min·g Tr. M.	15 992	11 051	7 591	10 703
(4) Saccharase-Aktivität mU/g Fr. M.	90	98	112	87
(5) Amylase-Aktivität mU/g Fr. M.	72	69	82	60
(6) Bakterienkeimzahl Mill/g Fr. M.	1,67	0,45	0,43	0,77
(7) Pilzkeimzahl Taus./g Fr. M.	2,7	2,7	2,6	2,8
(8) Selbstzersetzung in % Tr. M. Verlust	56,1	46,6	29,2	27,6
(9) Verderbnis in % in 164 Tagen	28,2	23	20,4	16,6

Die CO_2-Abgabe zeigt, wieviel Substanz von der geernteten Möhre veratmet wird. Die Enzym-Aktivitäten (2)–(5) zeigen, wenn auch mit Ausnahmen, eine fallende Tendenz, was wie die Bakterien- und Pilzzählungen eine ebenfalls abnehmende Neigung der Substanz zum Abbau anzeigt. Wichtig ist vor allem der Befund (9): *die Verderbnis nach über fünfmonatiger Lagerung wird durch die Präparate deutlich verringert.*

Die Kompostpräparate

Die Feldpräparate, Horndung und Hornkiesel, werden von R. STEINER als «Aufbesserung der Düngung» bezeichnet. «Die Düngung bleibt selbstverständlich vorhanden, und wir werden heute davon zu sprechen haben, wie man sich dieser Düngung gegenüber zu verhalten hat, wenn man eben die Anschauung haben muß, daß das Lebendige auch innerhalb des Lebendigen gehalten werden muß.» Diese Bemerkung leitet dann über zu der Besprechung der Kompostpräparate 502–507.

Der Hinweis «Lebendiges innerhalb des Lebendigen halten» enthält die Frage nach den Wirkprinzipien im Umgang mit Lebensvorgängen. Grundsätzliche Fragen der allgemeinen und angewandten Biologie sind heute da und dort im Gespräch. Mit ihrer Forderung nach «ökologischem» Vorgehen hat die Umweltbewegung Anstöße dazu gegeben. In ihrem Gebiete befaßt sich die «biologische» Medizin mit Wirkensweisen. Auch den biologisch-dynamischen Präparaten liegen bestimmte Wirkprinzipien zugrunde. Es handelt sich darum, die bisherigen Vorstellungen über Düngen und düngende Substanzen zwar nicht zu ersetzen, aber zu erweitern. Durch die Praxis in der Präparate-Anwendung geschieht das schon seit Jahren. Was über die Wirtschaftsdünger selbst hier zu sagen ist, wurde oben bereits schon ausgeführt. Hier soll einiges Ergänzende über die Präparate gesagt werden.

In einem – mehr oder weniger abgeschlossenen – *anorganischen System* können Zufuhr und Verlust an Stoff und Energie im allgemeinen quantitativ und bilanzmäßig erfaßt werden. Die Folge einer Einflußnahme, sei diese mechanisch oder chemisch, tritt eindeutig und gesetzmäßig auf. Auch in der toten Natur gibt es verschiedene Arten von Ursachen und Wirkungen, solche die materiell und energetisch von annähernd gleicher Größe sind, oder auch Auslösungsursachen. Wenn die erdige Unterlage eines Felsblocks unterspült wird, dann bedarf es schließlich nur noch einer minimalen Erdbewegung, die irgendwann eintritt, und die Energie der Lage einer großen Masse wandelt sich in kinetische um, der Block stürzt ab. Für unsere Betrachtung ist dabei erheblich, daß *der Zusammenhang der Erscheinungsfolge* klar ist. Es liegt nahe, eine ähnliche *gedankliche Durchsichtigkeit der Beziehungen* nach dem im Unorganischen so erfolgreichen Modell auch bei Lebensprozessen anzustreben, z. B. für die Beziehungen Pflanze und Boden. In der Tat liegt dieses Bestreben den Denkansätzen der konventionellen Düngerlehre zugrunde: Wieviel muß zugeführt werden, wieviel wird entzogen, welcher Ausnutzungsgrad wird in der gegebenen Situation erreicht usw? Aber diese Art zu fragen, die ja ihren klar abzusteckenden Geltungsbereich hat, führt auch zu anderem, nämlich zu der Neigung, die tatsächlich bestehenden Unterschiede zwischen organischen und unorganischen Prozessen zu vernachlässigen.

Pflanzen reagieren auf Umwelteinflüsse *artspezifisch*. Sie reagieren ferner im ganzen *Beziehungsgefüge* ihrer komplexen irdischen und kosmischen Umwelt. Man geht mit einem ganzheitlichen Zusammenhang um, der seine Eigenaktivität hat. Jeder Eingriff setzt innerhalb desselben Prozesse in Gang. Die daraus resultierenden Merkmalsausprägungen sind z. T. gekoppelt: es treten die primär angestrebten und die neutralen oder unerwünschten Nebenwirkungen auf. *Die Reaktion des Organismus ist komplex,* bei Adaptation, luxurierender Aufnahme eines Nährstoffs usw. auch nicht genau vorhersagbar oder festgelegt. Den echten Bedarf im konkreten Fall festzustellen, ist schwierig. Außerdem manifestiert sich der Organismus in der *Zeit. Er umfaßt im Verlaufe seines Lebenszyklus eine Anzahl von Funktionen oder Prozessen der lebenden Substanz (Wirken des Ätherischen in anthroposophischer Nomenklatur). Diese müssen ihrerseits wiederum zusammen funktionieren (astralisches Wirken),* so daß Wachstum und Entwicklungsstadien artgemäß absolviert und ausgebildet werden können.

Einige der *Wirkprinzipien,* die der Landwirt und Gärtner im Umgang mit Lebensprozessen handhaben kann, wurden auf S. 88 ff. genannt, wie *Anregung (Stimulation, Reizwirkung), die Beachtung von Rhythmen, Integration in die Umwelt.* Stimulation des Wachstums, auch des Bodenlebens kann mit kleinsten Mengen organischer, auch unorganischer Substanzen erreicht werden. Desgleichen auch Hemmung. Entscheidend ist, welche Prozesse diese Substanzen in dem Zusammenhang des Organismus in Gang setzen. Hier fügt R. Steiner den für die *Präparate-Wirksamkeit wichtigen Schritt* hinzu: «Die Erde direkt beleben . . . kann man nur, wenn man mit Organischem vorgeht, das man in die entsprechende Lage bringt, so daß es organisierend, belebend auf das feste Erdige selber wirken kann. Alles das, diese Anregung gerade der Düngermasse oder der Jauchemasse zu geben – jeder Masse, die in dieser Weise verwendet wird, kann das gegeben werden –, indem man innerhalb des Belebten bleibt, das ist die Aufgabe der geisteswissenschaftlichen Anregung, die für die Landwirtschaft gegeben werden kann.» Geht man mit «Organischem» vor, so fügt man eine Substanz hinzu, die selbst die Folge «weiter Kreise des Naturwirkens» ist. Sie stammt aus dem Gesamtzusammenhang der Lebensprozesse. Von daher kann man auch versuchen, dem Verständnis ihrer Wirkenskräfte näher zu kommen. «Und da kommt es nicht darauf an, daß wir (dem

Dünger) bloß Substanzen zusetzen, von denen wir glauben, daß er sie haben muß, damit er sie in die Pflanzen befördere, sondern es kommt darauf an, daß wir ihm lebendige Kräfte zusetzen.» Dem Bestreben, mit dem definierten Wirkstoff gleichsam punktuell eine Wirkung hervorzubringen, wird also hier ein polar entgegengesetztes Prinzip entgegengestellt: *die Wirkenskräfte der vom Leben selbst gebildeten Substanz*. Diese wird zubereitet mit Bezug auf den größeren Zusammenhang des Jahres und der Umweltkräfte über und unter der Bodenoberfläche, d. h. die pflanzlichen Drogen werden in ihren Hüllen zu bestimmten Zeiten des Jahres fermentiert.

Die Beschreibungen, die R. STEINER hierzu gibt, enthalten Charakterisierungen der verwendeten Pflanzendrogen und auch der bei einigen verwendeten tierischen Hüllen. Die Darstellungen zeichnen in knappen, treffenden Strichen ein *Wesensbild* der betreffenden Substanz. Zu diesem gehören auch die Substanzprozesse des Kali, Kalkes, Eisens, Siliziums und Phosphors in der Pflanze. Doch wird mehrfach auf die Wirkenskräfte der pflanzlichen Stoffe als Heilmittel verwiesen, also was geschieht, wenn sie in den tierischen und menschlichen Organismus gebracht werden. In welcher Art man sich diesem Wesensbild allmählich nähern kann, sei an ein paar Beispielen illustriert.

Über die *Schafgarbe* liegt eine neuere Darstellung von BOCKEMÜHL und CLARK (1976) vor. Dieses allgemein bekannte Kraut, von dem die Blüte verwendet wird, bevorzugt sonnige, eher trockene Lehmböden. Doch kommt es über die Erde hin auf einer Vielzahl, auch weniger günstigen Standorten vor, auf denen es sich behauptet. Die auf den ersten Blick eher bescheiden aussehende Wildpflanze zeichnet sich durch den steif aufrechten, längs gerieften Stengel und die meist dunkelgrünen, reich gefiederten Blätter aus. Die Blattmetamorphose beginnt am Grunde mit wenig gegliederten, länglich ovalen Blattformen, die aber trotz der Fiederung den Charakter eines geschlossenen Blattes mit deutlichem «Rand» beibehalten. Gegen die Blüte hin werden sie kleiner, mehr zugespitzt, bis die obersten nur noch einen fein gesägten Rand aufweisen. Der Blütenstand weist eine hohe Organisationsstufe auf: was wie eine Anzahl Einzelblüten aussieht, ordnet sich in eine flache Scheibe, ähnlich wie bei den Doldengewächsen. Doch gehört die Pflanze zu den Korbblütlern, d. h. in den Blütenköpfen fügen sich Röhren- und Zungenblüten zum Muster einer Blüte zusammen. So entsteht in der mehrstufigen Differenzierung eine Ganzheit. Die Pflanze entwickelt sich stetig vom Frühjahr an und ist bis in den Herbst hinein anzutreffen. Die Blüteperiode liegt hauptsächlich im Juli und August. Die Wurzel strebt als reich verzweigtes Netzwerk nach unten, Ausläufer breiten sich im Herbst aus, um im Frühjahr wieder nach oben auszutreiben. Zerreibt man Blatt oder Blüte, so bemerkt man einen herb-bitteren, sehr charakteristischen Geschmack, den man auch an dem aus der Blüte bereiteten Tee schätzt.

Geschmack- und Duftstoffe durchziehen den ganzen Sproß. Dieser enthält 0,18–0,5 % eines ätherischen Öles mit Cineol, den zu den Terpenen gehörigen Pinenen, den Bitterstoff Achillein, außerdem ein fettes Öl, Harze usw. Die Pflanze wird verwendet als Aromatikum, als Bittermittel wirkt sie magenkräftigend und appetitanregend. Sie ist leberstärkend. In der Homöopathie wird sie bei Blutungen und Krampfadern benützt, ferner auch bei Hypertonikern verabreicht. Sie wirkt schmerzstillend und krampflösend. Von alters her ist ihr Gebrauch für die Wundheilung bekannt. Schafgarbe trägt dazu bei, so W. PELIKAN (1958), die «Aufbauprozesse in eine gesunde Formung auslaufen zu lassen».

Schaut man sich Gestalt und Entwicklung an, die Wirkenskräfte und den Standort, so entsteht das Bild einer Pflanze, die durch *geordnete und harmonische Proportionen* imponiert. *Aufrechte Straffheit ist mit reicher Gliederung gepaart.* Bei eher bescheidener räumlicher Größe entsteht der Eindruck der Stetigkeit und des sich Behauptens. In dem Vortrag über die Präparate nennt R. STEINER die Schafgarbe ein «ganz besonderes Wunderwerk». Er weist auf die Verwendung des *Schwefels* durch die Pflanze hin. Mit Schwefel im hiergemeinten Sinne wird das Prinzip bezeichnet, das geistige Gestaltungskraft in Stoffesvorgängen und Formbildung zur Erscheinung bringt. Über das Kali, das ebenfalls wichtig ist, heißt es in demselben Zusammenhang, «man weiß, daß die Kalisalze oder das Kali überhaupt das Pflanzenwachstum mehr in diejenigen Gebiete des Pflanzenorganismus hineinbringen, die dann in zahlreichen Fällen Gerüst werden, die das Feste, Stämmige bewirken». Diese Beziehungen des Kali sind allgemein bekannt, d. h. zum Kohlenhydratstoffwechsel, der Standfestigkeit, Wasserverbrauch, Dürre- und Frostresistenz usw. Es wird durch das Präparat nicht der Stoff Kali zugeführt, sondern es soll der Dünger so wirken, *daß die Pflanze aus dem aufgenommenen Kali das Beste macht.*

Es seien noch zwei andere Präparatepflanzen als Beispiele angeführt: die *Kamille* und die *Eiche.* Beide werden angewandt, um die gesundende, heilende Wirkung des Kalziums in den Pflanzen zu haben.

Nun ist der *Kalk* bzw. das *Kalzium* eine Substanz, deren vielseitige

Bedeutung für Böden und Bodenbildung, den Verlauf der Kompostierung, die Stabilisierung des Humus usw. zum fast alltäglichen Beobachtungsgebiet des Landwirtes und Gärtners gehört. Bei zögernder, ungünstiger oder auch faulender, übelriechender Zersetzung von Abfällen lenkt Kalk den Vorgang in geordnete Bahnen. Die meisten Bodenvorgänge, betreffen sie nun die Verfügbarkeit von Nährstoffen, Strukturbildung, Bodenleben, sind pH-, d. h. kalkbeeinflußt. Auch bei den Vorgängen in der Pflanze, z. B. dem Zustand des Zellsaftes, dem Entstehen einer Reihe von Verbindungen, Bindung von Stoffwechselprodukten, Gesundheit des Gewebes (Stippe bei Äpfeln ist durch lokalen Kalziummangel gekennzeichnet) usw., ist dieses Element oder der Mangel daran festzustellen.

Die ebenfalls zu den Korbblütlern zählende *echte Kamille* ist als eine der am häufigsten im Haushalt und der Medizin genutzten Arzneipflanzen allgemein bekannt. Die bereits schon bei der Keimung vom Licht abhängige Pflanze gedeiht an und neben Trittwegen, auf trockeneren, sonnigen Rainen und Äckern. Eine sehr geschätzte Herkunft war in der Elbmarsch. Doch kommt die Droge hauptsächlich von den steppenartigen oder steppennahen Böden einiger Balkanländer. Zwar ist die Pflanze Herbst- und Frühjahrskeimer, doch entwickelt sie, nach einem anfänglichen Rosettenstadium der Spätsommeraussaat, im Folgejahr einen kräftigen Bestand. Sie zeigt gestaltlich nicht die harmonische Ausgewogenheit der Schafgarbe. Der Sproß löst sich, möchte man sagen, in den linienförmig, fädig gefiederten Blättern beinahe auf. Diese bleiben nicht lange frisch. Doch im Gegensatz dazu «konzentriert» sich die Pflanze dann in den endständigen, leuchtend gelbweißen Blütenköpfchen, die bei der echten Kamille einen kleinen Luftraum enthalten. Die Blüte unterscheidet sich ferner vom grünen Sproß durch den intensiven Geschmack und Geruch.

Die Blüten enthalten im Durchschnitt etwa 0,5 % ätherisches Öl und eine Reihe anderer sekundärer Pflanzenstoffe. Auch bei der Besprechung der Kamille und der tierischen Hülle, die bei der Herstellung des Präparates verwendet wird – es ist der Dünndarm des Rindes – verweist R. Steiner auf die Wege der Droge im tierischen und menschlichen Organismus. Sie wird angewandt, wo durch Verletzung von außen oder Stoffwechselstörung das normale Funktionieren des Organismus oder Organs gestört ist. Da schafft sie *Heilung*. Kamille wirkt als entzündungswidrige, granulationsfördernde Droge, manche Herkünfte sind bakterizid. So bewährt sie sich bei Verkrampfungen und Koliken der Verdauungsorgane, Entzündung der Schleimhäute, in der Zahnheilkunde, bei Bronchialasthma, in der Kinderheilkunde. Wunden, auch Eiterbildung werden mit Kamille behandelt.

Auch bei dieser Pflanze weist R. STEINER auf den Schwefel hin, der ihre Wesensart in die sinnenfällige Erscheinung führt. Diesmal aber in Verbindung mit dem Kalzium. Der Dünger, so wird in dem betreffenden Vortrag ausgeführt, erzeugt nach Behandlung mit dem Präparat *«gesündere Pflanzen»*. Er wird *«stickstoffbeständiger»*. Mit Bezug auf das Kalzium führt R. STEINER aus, daß *«schädliche Fruktifizierungswirkungen»* von der Pflanze ausgeschlossen werden. Deren Erscheinungsbild kann man sich an Pflanzen vergegenwärtigen, die mit rasch wirkendem Stickstoff überdüngt wurden. Das Gewebe wird weicher, weniger durchstrukturiert. Die *Entvitalisierung* und das Absterben des vegetativen Wachstums, wie es sonst rechtmäßig und *kontrolliert* beim Blühen und der Fruchtbildung zur Erscheinung kommt, tritt zu früh, am falschen Ort oder zu stark auf – nicht so, wie es dem normalen Wachstum und den regelmäßigen Entwicklungsstadien entsprechen würde.

Auch das Präparat *aus der Rinde der Eiche* wird wegen seiner Kalziumwirkung dort verwendet, wo zu sehr *wucherndes* Wachstum, das Pflanzenkrankheiten im Gefolge hätte, gedämpft werden soll: «Aber wenn wir wollen, daß in einer sehr schönen Weise ein wucherndes Ätherisches sich zusammenzieht und so zusammenzieht, daß diese Zusammenziehung wirklich eine recht regelmäßige ist, nicht Schocks erzeugt im Organischen, so müssen wir das Kalzium gerade in der Struktur verwenden, in der wir es finden in der Eichenrinde.» Es ist nicht belanglos, wenn man auf den Wortlaut bei einem solchen Hinweis genau achtet. Der Ausdruck *«recht regelmäßig»* deutet auf eine bestimmte Konzeption, gemeint ist offenbar die – der betreffenden Art gemäße – «Normalisierung» von Gestalt- und Substanzbildung, anstelle einer Vereinseitigung.

Die Eiche ist einer der charakteristischsten und symbolträchtigen Bäume unserer Wälder und Fluren. Mit über 300 sommer- und wintergrünen Arten ist die Gattung vor allem in der nördlich gemäßigten Zone verbreitet. Für das Präparat wird, wie gesagt, die *Stieleiche* verwandt *(Quercus robur,* auch *Qu. pedunculata)*. Doch kommen Bastarde zwischen Stiel- und Steineiche vor, beide werden auch gelegentlich unter der Bezeichnung *Qu. robur* zusammengefaßt. In Nordamerika verwendet man das Präparat *White Oak (Qu. alba)* z. T. auch *Red Oak (Qu. rubra)*. Das Verbreitungsgebiet reicht vom 60. Breitengrad in Nordeuropa bis in das Mittelmeergebiet. Im Gebirge geht der Baum bis über 1000 m, als Strauch noch erheblich höher. Der über 30 m hoch wachsende Baum bevorzugt tiefgründige, fruchtbare, kalziumreiche Lehmböden und sandige Lehme. Er kommt indessen auch auf grundwassernahen leichteren Böden vor und auf Aueböden mit ziehendem Grundwasser.

Die oft viele Jahrhunderte alten, markanten Einzelbäume in der Feldflur bieten das Bild *kräftigen, aber sehr langsamen Wachstums*. Auch in der Forstwirtschaft rechnet man für gute Stämme mit 180–220 Jahren Umtriebszeit. Blatt und Krone bieten dem Betrachter gestaltlich das Bild starker, aber zurückgehaltener, gestauter Kraft. Die ausladende Wuchsform trägt dazu bei. Der knorrige Wuchs der Krone kommt zustande, wenn Endknospen der Zweige zugunsten seitlicher Triebe absterben. Lebhafte Stockausschläge, auch noch beim älteren Baum, zeugen aber von der dem Gewächs innewohnenden Wuchskraft. Andererseits sind Holz und Laub überaus beständig. Gut die Hälfte des herbstlichen Laubfalls kann bis zum kommenden Herbst erhalten bleiben. Nur Buchenlaub zersetzt sich in unseren Wäldern noch langsamer als das der Eiche. Rascher geht das bei Ahorn, Hainbuche, Birke, Erle, Ulme. Die während der ersten 25–30 Jahre glatte, dünne Außenrinde des jungen Baumes wird später durch die mächtig gefurchte, braune Rinde ersetzt.

Diese ist sehr *kalkreich* und enthält ebenso wie Laub und Same reichlich *Gerbstoffe*. Das aus der anthroposophisch orientierten Medizin hervorgehende Kalkmittel für Kinder enthält auch eine Zubereitung aus Eichenrinde, die auch sonst medizinisch verwendet wird: als Adstringens in Umschlägen und Bädern bei Frostschädigungen, Ausschlag, Geschwüren, in Mund- und Gurgelwasser. Gegen Durchfall bei Kindern gibt es ein Eichelpräparat. In der Homöopathie finden Eichenrindepräparate Verwendung bei Milz- und Leberschwellungen. Allgemein bekannt ist die technische Verwendung in der Gerberei, wie sie vor allem früher bestanden hat.

Gestaltlich, in ihrem Wachstumsrhythmus und ihrer Wirkung auf den menschlichen, auch den tierischen Organismus bietet die Eiche dem verstehenden Anschauen das Bild polar entgegengesetzter Kräfte: die *plastisch-schwellende Wachstumskraft und deren Dämpfung und Stauung in die Zusammenziehung zur «regelmäßigen» Form*. Dies ist auch die Wirkungskraft, die man mit dem Präparat verabfolgen will. Man stärkt die Widerstandskraft der Kulturen gegen Pflanzenkrankheiten.

Versuche mit den Kompostpräparaten

Von Anfang an bestand in der biologisch-dynamischen Arbeit das Bedürfnis, die Wirkungen der Präparate experimentell darzustellen. Eine neuere Übersicht über die Arbeiten der dreißiger und beginnenden vierziger Jahre stammt von W. GOLDSTEIN (1979). Manche Anregung dieser meist praxisnahen Versuche weckt auch heute noch das Interesse. Allerdings sind die vorliegenden Berichte manchmal wenig vollständig, eine rechnerische Bearbeitung der Daten wurde in der Regel nicht vorgenommen. Es werden deshalb hier nur einige Beispiele angeführt.

Die Wege der Versuchsanstellung umfassen damals wie heute:

1. die direkte Anwendung der «Kompostpräparate» auf Pflanzen in Flüssigkeits-, Nährlösungs-, Sand- oder Bodenkulturen, im Gefäß oder Freiland. Manchmal werden die Pflanzen Streßbedingungen ausgesetzt. Die Anwendung der Präparate erfolgt
   a) als Spritzung eines wäßrigen Auszuges auf Blatt oder Boden,
   b) meistens aber als Saatbad;
2. die Wirkung der Präparate auf Hofdünger, Komposte, Flüssigdünger usw.; untersucht wird
   a) der Einfluß auf den Verlauf der Rottung des Düngers und dessen schließliche Beschaffenheit. Man erhält Daten über den Temperaturverlauf, Geruch, Farbe, Struktur, analytische und mikrobiologische Befunde;
   b) die Wirkung so behandelter Dünger auf Ertrag und Qualität des Erntegutes im Vergleich mit Dünger ohne Präparatezusatz.

Die Arbeiten von L. KOLISKO sind neuerdings wieder in Buchform zugänglich. Sie betreffen Wachstumsversuche mit *potenzierten* (bis D 60), *wäßrigen Auszügen* (Präparat/Wasser im Verhältnis 1:10) und *Steigbilder*. Ebenfalls aus der Zeit vor und während des Zweiten Weltkrieges liegen Arbeiten von F. LIPPERT vor. Er beobachtete Wirkungen von Präparaten, die als Saatbad, z. T. als Spritzungen auf Pflanzen oder Boden angewandt wurden. Günstig war der Einfluß von 507, z. T. der von 503 auf Wachstum, Ertrag und Nodulation bei Bohnen, Erbsen und Wicken. Äthylengas bewirkte bei Erbsen eine Wachstumsstauung, Störung des Tropismus und morphologische Änderungen. Saatbäder mit den Präparaten 503, 504, 507 wirkten dieser Störung entgegen. Eine schwache Äthylenwirkung allein, und synergetisch mit dem Baldrianpräparat, erzeugte jedoch höhere Frisch- und Trockengewichte. Die Konzentrationsabhängigkeit der Äthylenwirkung ist heute genauer untersucht; die von LIPPERT beschriebenen Erscheinungen, die durch Äthylen ausgelöst werden, sind als solche ebenfalls bekannt. Ein ähnlicher Synergismus zwischen Äthylen und Kamillenpräparat wurde bei Rote Rüben gefunden.

In Arbeiten von E. PFEIFFER wurde beobachtet, daß die Präparate 501, 502, 505, 507 die Atmung von Kartoffeln beeinflussen. Eine induzierte Störung des Geotropismus bei Flachs konnte mit den Präparaten 501 und 507 rascher beseitigt werden. I. VOEGELE beschreibt einen anderen *regulatorischen Effekt.* Wurde Weizensaatgut durch Saatbäder behandelt, so erzeugten die Präparate 500, 503 und 505 einen etwas mehr massigen, 501, 506 und 507 einen die Vertikale etwas mehr betonenden Wuchs. Er spricht deshalb von einem Kalk- bzw. Kieseltyp.

Außerdem enthalten diese älteren Beobachtungen zahlreiche Angaben über die morphologische Entwicklung der Pflanzen, deren Ertrag und qualitative Merkmale, wie Geschmack. In der Hauptsache beruhen sie auf den unter 1a) und b) genannten Versuchsanstellungen.

Neuere Untersuchungen

Präparate sollen, über Dünger und Boden, auf die Pflanzen wirken. Indessen lassen sich nach Präparateanwendung auch am Dünger selbst Einflüsse feststellen. Eine mehrfach gemachte Beobachtung betrifft den *Temperaturverlauf beim Kompostieren.* BOCKEMÜHL (1979) beschreibt eine Versuchsreihe aus drei bezüglich Feuchtigkeit und Torfzusatz unterschiedlichen Gruppen von Komposthaufen aus Kuhmist und 10 % Komposterde. Jeweils zwei Haufen in einer Gruppe von vier erhielten Präparate. «In allen Haufengruppen lagen anfangs die Werte der Temperatur in zwei Tiefen unter der Oberfläche der präparierten Haufen durchschnittlich unter denen der unpräparierten. Dieser Unterschied hielt sich im weiteren Verlauf meistens noch recht lange, glich sich aber nach und nach aus. Nur in der Haufengruppe III (mehr feucht) sank die Temperatur von der 4. Woche an in den präparierten Haufen langsamer, so daß die Werte der unpräparierten Haufen zeitweise darunter lagen. Insgesamt läßt sich sagen, daß innerhalb der in verschiedener Weise angesetzten Haufengruppen der Temperaturgang bei den präparierten Haufen jeweils deutlich ausgeglichener war, als bei den unpräparierten.»

Dieselbe Beobachtung hat der Verfasser 1955 bei der Kompostierung von sehr homogenem, aus dem Danodigester kommendem gesiebtem Müll gemacht. Behandlung mit dem PFEIFERschen Starter – der Präparate enthält – verringerte die *Amplitude der Temperaturschwankungen* gegenüber der Kontrolle. Es scheint also durch die Präparate die Tendenz zur *«Eigenregulation»* im Komposthaufen gefördert zu werden.

In der von J. BOCKEMÜHL erwähnten Untersuchung wurden zahlreiche andere Parameter gemessen, darunter auch die zahlenmäßige, räumliche und zeitliche Entwicklung des Collembolenbesatzes. Dabei zeigte sich, daß nach Präparateanwendung, die Collembolen-Population in einer mehr fortgeschrittenen Phase der Kompostierung gelegentlich zahlreicher war, oft waren die Arten stetiger, konstanter. Am Schluß zeigte sich bei präparierten Haufen ein geringerer Substanzverlust von durchschnittlich etwa 7 %.

Auch bei der Untersuchung des reifen Kompostes zeigt sich der Einfluß der Präparate. H. HEINZE und E. BREDA (1962) beschreiben einen Versuch, der in verschiedenen Reihen mit jeweils dreifacher Wiederholung der Behandlungen angelegt war. Daraus seien hier zwei Beispiele angeführt:

(a) Kompost aus 50 Raumteilen Stallmist, 10 Teilen Lehm, 10 Teilen Basaltgrus, 20 Teilen Unkraut und 10 Teilen Stammkompost. Die Größe der Haufen betrug 4 m^3 entspr. 3,2–4 Tonnen. Von den präparierten Haufen enthielt jeder ca. 12–15 ppm Präparate.

(b) 1. Rinderdünger wurde in Fladengruben (60×60×40 cm, vergl. S. 74) kompostiert; 2. in der gleichen Anordnung wurden dem Dünger 20 % Lehm und 15 % Basaltgrus beigesetzt. Jeweils drei Gruppen erhielten Präparate, die drei Kontrollen blieben ohne diese.

Die folgende Tabelle zeigt die T/C_t-Werte der fertigen Komposte. Dieser Wert gibt die Sorptionskapazität der organischen Substanz an, d. h. deren Speichervermögen für pflanzenverfügbare Nährstoffe. Die Zahl kennzeichnet den *Reifungszustand* des Kompostes.

Beeinflussung der Reifung von Komposten durch biologisch-dynamische Präparate, ermittelt durch den T/C_t-Wert

Reihe	ohne Präparate	mit Präparaten
(a) oberer Teil der Haufen	2,78	4,40
unterer Teil der Haufen	3,03	4,38
(b) 1. Rinderdünger	4,33	4,55
2. Rinderdünger mit Lehm und Basaltgrus	3,80	4,16

Man erkennt, daß in diesen drei voneinander unabhängigen Serien die Präparatebehandlung eine relativ höhere Sorptionskapazität der organischen Substanz zur Folge hatte.

Es sollen nun einige der *Wirkungen präparierter Dünger auf das Wachstum* angeführt werden. Bei einem Versuch im Laboratoriumsmaßstab setzte H. H. Koepf (1966) zu Rindergülle (4,1 % Trockensubstanz) 0,08 % einer Mischung aus gleichen Teilen von Präparaten und Reifekompost zu. Die Gülle wurde anaerob 3 Monate lang gelagert. Dann wurde (1 Vol-%) derselben zu einer Knopschen Nährlösung gegeben, in der Weizenkeimpflanzen wuchsen. Diese Anordnung erlaubt es solche Wirkungen darzustellen, die nicht von Nährstoffen herrühren, sondern auf Pflanzenhormonen oder vergleichbaren Wirkungen beruhen.

Wachstum von Weizenkeimpflanzen bei Zusatz von präpariertem und nicht präpariertem Rinderdünger zu Knopscher Lösung

Behandlung	mm Länge von Wurzel	mm Länge von Sproß	Trockengewicht von 100 Wurzeln, mg
Kontrolle	75,5 ± 0,23	100,0 ± 1,1	364
1% Flüssigdünger zur Nährlösung	87,9 ± 2,64	102,8 ± 0,33	364
desgl. präpariert	99,8 ± 1,60	106,6 ± 0,73	428

Gegenüber der mineralischen Nährlösung fördert ein geringer Zusatz an Gülle, d. h. an organischer Substanz – erwartungsgemäß – das Wurzelwachstum. Die Präparate ändern dann die Beschaffenheit der Gülle so, daß nicht nur das *Längenwachstum*, sondern auch das Gewicht der Wurzeln erhöht wird. *Es liegen hier offensichtlich zwei verschiedene Wirkungen der Präparate vor.*

Goldstein und Koepf (1982) knüpften an diese Beobachtungen an und zeigten, daß sich, vereinfacht dargestellt, zwei polare Wachstumstypen bei der Kultur der Weizenkeimpflanzen in Nährlösungen einstellen (s. Skizze S. 162). Beim «Horizontaltyp» (1) wachsen die Wurzeln dick, kurz, oft gekrümmt, mit viel Wurzelhaaren, erstes Blatt und erste Keimwurzel bleiben im Längenwachstum zurück. Beim «Vertikaltyp» (2) sind die Wurzeln lang, vertikal, mit lose verteilten Wurzelhaaren und einheitlicher in der Länge. Sortenabhängig tritt Typ 1 häufig bei Normalkonzentrationen der Nährlösungen und bei reichlicher Stickstoff- und Kalziumversorgung auf. Spurenelemente und Eisenzitrat korrigieren den gekrümmten

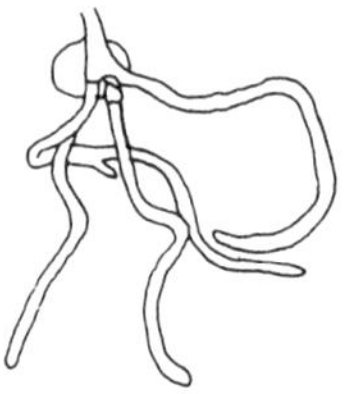

(1)

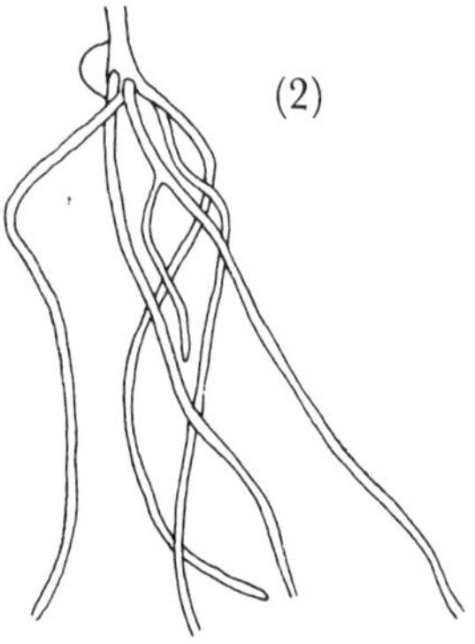

(2)

Zwei polare Wachstumstypen der Wurzeln von Weizenkeimlingen, (1) «Horizontaltyp», (2) «Vertikaltyp»

Wuchs. Desgleichen begünstigt 0,01 % des Baldrianpräparates 507 den Vertikaltyp, 505 dagegen den Horizontaltyp. Allerdings wirkt 505 z. T. sortenabhängig oder nur bei Kalziummangellösungen. Präparat 503 begünstigt ebenfalls den Horizontaltyp. In Kombination mit 507 korrigiert es jedoch die Horizontaltendenz. 0,01–0,1 % Rindergülle induzieren den Horizontaltyp, Präparatezusatz mildert diesen Effekt. Rinderdünger, von einem Fladen genommen, wurde mit 7 % gemahlenem Torf gemischt und in zugedeckten Schalen im Laboratorium kompostiert. Die vorhandene Menge wurde in Parallelansätze aufgeteilt, so daß je drei präparierte und drei unpräparierte Proben verfügbar waren. Die ersteren erhielten 20 mg von jedem Präparat. Zum Schluß wurde mit Wasser extrahiert und aliquote Mengen für den Wachstumsversuch verwendet. Die Tabelle zeigt die Resultate:

Winterweizen Absolvent 9 Tage lang in ¾ konzentrierter Knopscher Nährlösung gewachsen mit Kompostextrakt entsprechend 0,1 % Kompost

Behandlung	1. Blatt Länge in mm	(a)	(b)	1. Wurzel Länge in mm	(a)	Trockengewicht je Pflanze in mg
(a) Kontrolle	143,9			42,1		35,0
(b) unpräp. Komp.	154,2	+++		58,3	++	33,9
(c) präp. Komp.	149,9	++	+	67,8	+++	36,0

Das Längenverhältnis 1. Wurzel/1. Blatt ändert sich, es beträgt bei (a) 0,29; (b) 0,38 und (c) 0,45 (+, ++ usw. gibt in üblicher Weise den

Signifikanztest an). Eine detaillierte Wiedergabe dieser Untersuchung würde an dieser Stelle zu weit führen. Die Beispiele zeigen bei Weizenkeimpflanzen morphologische Änderungen an Wurzel und Sproß, denen die *Polarität von horizontaler und vertikaler Wachstumstendenz* zugrunde liegt: nicht nur am geraden oder gekrümmten Wachstum der Wurzeln, sondern auch am Längenverhältnis von 1. und 2. Blatt bzw. 1. und 2. Keimwurzel, dem Sproß-Wurzel-Verhältnis usw. Es tritt eine Differenzierung auf, in der sich eine *Spezifität der Präparate* abzeichnet.

Auf S. 71 wurde bereits über den Trend in der allgemeinen Landwirtschaft gesprochen, aus arbeitswirtschaftlichen Gründen von der Festmistbereitung zur *Güllewirtschaft* überzugehen. Die im Institut für biologisch-dynamische Forschung zur Güllebehandlung angestellten Untersuchungen brachten auch Ergebnisse über die Wirkungen der Kompostpräparate 502–507. Daraus werden hier einige Beispiele angeführt.

Die folgende Tabelle zeigt die Resultate eines Orientierungsversuches, der aber hier angeführt wird, weil er die Anwendung von *Einzelpräparaten* einschließt. Rindergülle wurde in drei Düngungsstufen von 50, 100 und 150 g je Gefäß zu Kresse gedüngt. Es wird hier nur die mittlere Stufe erwähnt.

Rindergülle nach unterschiedlicher Aufbereitung zu Kresse im Gefäßversuch (Abele 1976), Erträge in g Frischmasse je Gefäß

Behandlung der Gülle	Ertrag	Beschaffenheit der Gülle			
		% N	% NH_4–N	Tr. S.	pH
(1) ungedüngt bzw. Ausgangswerte der Gülle	45,9	0,435	0,181	7,21	6,95
(2) Gülle unbehandelt	60,4	0,422	0,194	7,27	6,60
(3) Gülle Präp. 502–507	79,4	0,430	0,190	7,14	6,65
(4) Gülle 2× tägl. 1 St. belüftet	72,3	0,428	0,190	7,23	8,80
(5) wie (4), Präp. 502–507	82,6	0,425	0,183	7,18	8,40
(6) wie (4), Präp. 502 (Schafgarbe)	67,5	0,424	0,181	7,15	8,80
(7) wie (4), Präp. 503 (Kamille)	80,8	0,435	0,171	7,31	8,50
(8) wie (4), Präp. 504 (Brennessel)	75,1	0,421	0,168	7,20	8,80
(9) wie (4), Präp. 505 (Eichenrinde)	71,7	0,428	0,179	7,22	8,44

Die chemischen Kennwerte der Gülle geben wenig Anhaltspunkte; bei den belüfteten Proben liegt der pH-Wert höher. Die Gülle, die das Kamillenpräparat einzeln oder zusammen mit den anderen Kompostpräparaten erhielt, erzeugte die höheren Erträge.

In der nächsten Tabelle sind eine Anzahl Befunde über die Gülleanwendung zu *Grünland* zusammengefaßt. Der Versuch wurde gewählt, weil er neben den Erträgen auch Angaben über die botanische Zusammensetzung der Narbe enthält, sowie mengenmäßig gestaffelte Gaben von Mineraldünger und Gülle. Die Versuchsfläche wurde 1974 mit einer Weidemischung eingesät. Die Angaben über den Kleebesatz beziehen sich auf das Jahr 1976, die über Erträge auf 1975, da witterungsbedingt 1976 nicht sämtliche drei Schnitte ertragsmäßig ausgewertet werden konnten. Wie bei dem vorgenannten Versuch gibt die Analyse der Gülle auf Gesamt- und Ammoniakstickstoff wenig Anhaltspunkte. Der Zusatz von Sägemehl, Bentonit und Präparaten erhöht den Gesamtstickstoffgehalt gegenüber belüfteter Gülle um 6,7 % und erniedrigt den Ammoniakgehalt um 13,4 %, wobei ein Präparateeinfluß nicht erkennbar ist. Als mineralischer Stickstoffdünger wurde Kalkammonsalpeter verwendet.

Der Einfluß von Mineraldünger und Gülle unterschiedlicher Aufarbeitung auf die Grünlandnarbe und ihre Erträge (Abele 1976)

Die Düngung	N_1	N_2	N_3
als Mineraldünger, kg/ha N	75	150	225
als Gülle, m^3/ha	20	40	60
entspr. einem Viehbesatz von GV/ha	1,3	2,6	4,0

Kleeanteil (in %) nach 2 Jahren bei	N_1	N_2	N_3
(1) Mineraldüngung	9,9	4,2	2,9
(2) Gülle unbehandelt	10,6	2,3	2,0
(3) Gülle 2×1 h/Tag belüftet	16,6	14,3	8,6
(4) wie (3) mit 2 % Sägemehl und 0,6 % Bentonit	13,5	12,5	9,2
(5) wie (4) mit Präparaten	18,6	15,9	13,9

Entsprechende Erträge in dt/ha Trockensubstanz			
(1)	127,8	151,0	163,5
(2)	125,8	147,5	157,1
(3)	140,0	155,8	172,7
(4)	141,7	158,5	174,9
(5)	148,5	172,0	180,0

(Signifikanztest: Grenzdifferenz 5 %: 4,61; 1 %: 8,07)

Man erkennt, daß die Steigerung der Düngung in allen Fällen den *Kleeanteil* absinken läßt. Doch liegt er selbst bei den höchsten Güllegaben nach voller Behandlung einschließlich Präparaten noch *höher* als bei der niedrigsten Mineraldüngeranwendung. Auch die Belüftung und die anderen Zusätze schneiden bezüglich des Kleeanteils gut ab. Belüftung und die genannten Zusätze erhöhen auf allen Düngungsstufen die Erträge über Mineraldünger und unbehandelte Gülle, wobei sich auch der *Präparatezusatz* als ertragssteigernd erweist.

Um die Darstellung nicht mit den Analysenzahlen der drei Schnitte zu belasten, die von dem Grünland genommen wurden, mögen folgende Angaben über die qualitative Beschaffenheit des Futters genügen: Bei drei getrennt untersuchten Schnitten pro Jahr war der Rohproteingehalt des Futters nach Mineraldüngung am höchsten, der Prozentsatz an Reinprotein am niedrigsten. Die Variante (4) unterscheidet sich von (5) lediglich durch die Abwesenheit der Kompostpräparate. Deren Zusatz erniedrigt etwas den Gehalt an Roheiweiß, während der prozentuale Anteil an Reineiweiß und das verdauliche Reineiweiß erhöht wird oder geringfügig niedriger ist. Vergleicht man die Mineralstoffgehalte zwischen den Behandlungen (4) und (5), so besteht nach Präparateanwendung eine Tendenz zu etwas höheren Phosphat- und Kaligehalten, während Kalzium und Magnesium eher etwas niedriger liegen.

Aufbereitete Gülle wurde versuchsmäßig auch zu Gemüsepflanzen angewandt. In der folgenden Tabelle sind die Ergebnisse eines Versuches mit Rote Beten angeführt, allerdings, da wir hier nur die Wirkung der Kompostpräparate besprechen, nur von zwei Arten der Gülle-Aufbereitung. Die Zahlen sind der Durchschnitt der Düngungsstufen 20, 40, 60 m^3/ha.

Es wurden verwendet:
(1) Rindergülle, 2×1 h/Tag belüftet, mit Zugabe von 2 % Sägemehl und 0,5 % Bentonit;
(2) Rindergülle, 2×1 h/Tag belüftet, mit Zugabe von 2 % Sägemehl und 0,5 % Bentonit sowie biologisch-dynamischen Kompostpräparaten.

	(1) ohne Präp.	(2) mit Präp.
Rübenertrag, dt/ha Frischmasse	834	985
Reinprotein in %	12,3	11,6
Reinprotein in % von Rohprotein	31,8	30,6
mg Nitrat-N in 100 g Tr.S.	453,6	457,5
freie Aminosäuren	512,5	342,2
Frischmasseverlust in 160 Tagen, g/1000 g	244	428

Selbst wenn man voraussetzt, daß die hohen Gülleanwendungen nicht qualitätsfördernd wirken, überrascht die geringe Haltbarkeit der Probe aus den Parzellen mit präparierter Gülle. Bei den übrigen Merkmalen fällt der höhere Ertrag nach Verwendung präparierter Gülle auf; der niedrigere Gehalt an freien Aminosäuren ist ein positives Qualitätsmerkmal, während beim Nitrat und dem relativen Eiweißgehalt die Präparate nicht zur Qualitätsverbesserung beigetragen haben. Nun gibt es zwar keine direkt vergleichbaren Versuche, doch zeigen die Resultate bei Möhren und anderen Gemüsen, daß *präparierte Komposte in Verbindung mit den Feldpräparaten 500 und 501* den Schwund bei der Lagerung sehr erheblich verringerten (E. v. WISTINGHAUSEN 1979). Dies kann als weiterer Hinweis darauf gewertet werden, daß für die optimale Wirkung der Präparate auf Qualität und Ertrag, *beide Gruppen von Präparaten, Kompost- und Feldpräparate angewandt werden müssen.* Es darf angenommen werden, daß die Feldpräparate auch als Ergänzung der präparierten Gülle die Haltbarkeit positiv beeinflußt hätten.

Die folgende Tabelle gibt hierzu ein Beispiel. Die auf S. 150 außerdem angeführten Parameter wurden auch hier bestimmt. Sie sind in Übereinstimmung mit den angegebenen Daten.

Haltbarkeit von Kohlrüben nach unterschiedlicher Düngung.

Düngung	präp. Stallmist-kompost, dt/ha + Feldpräparate		NPK kg/ha	
	200	400	100/100/150	200/200/300
CO_2-Abgabe mg/kg Fr. M.	4338	4218	5051	5645
Bakterienkeimzahl Mill/g Fr. M.	60,0	24,2	153,2	237,5
Verderbnis nach 170 Tagen, %	39	33	45	60

Rhythmen

Alles Lebensgeschehen, als Vorgang in der Zeit, verläuft in Rhythmen. Die Tätigkeiten des Bauern und Gärtners haben ihre Zeit im *Sonnenjahr.* Nach diesem richten sich Saat, Pflege und Ernte, der Austrieb des Viehs und sein Verbleib auf der Weide. Frühsaat oder Spätsaat beeinflussen nicht nur den Ertrag, sondern wie im nächsten Kapitel gezeigt wird, auch die Qualität. Die Jahreszeiten bringen ihre Krankheiten und Schädlinge über die Kulturen. Die Länge der Vegetationszeit, im wesentlichen eine Funktion von Temperatur und Temperaturverlauf, entscheidet weitgehend über das Anbauprogramm. Kurzum, der Sonnenlauf mit seinen täglichen und jahreszeitlichen Licht- und Wärmerhythmen ist der beherrschende Umwelteinfluß auf das Wachstum und das Geschehen auf dem Hofe. Damit in jeder Hinsicht zu leben, ist wesentlicher und sinngebender Inhalt der bäuerlichen Welt.

An dieser Stelle ist nun noch einiges zu sagen über *lunare Rhythmen* und deren Beachtung. Die Meinung über deren Bedeutung reicht von emotionsgeladener Ablehnung bis zur kritiklosen Gläubigkeit, – nicht jedoch in diesen Extremen in der biologisch-dynamischen Arbeit. Dort bemüht man sich vielmehr, für dieses Gebiet die *gesunde Erkenntnisgrundlage* zu schaffen, von der dann der Stellenwert abhängig sein wird, der ihm schließlich zuzuerkennen ist.

Ob es im Lebensgeschehen *lunare Periodizitäten* gibt oder nicht, braucht nicht diskutiert zu werden. Da es sie gibt, erhebt sich vielmehr die Frage, ob und inwieweit sie zu beachten seien. Und selbst wenn sich dem Beobachter auffällige Beziehungen nicht aufdrängen, ist dies noch kein Grund, sie als irrelevant zu bezeichnen. Als es noch keine Spurenelemente «gab», meinte man, Pflanzen brauchen für ihre Entwicklung 10 Elemente. Heute, wenige Jahrzehnte später, liegt die Zahl bei etwa 20.

Auf S. 35 f. wurde bereits ein methodischer Gesichtspunkt erwähnt, der zu einer rationellen Behandlung der Frage nach Mondrhythmen und deren Bedeutung anleitet. Es wurde auf die lunare Rhythmik im aquatischen Leben, vor allem in der Gezeitenzone, aber auch im Flüssigkeitsorganismus der Lebewesen aufmerksam gemacht. D. h. lunare Rhythmik hat einen charakteristischen Bereich, in dem sie manifest wird. Hat man einen solchen Leitfaden, dann wird die Beobachtung angeregt, auf die es in erster Linie ankommt. Man lernt auf Zusammenhänge achten. Man kann sich einmal die Frage vorlegen, ob die Altvorderen, die sich nach Mondregeln richteten, dies taten, weil sie halt abergläubisch waren, oder vielmehr, weil sie aus einer *langen Beobachtung,* der eigenen und der ihrer Vorväter, schöpfen konnten. Denn sicherlich besaßen sie bei ihrer Lebensform und innerhalb ihres räumlich beschränkten Bereiches eines, das der heutige Landwirt und Gärtner weniger hat oder das ihm genommen wurde: die Gelegenheit, weniges ständig zu beobachten und das Beobachtete zu erinnern. Damit, so kann man sagen, fängt eigentlich die Beschäftigung mit Rhythmen an: Indem man den Aufwuchs der Kulturen und ihre Gestaltentwicklung beobachtend begleitet, wird man allmählich auf Zusammenhänge aufmerksam. Denn die anderen wachstums- und ertragswirksamen Umweltfaktoren sind auch da und wirken mit von Jahr zu Jahr wechselnder Intensität. Deshalb kann man, wenn man sich nach Aussaattagen richtet, auch nicht in jedem Fall eine auffallende Wirkung erwarten. Was die Reproduzierbarkeit der Konstellationswirkungen anbelangt, wurde die Sachlage kürzlich von v. Boguslawski (1977) so zusammengefaßt: «Insbesondere dürfte der Wechselwirkung mit den ‹Makrofaktoren› einschließlich dem Wasserhaushalt und der ‹Kompensation› von Einzeleffekten durch die Konstellation der Gesamtheit der Faktoren im Ökosystem einschließlich dem Genotyp stärkere Beachtung zukommen.» Mit anderen Worten, auch der Einfluß des Mondes muß sich neben anderen Umweltfaktoren, deren Intensität ständig wechselt, behaupten.

Ein weiterer Umstand kommt hinzu. *Aus den zahlreichen Mondrhythmen heben sich fünf prominentere heraus,* die sich alle in ihrer Dauer voneinander unterscheiden, d. h. aber sich in rhythmischer Folge synergistisch verstärken oder gegebenenfalls stören können. Am bekanntesten ist der 29½ Tage dauernde *synodische Monat,* d. h. die Wiederkehr derselben Mondphase. Der siderische Umlauf bezeichnet die Rückkehr des Mondes zu demselben Tierkreishintergrund. Ferner gibt es die monatlichen Rhythmen von *Höchst-* bzw. *Tiefststellung;* Rückkehr zu dem auf- oder absteigenden Knoten und schließlich *Erdnähe* und *Erdferne.* Diese vier letztgenannten Rhythmen dauern etwas über 27 Tage.

Auch traditionelle Mondregeln berücksichtigten verschiedene Rhythmen (Häuser 1975). Als Beispiel sei die Saat des Getreides bei zunehmendem Mond bzw. einige Tage vor Vollmond genannt, während manchmal gesagt wird, daß Wurzelfrüchte bei abnehmendem Mond gepflanzt werden sollen. Aber fast häufiger als die *Mondphase* wird der *auf- oder absteigende Mond* genannt. Während der rund zwei Wochen, da der Mond sich der Tiefstellung, meist im Schützen, nähert, ist die Zeit für das Düngen der Wiesen und Weiden, das Beschneiden von Hecken, Bäumen und Reben (weil dann das Saftsteigen geringer ist), das Umpflanzen. Im aufsteigenden Mond sät man, pfropft auch Bäume usw. In den einzelnen bäuerlichen Landschaften wurden bis in die jüngste Vergangenheit zahlreiche, die Arbeit in Feld und Stall, auch das persönliche Leben betreffende Regeln tradiert. Daß damit heute nicht mehr viel anzufangen ist, wurde oben schon gesagt und wird hier wiederholt.

Es war M. Thun, die anhand langjähriger versuchsmäßiger Beobachtungen (z. B. 1967, 1969, Thun und Heinze 1973; der Saatkalender «Aussaattage» erscheint jährlich) neben den anderen Mondrhythmen vor allem den *siderischen Mondumlauf herausgestellt* hat. Sie ordnet den Stellungen in den 12 Tierkreisbildern, die der Mond in einem siderischen Monat durchläuft, 4×3 Wirkungsarten zu: Mond in Fischen, Krebs oder Skorpion begünstigt *Blatt-Ernten;* in Widder, Löwe, Schütze begünstigt *Samen und Früchte;* in Stier, Jungfrau und Steinbock begünstigt *Wurzeln und Knollen;* in Zwillinge, Waage und Wassermann begünstigt *Blüten.* Um diese Beziehungen manifest zu machen, sind nach ihren Angaben allerdings einige Voraussetzungen zu beachten:

Die Samen oder Knollen sind bei der Stellung des Mondes in der betreffenden Tierkreisregion zu legen; der Boden der Parzelle ist am gleichen Tage nicht zu flach zu bearbeiten;
alle weiteren Bodenbearbeitungen und sonstige Pflegearbeiten sind bei der Stellung des Mondes im gleichen Trigon (den drei Tierkreisbildern einer Gruppe) durchzuführen;
Zeiten der Störungen durch andere Konstellationen, wie Voll- oder Neumond, Knoten, Erdnähe oder -ferne, Finsternisse u. a. sind zu vermeiden;
um Resultate zu erzielen, bedarf es eines Bodens mit gut entwickelter Fruchtbarkeit, künstliche Beregnung kann stören.

Die folgende Darstellung (S. 170) zeigt die Ergebnisse eines Versuches mit Radies, dessen Aussaatzeiten sich über einen Monat erstrecken. Man erkennt jeweils bei den drei untersuchten Organen drei Gipfel der Kurven.

Ebenfalls einen Versuch mit Radies zeigt die weitere Abbildung (S. 171, nach Abele 1975).

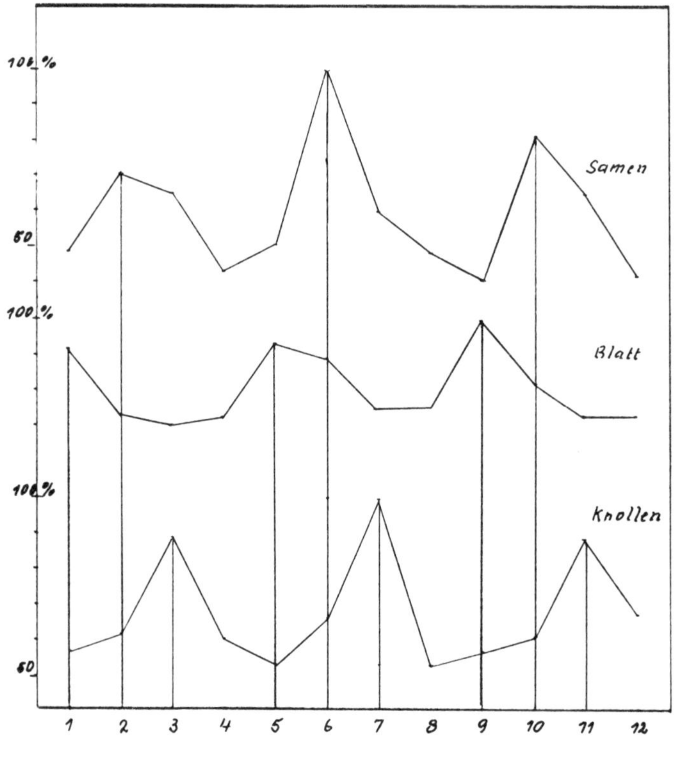

Was in diesen Darstellungen nicht zum Ausdruck kommt, ist die offenbar sehr regelmäßig auftretende Differenzierung der Formen, mehr kugelige Radieschen bei Aussaat im Wurzel-, mehr zylindrisch bei Aussaat im Blatt-Trigon.

In einer an der ETH Zürich angefertigten Dissertation von U. R. Graf (1977) wurden die Vorschläge von M. Thun aufgegriffen und die Mondrhythmik im wesentlichen bestätigt. Durch zwei Vegetationsperioden wurden Feldversuche mit Kartoffeln, jeweils auf biologisch-dynamisch und konventionell bewirtschafteten Böden angelegt. «Im Mond-Tierkreis-Versuch auf biologisch-dynamisch gepflegtem Boden, bei biologisch-dynamischer Pflege der Pflanzen haben sich im Wurzelaspekt und – in Abweichung vom Thunschen Modell – im Blütenaspekt signifikante Knollenmehrerträge von 12 Prozent ergeben.» Dazu ist zu bemerken, daß

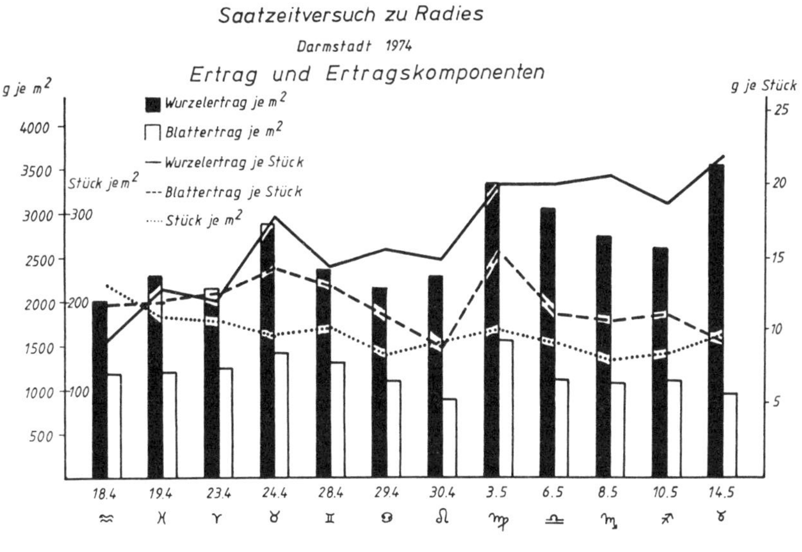

diese Ertragsschwankungen beobachtet wurden bei gleichen Vegetationszeiten von 109 ± 1 Tag und einer Saatzeitdifferenz zwischen zwei Aspekten von nur etwa ± 2 Tagen. Auf konventionell gepflegtem Boden – wo auch die Erträge höher lagen – sind *keine* Ertragsunterschiede zwischen den vier Trigonaspekten beobachtet worden. Im zweiten Jahr konnten diese Resultate bei ungünstiger Witterung nicht reproduziert werden, weshalb zu Klimakammerversuchen übergegangen wurde. Dort wurden Radieschen angebaut. Die folgende Übersicht gibt die Erträge aus den beiden Versuchen an, die auf biologisch-dynamisch behandeltem Boden erzielt wurden:

Fruchtgewicht (in g) bei	Aussaattermine an Blüte-	Blatt-	Frucht-	Wurzel-Tagen	Signifikanztest Grenzdiff. 5 %
(1) Radieschen	5,06	5,88	4,51	5,60	0,86
(2) Radieschen	10,10	11,15	9,94	11,32	1,35

Die Vegetationszeiten betrugen bei Reihe (1) 29, bei (2) 45 Tage. Hier zeichnen sich «Blatt- und Wurzeltage» durch höhere Erträge aus. Keine Beziehung zu den Konstellationen wurden gefunden, wenn parallel zu diesen Serien konventionell bewirtschafteter Boden verwendet wurde.

Experimentelle Arbeiten, durch die das Thema an anderer Stelle aufgegriffen wurde, haben im Verlauf mehrerer Jahre die Beziehungen des siderischen Mondumlaufes zur Pflanzenentwicklung nicht bestätigen können. Die komplexe Natur von Sonnenjahr und lunaren Rhythmen in ihren Beziehungen zum Pflanzenleben wird daran deutlich.

Die Arbeiten über die Zusammenhänge von Mondrhythmen und Wachstum wurden in den letzten Jahren von vielen *Praktikern* aufgegriffen, mehr im Garten, doch auch in der Landwirtschaft, wo es sich gezeigt hat, daß bei Aufmerksamkeit auf Witterung, Bodenzustand und Konstellationen es doch sehr häufig möglich ist, die Arbeit zeitlich entsprechend einzurichten. Es liegen auch Berichte aus der Praxis vor, aus denen hervorgeht, daß die Aufmerksamkeit auf Rhythmen sich als förderndes Element im Verhältnis zur Arbeit und dem Arbeitsablauf erweist.

Die Qualität der Nahrung

«Was ist zu tun, um den Zerfall der Saatgut- und Ernährungsqualität aufzuhalten?», so formulierte später E. PFEIFFER die Frage, die in der Zeit nach dem Ersten Weltkriege von verschiedenen Landwirten an RUDOLF STEINER herangetragen wurde. Am Ausgangspunkt der biologisch-dynamischen Bewegung stand das Problem der *Qualität.* Es hat seitdem an Aktualität gewonnen, durch das Hinzukommen der *Umweltprobleme* und der *toxikologischen Situation* auch an Breite. Es ist nicht belanglos, daß die Frage von *Praktikern* gestellt wurde. Diese konnten aus eigener Beobachtung und Erfahrung sprechen, nicht aus irgendwelchen Meinungen. Sie lebten in der Zeit, in der der Übergang vom traditionell geordneten und noch vollmenschlich erlebten Landbau zu den heutigen technologisch manipulierten Produktionsmethoden spürbar wurde. Sie kannten die alte und die neue Zeit. In seinen Vorträgen über Landwirtschaft nahm R. STEINER auf das Anliegen der Landwirte Bezug: «Es war ganz außerordentlich treffend, was unser Freund Stegemann gesagt hat, daß zu konstatieren ist ein Minderwertigwerden der Produkte.» Im folgenden lassen wir die Frage der Saatgutqualität fürs erste beiseite.

Was ist Qualität?

Das von W. SCHUPHAN schon vor längerer Zeit vorgeschlagene dreiteilige Qualitätsschema für Nahrungspflanzen, nämlich deren *äußere Beschaffenheit (Handelsklassen), Gebrauchswert, biologischer Wert,* hat zur Klärung des vieldeutigen Qualitätsbegriffes beigetragen. Das Schema ist allgemein bekannt, so daß zu den beiden erstgenannten Kategorien an dieser Stelle nur wenig zu bemerken ist.

Unter den Begriff der *äußeren Beschaffenheit* fallen solche Merkmale wie Größe, Form, Farbe, Uniformität der Produkte, Abwesenheit von Fehlern, Schmutz, Beschädigung und Schadorganismen. Diese Merkmale werden bei der Einteilung in Handelsklassen berücksichtigt. Daß der ernährungsphysiologische Wert damit noch nicht erfaßt wird, ist hinlänglich bekannt.

Sauberkeit und – wenn sie nicht übertrieben wird – gefällige Aufmachung entsprechen einer berechtigten Verbrauchererwartung. Doch verleitet die Manipulierbarkeit der äußeren Erscheinung, der Kosmetik, durch Düngung, Schädlingsgifte, Vorratsschutzmittel und andere Praktiken, allzu häufig zu bedenklichen Maßnahmen beim Erzeuger, bei der Lagerhaltung und im Handel.

Der *Gebrauchswert oder die technologische Qualität* betrifft die Eignung der Produkte als Futtermittel und für die Arbeitsgänge in der industriellen Verarbeitung, einschließlich der Ausbeute an Zucker, Getreide- und Kartoffelprodukten, Säften, Konserven usw. Die hierfür in Betracht kommenden Eigenschaften der Primärprodukte können, müssen aber keineswegs eine Bedeutung für den biologischen Wert haben.

Die biologische Wertigkeit

Um diesen Begriff etwas genauer zu fassen, müssen wir etwas weiter ausholen. *Rückstandsfreiheit von Chemikalien,* die für Mensch und Tier potentiell gefährlich sind, kann heutzutage wegen der universellen Umweltkontamination und bei verfeinerten Nachweismethoden auch bei biologisch-dynamisch oder organisch gezogenen Produkten nicht mehr absolut erwartet werden. Aber ihre Erzeuger streben das maximal erreichbare Maß an Rückstandsfreiheit an. Es gehört dann schon eine reichlich korrumpierte Haltung dazu, aus dieser von anderen herbeigeführten Situation ein Argument gegen die alternativen Methoden schmieden zu wollen – wie es in der Tat gelegentlich geschieht. *Anders als viele Formen der konventionellen Landwirtschaft trägt das biologisch-dynamische Vorgehen nicht zur Verschärfung der Umweltverschmutzung bei, sondern zu deren Verringerung innerhalb unseres Ökosystems.* Trotz neuerlich erlassener Regulierungen besteht bezüglich Rückständen, vor allem auch beim grenzüberschreitenden Warenverkehr, eine beträchtliche Unsicherheit. Es ist unnötig zu sagen, daß Rückstände wegen der Gefahr der Beeinträchtigung von Gesundheit und Wohlbefinden der Verbraucher unerwünscht sind. Doch braucht dieses viel besprochene Gebiet im Zusammenhange dieser Darstellung nicht weiter behandelt zu werden, auf seine Bedeutung für die Vermarktung wird im Verlaufe dieses Kapitels noch hingewiesen werden.

Die biologische oder Ernährungsqualität eines Produktes bezeichnet dessen Einfluß auf Wachstum, Befinden, Gesundheit und Leistungsfähigkeit des Konsumenten. Man denkt dabei zunächst an den Menschen als biologisches Wesen. Aber es kommt nicht nur darauf an, daß er als solches gesund, langlebig und kraftstrotzend sei. Es bestehen auch Wechselbeziehungen zwischen Physis und Psyche. Die Verbindung zwischen Ernährung, geistiger Leistung und Willenskraft ist ins Auge zu fassen – auch wenn damit gar nicht behauptet wird, die letzteren seien eine bloße Funktion dessen, was man ißt. Wie die anderen Kategorien der Qualität besteht also auch der biologische Wert im Hinblick auf einen *Zweck*, eben die genannten Befindlichkeiten und Leistungen. Die primäre, aus dem Anbau oder der tierischen Produktion kommende Qualität kann durch *Diät, Zubereitung und Essensgewohnheiten* gut oder schlecht genutzt werden. Der tatsächlich eintretende Effekt ist dann eine Folge der Wechselwirkung zwischen dem menschlichen Organismus und seiner Kost. Dieser reagiert je nach seiner natürlichen Veranlagung, d. h. verschieden nach Geschlecht, Alter, Größe, Beschäftigung, Gesundheitszustand usw. Man darf auch nicht erwarten, daß positive oder negative Wirkungen der Qualität sofort oder kurzfristig manifest werden, sie können sich später im Lebenslauf bemerkbar machen. – Diese Sachlage macht eines deutlich. Es ist bequem, wenn man sich nach allgemeinen Normen oder einigen Regeln richten kann, z. B. auch bei dem biologischen Vorgang «Ernährung». Aber die allgemeinen Kenntnisse über Nährstoffe und Nährstoffbedarf stecken doch nur den Rahmen ab. Dazu muß eigentlich noch ein anderes kommen: *das Abstimmen, Individualisieren der Kost im Hinblick auf die echten Bedürfnisse des einzelnen.*

Neuere *Ernährungslehren* haben in unserer Zeit das ursprüngliche, instinktive und traditionsgetragene Verhältnis des Menschen zu seiner Nahrung abgelöst. Dieses enthielt nicht nur Erfahrungswissen und auch manchen tiefergehenden Aspekt. Es enthielt, zumindest bei naturnäheren, weniger von der Zivilisation berührten Völkern, auch bei ärmeren Bevölkerungskreisen, ethische Werte. Die Einstellung zur Nahrung war mehr von Respekt gegenüber dem geprägt, was der Mensch empfängt. Heute hat sich da manches gewandelt. Der Pluralismus der Ansichten, Bestrebungen und Interessen, wie er in anderen Bereichen des Lebens angetroffen wird, trifft auch für die Einstellung zur Ernährung zu. Die *moderne, wissenschaftliche Ernährungslehre* hat um die Mitte des vorigen Jahrhunderts, gleichzeitig mit den Landwirtschaftswissenschaften, ihren Anfang genommen. Heute werden die Ergebnisse und Ansichten der Ernährungswissenschaften durch

Medien und sekundäres Schrifttum enorm popularisiert, oftmals simplifiziert und dienen dann in dieser Form nicht nur der Aufklärung der Bevölkerung, sondern auch Geschäftsinteressen. Andere Ernährungslehren sind schon von Hause aus an der biologischen Qualität vom Anbau her interessiert. *Reformbewegungen und -bestrebungen* knüpfen sich an Namen wie BIRCHER-BENNER, WAERLAND, RAGNAR BERG, aber auch KOLLATH, HEUPKE und andere, die sich betont für mehr «natürlich-gesunde» Ernährungsformen einsetzen. Sie haben wertvollste Beiträge zu vernünftigen Lebensweisen geleistet. Schließlich sind, als neuere Erscheinung, auch die von verschiedenen *«Weisheitslehren»* ausgehenden Kostformen zu nennen, einschließlich der Vertreter der Subkultur. Auch sie bevorzugen Produkte, die aus «alternativen» Erzeugungsmethoden entstammen. – Kurzum, ein zur Zeit der Großmütter und Urgroßmütter noch weitgehend von Instinkt und Herkommen getragenes, jedenfalls weniger problemgeladenes Lebensgebiet fordert heute klare, bewußte – und wie schon gesagt – individuelle Urteilsbildung.

Parallel zur Anwendung von Chemie und Physik auf die Landwirtschaft, hielten chemische Analyse, das Denken in *Stoff- und Energiebilanzen* ihren Einzug in die rasch sich entwickelnde *Ernährungswissenschaft.* Deren Fortschritte sind heute in jeder Ernährungslehre, reformerisch oder nicht, unentbehrlich. Eiweiß, Kohlenhydrate, Fette, Mineralstoffe, Vitamine, andere Inhaltsstoffe der Nahrungsmittel sind durch chemische Analyse identifiziert, bzw. man hat durch den Versuch an Tier oder Mensch herausgefunden, daß es sie gibt. Die Ernährungsforschung sieht es dann als ihre vornehmliche Aufgabe an, den *Bedarf des Organismus an Nährstoffen* zu bestimmen, und weiterhin, die von den einzelnen Nähr- und Wirkstoffen, z. B. Vitaminen, abhängigen körperlichen Vorgänge möglichst genau zu messen. Durch Ernährungs-, Fütterungs- und Stoffwechselversuche will man herausbringen, «wieviel Nährstoffe zum Aufbau und zum Ersatz körpereigener Substanzen und zur Deckung des Energiebedarfes» aufgenommen werden müssen. Eine gegenseitige Vertretung einzelner Nährstoffe ist teilweise möglich. Doch werden Nahrungsmittel wie Brot, Milch, Gemüse vor allem nach ihren Gehalten an Nährstoffen bewertet. Sie sind im Grundsatz, wenn auch nicht unbeschränkt, gegeneinander auswechselbar. In die Diät, auch in die Futterration werden sie als Träger von Nährstoffen eingesetzt. Für all dies stehen heute umfangreiche Tabellen zur Verfügung. Man kann sich, nach Maßgabe von Größe, Alter, Geschlecht, Beschäftigung usw. über den Bedarf orientieren. Die Industrie druckt auf Packungen, wie viele Kalorien, Vitamine, ungesättigte Fettsäuren, Mineralstoffe und andere gute Dinge ihr Produkt enthält*. Der Verbraucher kann sich einrichten, denn selbstverständlich «weiß» auch er, wofür Vitamin C oder der B-Komplex gut ist.

Liefert nun die Information aus Ernährungstabellen die *rationelle Grundlage* für die Wahl und Bemessung meiner Nahrungsmittel? Die Antwort heißt: Ja, aber bestenfalls in *vorläufiger Annäherung*. Aber hier schließt sich eine Frage an. Diese zeigt einen bei der Erörterung von Ernährungsfragen öfters anzutreffenden Mangel an Durchdenken einer Sache. Wenn es «nur» auf Nähr- und Inhaltsstoffe ankommt, dann ist trotz zugegebener Unterschiede in Geschmack und Bekömmlichkeit die Qualität vom Boden her nicht so wichtig. Dann würde es genügen, sich nach Ernährungstabellen und den Gehaltszahlen auf der Konservendose zu richten. Doch so einfach ist es eben nicht, auch nicht nach Meinung der Fachleute. Vielmehr wird hier ein *grundsätzlicher* Mangel einseitig quantitativ-bilanzmäßigen Denkens deutlich.

Von der Antwort auf diese Frage hängt nicht nur das Urteil über die Qualität vom Anbau her ab, sondern auch die Meinung, die man sich über die technische Verarbeitung und Raffinierung bzw. über *den besonderen Wert naturbelassener Produkte* zu bilden hat. Wenn die Theorie, wenn auch nicht praktisch erhärtete Ansicht zutrifft, daß es für Gesundheit und Leistungsfähigkeit genüge, wenn man die nötigen Quantitäten an Nährstoffen aufnehme, denn entzieht man den Argumenten gegen Raffinierung und für möglichst naturbelassene Nahrungsmittel einiges an Überzeugungskraft. Dabei kann man sogar bedenken, daß zwischen den – auch nicht immer vollkommenen – Haushaltspraktiken und der fabrikmäßigen Verarbeitung z. T. fließende Übergänge bestehen. – Die gestellte Frage ist zum Teil rhetorisch, in Wirklichkeit bewertet doch jeder, ob Ernährungswissenschafter oder Konsument, wenn auch z. T. unreflektiert, die Nahrungsmittel nicht bloß als Nährstoffträger, sondern außerdem auch als Weizenbrot, Milch, Äpfel usw. – Es soll die gestellte Frage lediglich an Hand einiger Beispiele behandelt werden.

Als erstes sei der von RUDOLF STEINER bei verschiedenen Gelegenheiten erwähnte *Eiweißbedarf* in der menschlichen Ernährung angeführt. R. STEI-

* Bedauerlicherweise schreibt das deutsche Gesetz keine Deklaration aller verwendeten Ingredienzien vor, einschließlich Konservierungs-, Konditionierungs- und Schönungsstoffen, sondern erlaubt dem Hersteller, sein Produkt mit ein paar inhaltslosen Phrasen anzupreisen. Andere Länder haben in dieser Hinsicht z. T. die bessere Gesetzgebung.

NER benutzt dieses Beispiel um zu zeigen, daß ganz richtig angestellte Versuche nicht notwendigerweise auch zu brauchbaren Schlußfolgerungen für das praktische Leben führen. Gegen Ende des letzten Jahrhunderts wurde der Eiweißbedarf des erwachsenen Menschen versuchsmäßig mit etwa 120 g im Tag ermittelt. Diese Zahl wurde später ganz erheblich herabgesetzt. Bereits 1906 hat R. STEINER sich in einem Vortrage dahin geäußert, daß «die größte denkbare Sorgfalt darauf verwendet werden (muß), daß dem Menschen nicht zuviel, aber auch nicht zu wenig Eiweißstoffe zugeführt werden.» In den landwirtschaftlichen Vorträgen 1924 wies er darauf hin, daß Verhärtungsprozesse im Alter, wie Rheumatismus, aber auch Diabetes durch zuviel tierische, d. h. eiweißhaltige Nahrungsmittel gefördert werden. Was «stimmt» denn nun heute?

1963 sprach der Direktor des Max-Planck-Institutes für Ernährungsforschung, H. KRAUTH, über Eiweißernährung: « . . . Man sollte eigentlich wissen, wieviel Protein der Mensch unter den verschiedenen Bedingungen seines Lebens braucht. Aber leider sieht es mit unseren Kenntnissen hierüber noch recht trübe aus.» Lange Zeit galt die Empfehlung von 1 g pro kg Körpergewicht im Tage, wobei 25–30 % tierisches Eiweiß sein sollten. Das sind also täglich etwa 70 g pro Person. Der tatsächliche Bedarf hängt einerseits von der Mischung von Eiweißen unterschiedlicher Herkunft ab, doch ist – unabhängig davon – auch die Gesamtmenge erheblich. Es gibt auf der Erde Bevölkerungen, die mit weniger als dem angegebenen Quantum auskommen. Krauth bestimmte den Bedarf zu 0,85 g. Anstatt rund 70 g werden neuerdings vermehrt Zahlen von 50–35 g genannt. In Gebieten, wo Mangelernährung oder Hunger herrscht, steht weit weniger zur Verfügung. Unterschiede der Bedarfsmessungen sind z. T. der Anpassungsfähigkeit des Organismus zuzuschreiben. Hier wird die Messung und deren Interpretation dann unsicher. Man kann ein Einnahme-Ausgabe-Gleichgewicht während des Versuchszeitraumes durch Messung feststellen, annähernd auch den Zusammenhang zwischen Aufnahme und allgemeinem Wohlbefinden. Aber wie die *Gesamtheit der physischen und psychischen Leistungen* beeinflußt wird, wie produktiv und arbeitsfreudig man sich fühlt, das läßt sich zur Eiweißaufnahme nicht mehr in eine genaue Beziehung bringen. Ganz abgesehen davon, daß die Schlußfolgerung vom mehrwöchigen Stoffwechselversuch auf den Lebenslauf ohnehin nicht möglich ist. Da ist man dann auf Erhebungen an größeren Gruppen angewiesen, und, sehr berechtigt, auf *die individuelle Beobachtung und das intuitive Verstehen*. Es illustriert also ein solches Beispiel Möglichkeiten und Grenzen des versuchsmäßigen Probierens und Messens am lebenden Organismus.

Analoges könnte über Mineralstoffe, Vitamine usw. vorgebracht werden. Für die Qualitätsbestimmung anhand analytischer Daten folgt daraus, daß man nach *der rationellen Bezugsbasis* suchen muß.

Alle wichtigen Nahrungsmittel sind heute wiederholt und sorgfältig analysiert. Damit ist nicht gesagt, daß die Liste ihrer ernährungsphysiologisch bedeutsamen Komponenten abgeschlossen sei. So wies 1973 KÜHNAU darauf hin, daß ein Organismus mit einer vollständig synthetischen Diät selbstverständlich weiterleben werde, wenn auch vielleicht nicht in der bestmöglichen gesundheitlichen Verfassung. Er führt dann eine Gruppe von an sich wohl bekannten pflanzlichen Substanzen an, von denen einige bei der Verwertung von Vitamin C durch den Körper beteiligt sein sollen. Aber es gibt auch ein neueres Beispiel, daß Bestandteile der Nahrungsmittel neu bewertet werden müssen. Im «New Scientist» vom Juni 1979 erschien ein Artikel über *die Rohfaser in der Nahrung,* deren Bedeutung seit einigen Jahren höher eingeschätzt wird als zuvor. Wir zitieren ein paar Sätze (gleichzeitig als Beispiel dafür, daß englischer Humor auch in seriösen Angelegenheiten erlaubt ist): «In den schlechten alten Zeiten der Ernährungstheorie – sagen wir vor 1970 – lief die Rohfaser in der Diät unter der Bezeichnung Abfall. Internatsleiterinnen benutzten sie als milde bestrafende Therapie, um das Innere ihrer Zöglinge zu säubern, aber bona fide Ernährungswissenschafter mit Reagenzgläsern und Käfigen voller Ratten blieben meist unbeeindruckt. Schließlich, so sagten sie, ist die Rohfaser nichts als Zellwände, jedermann weiß, daß diese aus Zellulose bestehen, und diese ist chemisch so träge wie Argon oder Polyäthylen und darum unverdaulich. Im übrigen hat die wissenschaftliche Analyse, die einige der stärksten von den bekannten Reagenzien benutzt und die auf Methoden beruht, die seit mehr als 100 Jahren wissenschaftlich sanktioniert sind, gezeigt, daß die Nahrung so wenig Faser enthält, daß man sich darum kaum zu kümmern braucht. Laßt uns mit diesem blühenden Unsinn in Frieden, es gibt seriöse Probleme wie Eiweiß, Vitamin und Cholesterin.» Bekanntlich veranlaßten dann die Beobachtungen an Bevölkerungsgruppen in Afrika und Asien 1969 CLEAVE, CAMPBELL und PAINTER, den niedrigen Rohfasergehalt der üblichen Kost als eine der Ursachen für *Zivilisationskrankheiten* zu bezeichnen. Das Schälchen mit Kleie erschien auf dem Frühstückstisch im Hotel für Manager. Die Liste der Krankheiten, die durch Mangel an Rohfaser begünstigt werden soll, reicht von *Verstopfung* und *Krampfadern* bis *Fettleibigkeit, Karies, Diabetes, Gallensteinen, Darmkrebs und Koronarerkrankungen.* Die europäischen Beobachtungen aus der Zeit nach dem Zweiten Weltkrieg unterstreichen die Bedeutung einer knappen, groben Kost. Die Rohfaser verkürzt die Verweildauer der Nahrung im Verdauungstrakt, was erwünscht ist. Doch ist möglicherweise eine teilweise Darmverdauung der Faser nicht bedeutungslos. *Vollkornbrot* (nicht bloß dunklere Sorten), *Gemüse, Obst* usw. enthalten Faser, nicht treibende Düngung der Gemüse erzeugt ein festeres Gewebe.

Die auf S. 96 f. bereits besprochenen Untersuchungen von ÄHNELT (1974) haben die Aufmerksamkeit auf den *Zusammenhang zwischen der Düngung von Futterflächen und der Fruchtbarkeit des Rindes* gelenkt.

Was sich über die Ernährung des Menschen sagen läßt, gilt mit einigen Abstrichen und Änderungen auch für seine *Haustiere*. Von diesen erwartet man verschiedene Leistungen: Produktion, gute Futterverwertung, Gesundheit, bei Zuchttieren und anderen auch Langlebigkeit. Sie erhalten eine der Leistung angemessene Ration. Diese stammt überwiegend oder ausschließlich vom Hofe. So war das wenigstens, ehe Futterimport und bodenferne Massentierhaltung erfunden waren. Es besteht – und sollte im biologisch-dynamischen Betrieb energisch angestrebt werden – ein enges Wechselverhältnis gegenseitiger Förderung zwischen *der Scholle und der Gesundheit der Haustiere*. Da – vor allem in den spezialisierten Betrieben – ihre Ration oft sehr monoton ist, besteht jedenfalls eine engere Bindung an die Qualität der Primärprodukte, Gras, Heu, Getreide, Rüben usw. als beim Menschen, der Nahrungsmittel verschiedener Herkunft und Art verzehrt. Es ist deshalb verständlich, wenn Qualitätsunterschiede vom Anbau her bei Haustieren eher manifest werden als beim Menschen. Andererseits ist *die Förderung der Tiergesundheit* durch die vielseitig und richtig genutzte Scholle eine regelmäßig wiederkehrende und oft die erste Beobachtung, die nach der Umstellung auf biologisch-dynamische Bearbeitung gemacht wird. Die Tierarztrechnung wird kleiner. Zwar bestehen offensichtliche Unterschiede zwischen der Ernährung des Menschen und der seiner Haustiere. Doch sind die Erfahrungen darüber, wie Gesundheit und Leistung der Tiere mit den Anbaubedingungen ihres Futters zusammenhängen, auch für die Qualitätsfindung bei menschlichen Nahrungsmitteln von Interesse.

Durch den Umstand, daß Haustiere relativ rasch auf unterschiedlich gedüngtes Futter reagieren, eröffnete ÄHNELT neue Möglichkeiten der Qualitätsfindung. Seine Befunde wurden zunächst an Großtieren gemacht und wie aus den genannten Tabellen hervorgeht, später auch an Kleintieren bestätigt. H. Schiller und E. Lengauer (1962, 1967) haben dann in Österreich, im Kristallin des Mühlviertels und dem Tertiär des Inn- und Hausruckviertels auf 27 bzw. 38 Höfen die Fruchtbarkeit der Herden zur Bewirtschaftung des Landes in Beziehung gesetzt. Diese Forschungen zeichnen sich vor vielen anderen durch ein betont ganzheitliches Anschauen der Erscheinungen aus. Neben betriebswirtschaftlichen Erhebungen wurden Böden, Pflanzenbestände und Futtermittel untersucht. Als Maß für die Fruchtbarkeit der Rinder diente die Zwischenkalbezeit. (Das ist die durchschnittliche Zeitspanne von der Geburt eines Kalbes bis zur nächsten bei einer Kuh.) Je einseitiger die Düngung ist, um so einseitiger sind ihre Auswirkungen. Beim Stallmist schien sich zu bestätigen, daß er eines der wertvollsten Hilfsmittel der Grünlandwirtschaft ist. Aber darauf kommt es uns hier nicht in erster Linie an. Bei der Untersuchung von 1962 waren die Forscher vor allem an der Bedeutung des *Mineralstoffgehaltes* im Futter interessiert. Sie untersuchten auf Kalzium, Magnesium, Natrium, Mangan, Phosphor, Stickstoff, Kobalt, Kupfer und Eisen. «Die Mengen der einzelnen Mineralstoffe im Wiesenfutter, die Haltungsbedingungen und die Maßnahmen des Züchters standen untereinander in vielfältiger, wechselseitiger Abhängigkeit und wirkten gemeinsam auf die Fruchtbarkeit. Darum konnten Fruchtbarkeitsstörungen nicht aus je einem Merkmal erklärt werden, sondern nur aus dem Zusammenspiel aller. Es erwies sich nicht allein der Gehalt des Futters an den einzelnen Mineralstoffen als maßgebend, sondern vielmehr ihr Mengenverhältnis zueinander.» In der Untersuchung von 1967 wird dieser Gesichtspunkt dann noch weiter geführt: «(Die Diskussion) kommt zu dem Schluß, daß die Mineralstoffe nur als Indikatoren für biochemische Vorgänge und Substanzen anzusehen sind.» Mit anderen Worten, Umwelt und Bewirtschaftung beeinflussen das Gesamtgefüge des Futters, d. h. dessen Zusammensetzung und dessen dynamische Wirkungen auf den damit ernährten Organismus. Selbst wenn eine günstige oder ungünstige Wirkung mit dem hohen oder niedrigen Gehalt an einem Element oder einer Verbindung korreliert ist, kann man noch nicht sagen, diese seien die Ursache, also z. B. bei einem scheinbaren Mangel durch eine Zulage an diesem Element zur Ration auszugleichen. Es kommt darauf an, daß das Futter als Ganzheit wirke. *Diese Ganzheit liegt in allen seinen Komponenten und deren gegenseitigem Verhältnis beschlossen.*

Nährstoffe oder Nahrungsmittel

Die angeführten Beispiele zeigen, daß es unzureichend wäre, wollte man die Qualität eines Produktes nur auf seinen Gehalt an Nährstoffen, und den heute bekannten Bedarf des menschlichen Organismus an diesen, gründen. Die Gehalte an Eiweiß, Kohlehydraten, Fetten, Vitaminen und Mineralstoffen, auch einzelnen Komponenten, wie essentielle Amino-, ungesättigte Fettsäuren usw., sind zwar keineswegs unwichtige Komponenten, die die Qualität eines Nahrungsmittels mit bestimmen. Aber sie sind *Teile einer Ganzheit* des Weizenkornes, der Möhre, des Blattgemüses usw., d. h. eines *Nahrungsmittels*. Dieses, nicht Nährstoffe werden für die Kost zubereitet. Das Nahrungsmittel ist die vom Leben der Pflanze – auch des Tieres – gebildete Substanz. Zerlegt man es in seine Bestandteile, so kann man es aus diesen nicht wieder als lebende Substanz herstellen. *Mit seiner strukturellen und substanziellen Ordnung muß sich der Organismus auseinandersetzen*, der damit ernährt werden soll. Ein rationeller Begriff vom biologischen Wert eines Nahrungsmittels muß deshalb von dieser Ganzheit des Nahrungsmittels ausgehen.

Außer reinen Nährstoffgehalten hat das Primärprodukt und die daraus hergestellte Kost eine bestimmte *Textur* des Gewebes. Dazu kommen die ernährungsphysiologisch und allgemein physiologisch sehr wirksamen *Geruchs- und Geschmackskomponenten*. Diese wirken allgemein oder aber spezifisch *anregend, hemmend und steuernd* auf die körperlichen Funktionen des Menschen. Nicht zuletzt weil sie, stärker als die Hauptnährstoffe selbst, die *Sinnesorganisation des Menschen* ansprechen. Daß zwischen Sinnesleben und Ernährungsstoffwechsel enge Verbindungen bestehen, die die Bekömmlichkeit der Nahrung beeinflussen, ist bekannt. H. GLATZEL hat kürzlich eine Übersicht über die gebräuchlichen Gewürze, Küchenkräuter, auch Gemüse mit starker Geschmacks- und Geruchsnote, zusammengestellt. Ihre Wirkenskräfte beeinflussen: die Speichelabsonderung, Magensekretion und -entleerung, Nieren, Leber- und Gallenwege, Darmmotorik und -störungen, Herz- und Kreislauftätigkeit, Atmungsorgane, Wärmehaushalt des Körpers, Anregung und Beruhigung des Nervensystems.

Nun sind die *sinnesaktiven* Kräuter, Gewürze usw. wertvoll und unentbehrlich, nicht aber Nahrungsmittel im engeren Sinn. Doch unterstreicht die erwähnte Übersicht die Bedeutung der Sinnesprozesse für den Stoffwechsel. Dieser Gesichtspunkt ist auch für die Grundnahrungsmittel wichtig. Außer den genannten Eigenschaften gibt es dann noch weitere, etwa die mild antiinflammatorische Wirkung der Möhre, die schwächere oder stärkere bakterizide Aktivität in senfölhaltigen Gewächsen usw. Die einzelnen Nahrungsmittel, Obst, Brot, Kohl, Rübe, Erbse, Kräuter usw., sind Nährstoffträger und auch unverwechselbare Ganzheiten. Sie sind in der Ernährung nicht ohne weiteres gegeneinander auswechselbar. Jede Art und Sorte hat die ihr eigene und für sie typische Qualität. Doch ist diese, selbst wenn eine und dieselbe Sorte einer Art angebaut würde, nicht gleichbleibend. Der *Typus* der betreffenden Art wird durch die Umweltbedingungen des Wachstums abgewandelt, d. h. vom Boden, der Witterung, der Düngung und Bestandespflege. Er kann mehr oder weniger vollkommen ausgeprägt sein.

Dazu kommt noch ein weiterer Umstand. Wir verwenden nie die ganze Pflanze, sondern eines ihrer Organe, Wurzel, Stengel, Blatt, Knospe, Same oder Frucht. Diese werden zu verschiedenen Zeiten geerntet, d. h. im Stadium des vegetativen Wachstums oder nach Abschluß der Samen- oder Fruchtreife. Wie sich im folgenden noch zeigen wird, *ist es zweckmäßig, den Begriff der «Reife» als Erntereife auch auf Blatt, Stengel und Wurzel auszudehnen,* sofern diese für Nahrungszwecke verwendet werden. Gerade die vegetativen Organe reagieren in bezug auf *Haltbarkeit und organspezifische Substanzbildung,* d. h. ihre Qualität, besonders deutlich auf die Kultur- und Anbaubedingungen, so z. B. bei der Bildung des Eiweißes und seiner mehr oder weniger rohen Vorstufen in Blatt und Stengel.

Damit sind die wesentlichen Elemente genannt, die zu einer ganzheitlichen Betrachtung der Qualität pflanzlicher Nahrungsmittel hinzugenommen werden müssen:

1. die Art und Sorte;
2. der Anbau, allgemein: die Umweltbedingungen des Wachstums;
3. die «Reifung» des verwendeten Organs.

Die biologisch-dynamische Qualitätsforschung hat sich vor allem mit Punkt 2 und 3 befaßt. Doch müssen, ehe darüber berichtet wird, ein paar Bemerkungen zu Punkt 1, Art und Sorte, gemacht werden.

Die Faktoren der Qualitätsbildung

Art und Sorte

In Ausführungen zu Ernährungsfragen, die Rudolf Steiner bei verschiedenen Gelegenheiten gemacht hat, hat er sich auch zur *spezifischen Wirkung der Produkte und Nahrungsmittel* geäußert, die über ihre Rolle als Nährstoffträger hinausgeht. Dieser Gesichtspunkt muß ausführlich und in seinen Einzelheiten in der Ernährungslehre behandelt werden. Er wird an dieser Stelle nicht weiter ausgeführt. Es seien daher nur ein paar Beispiele genannt. Die hier gemeinten Äußerungen R. Steiners betreffen neben der Frage vegetarischer oder gemischter Kost z. B. den Vorrang der Getreide gegenüber der Kartoffelnahrung, und zwar nicht nur deren Einfluß auf die leibliche, sondern auch auf die seelisch-geistige Entfaltung des Menschen. Weitere Themen sind die verschiedenen Getreide, wie Weizen und Reis, einheimische und tropische Früchte, die Tomate als Nahrungspflanze, Genußmittel und anderes. Insbesondere aber hat R. Steiner *den Bezug der Pflanze, d. h. von Wurzel-, Blatt-, Samen- und Früchtenahrung zu der dreigliedrigen leiblichen Organisation des Menschen* hergestellt. Dieser Bezug enthält die Ratio der *gestaltlich-funktionellen* Beziehung zwischen Nahrungspflanze und Organismus. In den Vorträgen über Landwirtschaft beschreibt er u. a. die Wirkenskräfte von Möhre und Leinsamen im Wachstum des Kalbes, die Bedeutung des Kleefutters für Milchkühe, die besonders für Masttiere geeigneten Futtermittel, wie wichtig es sei, daß das Futter das Sinnesleben der Tiere anrege usw.

An dieser Stelle sind aber noch einige Bemerkungen zu *Sorte und Pflanzenzucht* am Platze, denn sie gehen den biologisch-dynamischen Anbau an. In dem Zitat von E. Pfeiffr auf S. 173 wird auf die Saatgutqualität hingewiesen. Damit sind Erfahrungen gemeint, die damals in den zwanziger Jahren einige der Landwirte bewegten: daß nämlich im Laufe der Zeit häufiger neues Saatgut gekauft und Futterschläge öfters neu angesät werden mußten. Neue, ertragsreichere Sorten «bauten rasch ab», womit man meint, daß die Leistung von neuem Saatgut bei Weiterverwendung im eigenen Betrieb nach einem oder wenigen Jahren nachläßt. (Das ist heute noch mehr der Fall als damals.) Die neu in den Handel kommenden Sorten waren krankheitsanfälliger als die robusteren, angepaßten alten Landsorten. Dieser Verfall – trotz höherer Erträge – ist nicht nur düngungsbedingt. Er ist und war auch damals mit verursacht durch die *Pflanzenzucht.* Diese verändert nicht nur den Anbauwert der Sorten, sondern auch ihren «biologischen Wert».

Jahr um Jahr leistet die Pflanzenzucht einen nicht geringen Beitrag zur *Ertragssteigerung.* Dieser beträgt z. B. für den Zeitraum von 1952–75 beim Mais 46 %, bei Winterweizen 38 %, Kartoffeln 34 %, Futterrüben 6 % der Ertragszunahme, der Rest geht auf das Konto von Düngung und anderen Maßnahmen. Auch die vor allem anfangs so eindrucksvolle «Grüne Revolution» beruhte auf Zucht, Mineraldüngung und Schädlingsgiften. So hat, um eine Vorstellung von den ablaufenden Veränderungen zu geben, in Mexiko die Weizenerzeugung von 1948/52 bis 1965/72 von 8,5–9,4 dt auf 22,5–27,9 dt/ha zugenommen. Die Pflanzenzucht entwickelt auch Sorten für Anbaugebiete, in denen sie vorher nicht heimisch waren, wie gegenwärtig auch dem Nicht-Landwirt durch die Ausdehnung des Maisanbaus in Europa vor Augen geführt wird.

Die Erträge zu steigern, ist das erklärte, vorrangige Ziel der züchterischen Bemühungen. *Dadurch greifen Zuchtziele und Zuchtmethoden tief in das qualitative Gefüge der Kulturpflanzen ein.* Man versteht heute unter «ertragreichen» Sorten «speziell gute Verwerter hoher Gaben an Mineraldünger». Dieses Sortenmerkmal ist in die Zucht- und Prüfverfahren eingebaut. Die Anfälligkeit neuer Sorten für Krankheiten und Schädlinge ist in den letzten Jahren vor allem der Landwirtschaft in den Entwicklungsländern, oft überdeutlich, zum Bewußtsein gekommen. Aber auch die, gerade in jüngeren Jahren beobachtete rasante Ausbreitung von Pilzkrankheiten im europäischen Weizenanbau, ist die kombinierte Folge von Monokultur, Düngung und Zucht. *Resistenzzüchtung* ist sehr wichtig geworden, obzwar ihre Resultate oft kurzlebig sind. Der biologische Wert der Produkte wird durch züchterische Arbeit vielfältig beeinflußt, positiv und negativ. So resultierte z. B. die Einführung des Hybridmaises zunächst in einer Senkung des Eiweißgehaltes. Inzwischen hat die Züchtung Sorten entwickelt, die sich durch ein physiologisch günstigeres Aminosäurenmuster auszeichnen. Dem für die Fruchtfolge – auch in biologisch-dynamischen Betrieben – und die heimische Speiseölerzeugung gleich wertvollen Raps sind durch die Entwicklung der erucasäurearmen Sorten neue Möglichkeiten eröffnet. Am auffälligsten sind vielleicht die Änderungen bei Gemüse, z. T. auch bei Obst. Anbauer und Konsumenten wählen heute Sorten, die weniger faserreich, bitter, behaart, mit dicker Haut versehen, beim Obst auch weniger herb und sauer sind. Das sind Sorten, die sich auch geschmacklich auszeichnen, allerdings nur – was leider nicht immer der Fall ist – wenn die

Düngung entsprechend erfolgt und bei Früchten die Reife abgewartet wird. Viele dieser Änderungen gehen auf eine Zellvergrößerung zurück, das Gewebe wird zarter, auf der anderen Seite damit auch anfälliger gegen Krankheiten und weniger haltbar.

Diese wenigen Hinweise mögen wenigstens zeigen, wie wichtig die Sortenwahl bei biologisch-dynamischem Qualitätsanbau ist. Die Beratung nimmt darauf entsprechend Rücksicht. Doch weitere Anstrengungen sind nötig. Neue Sorten kommen in zunehmend rascher Folge auf den Markt, manche gute, bewährte Varietät verschwindet. Von daher sind die Bestrebungen zu verstehen, geeignete Sorten durch biologisch-dynamischen Anbau des Saatgutes anzupassen und so in ihrem Herkunftswert zu verbessern, bewährte zu erhalten und durch die Ausarbeitung neuer Verfahren vermehrt zu eigenem Saatgut zu kommen. In der für die Demeter-Erzeugung eingerichteten Qualitätsstelle werden laufend Produkte untersucht. Die Ergebnisse, einschließlich Sortenempfehlung, stehen dann für die Praxis und ihre Berater zur Verfügung.

Umwelt und Anbaubedingungen

Darüber liegen heute aus der biologisch-dynamischen Praxis und Forschung umfangreiche Beobachtungs- und Versuchsergebnisse vor, über die nunmehr in den Grundzügen zu berichten ist.

Das Wachstum der Kulturpflanzen ist gekennzeichnet durch Substanzbildung und deren Durchgestaltung. Diese vollziehen sich während der *vegetativen* und der *generativen Wachstumsphasen*. Von beiden werden Produkte geerntet, z. B. die reifen Körner des Weizens und die Grünteile des Blattgemüses. Auf beiden Stufen bildet sich die mögliche *«biologische Wertigkeit»* aus, eine bestimmte Reifung wird erreicht. Je nach natürlich gegebenen und durch die Bewirtschaftung geschaffenen Umweltbedingungen tritt der Typus von Art und Sorte in Erscheinung. Die Zahl der Umweltbedingungen ist nicht gering, in ihrem Wechselspiel eigentlich unbegrenzt. Sie lassen sich aber, entsprechend dem Schema auf S. 39, unter übergeordneten Gesichtspunkten ordnen.

Da Kohlenstoff aus dem Vorrat der Atmosphäre aufgenommen wird, sind Wasser und Stickstoff die beiden bodenbürtigen oder terrestrischen Faktoren, von denen Stoff- und Massebildung in erster Linie abhängt. Diesen stehen Licht, Wärme und Rhythmen als kosmische Faktoren gegenüber. Die anderen Mineral- einschließlich Spurenstoffe sind, wie oben dargestellt, in ihrer Funktion mehr dem terrestrischen oder aber dem kosmischen Pol, d. h. Steuerung und Regulation zuzuordnen. Doch für alle diese Elemente trifft zu, daß ihre Wirkung auf die Pflanze durch Ton, Humus und Bodenleben vermittelt wird. So auch die von der Bodenstruktur abhängige Bodenluft und -wärme.

Wachstum und Qualitätsbildung vollziehen sich unter dem Einfluß der terrestrischen und kosmischen Wachstumsbedingungen. Qualitätsmerkmale lassen sich in ihrer Beeinflussung durch den terrestrischen oder kosmischen Kräftepol ordnen, ein *ganzheitlicher* Gesichtspunkt wird so gewonnen. Das ist nicht unwichtig. Der biologische Wert eines Produktes drückt sich in vielen Einzelmerkmalen aus. Auch diese variieren in positiver oder negativer Richtung in Gruppen, die sich der vorgenannten Polarität der Umweltfaktoren zuordnen lassen. So genügt es dann – wenn die Beziehungen grundsätzlich erforscht sind, einige Leitcharakteristiken zu bestimmen. Vielleicht nicht immer bei Fragen, die die Forschung stellt, eher schon bei Routineuntersuchungen und Kontrolle muß man auf Ökonomie der angewandten Methoden achten.

Die *Methoden der Qualitätsforschung* lassen sich dann einteilen in:

1. *Anbau im kontrollierten Feld- oder Gefäßversuch.* Dieser ist für die Erforschung der Grundlagen unentbehrlich.
2. *Erhebungen in der Praxis.* Aufbauend auf die Ergebnisse gemäß 1) werden Informationen für die Beratung und auch Vermarktung gewonnen.
3. Die *Untersuchungen* während des Wachstums und an den geernteten Produkten umfassen:
   a) gestaltliche Merkmale der Pflanzen (Morphologie),
   b) Analyse auf Inhaltsstoffe wie Eiweiß, Stärke, Zucker, Vitamine, Mineralstoffe u. a.,
   c) Enzymaktivitäten, Abbauversuche und, damit eng zusammenhängend,
   d) Haltbarkeit, Verluste an Masse und Inhaltsstoffen, Textur, Geschmack,
   e) Gebrauchswert, z. B. Backeigenschaften des Getreides,
   f) bildschaffende Methoden: empfindliche Kristallisation, Steigbilder.

Neben den Ergebnissen des wissenschaftlichen Versuches gibt es ein reiches *Erfahrungs- und Beobachtungsmaterial* über Geschmack, Haltbarkeit, Bekömmlichkeit, Ernährung von Kranken und Rekonvaleszenten während und im Anschluß an ärztliche Behandlung, Erfahrung aus Arztpraxen usw., das dem Verbraucher häufig zureichende Sicherheit über die Qualität biologisch-dynamischer Produkte gibt. Die Aufgabe der Forschung ist es, die Zusammenhänge zu klären, unter denen diese Qualitäten zustande kommen, der Anbauberatung und der laufenden Überwachung zu dienen. *Daß der unter möglichst optimal gestalteten Aufwuchsbedingungen erzeugte «biologische Wert» auch ernährungsphysiologisch dem Optimum nahekommt, ist die dabei zugrundeliegende Konzeption.*

Die Frage mag gestellt werden, ob nicht letzten Endes der *Ernährungs- und Fütterungsversuch* den biologischen Wert eines Produktes unter Beweis stellen müsse. Es gibt in der biologisch-dynamischen Forschung ältere Fütterungs- und auch Wahlversuche. E. ÄHNELT (s. S. 96) hat, wie wir gesehen haben, durch Erhebungen und Experimente dargestellt, daß die Düngung der Futterflächen einen erheblichen Einfluß auf die Fortpflanzung bei Haustieren hat. Bei seinen Arbeiten wurden auch Produkte aus biologisch-dynamischen Feldversuchen geprüft. Diese Arbeiten sind in mehrfacher Hinsicht wichtig. Sie stellen einen selten günstigen Fall dar. Einmal, weil sich die Futterqualität innerhalb verhältnismäßig kurzer Zeit auswirkt, zweitens, weil die Wirkung eine wichtige körperliche Funktion, die Reproduktion, betrifft. Im allgemeinen sind aber Ernährungs- und Fütterungsversuche doch kurzfristig, verglichen mit dem ganzen Lebenslauf, für den man zu Schlußfolgerungen kommen will. Diese sind dann Aufgabe anschließender theoretischer Überlegungen. Es werden allerdings sehr viele Teste mit Laboratoriumstieren gemacht. Doch handelt es sich dabei in der Regel um ein analytisches Vorgehen, um Substanzen oder bestimmte physiologische Teilprozesse zu studieren, nicht darum, die komplexe Wirkung auf Wachstum und Wohlergehen des Organismus zu prüfen. Es zeigen diese Hinweise, daß die Forschungsrichtung «optimale Umweltgestaltung» als möglicher Weg zur Optimierung der «biologischen Wertigkeit» neben dem Fütterungsversuch gebraucht wird.

Wachstum und Substanzbildung zwischen «terrestrischen» und «kosmisch-atmosphärischen» Wachstumsbedingungen

Ein mit einfachen Mitteln angelegter Versuch von M. ENGQVIST (1963) erwies sich als ein guter Griff, das Zusammenwirken dieser beiden Faktorengruppen zu studieren. ENGQVIST pflanzte im Frühbeet Spinat, Möhren und Kresse in biologisch-dynamisch behandelten Boden bzw. mit NPK-Düngung. Jede Düngungsgruppe war unterteilt, die eine Hälfte war dem Sonnenlicht voll ausgesetzt, die andere lag im Halbschatten. Zweck des Versuches war es, unter kontrollierten Bedingungen Proben für die *sensitive*

Kristallisation zu gewinnen. Diese von E. PFEIFFER (1931) entwickelte Methode geht auf eine Anregung R. STEINERS zurück, der empfohlen hatte, kristallisierende Salze als Reagens auf formative Kräfte in lebender oder vom Leben gebildeter Substanz zu verwenden. Die Methode wird heute bei biologischen Fragestellungen und in der medizinischen Diagnostik angewandt (A. U. O. SELAWRY 1957, F. BESSENICH 1960, M. ENGQVIST 1970 u. a.). Man läßt unter kontrollierten Bedingungen auf einer ebenen Glasplatte Kupferchlorid auskristallisieren, dem die zu untersuchende Substanz als Lösungspartner zugesetzt ist. Es entsteht ein wiederholbares, substanzspezifisches Muster von Kristallnadeln, das vergleichend ausgewertet wird (s. Bild 22, Tafeln nach S. 240).

In dem Versuch von ENGQVIST zeigten die im Halbschatten gezogenen Pflanzen die zu erwartenden gestaltlichen Abweichungen, wie geringe Aufrichtekraft des Sprosses, dünnere, langstielige Blätter, Streckung des Sprosses usw. Unterschiedliche Düngung hatte innerhalb der «Licht«- bzw. «Schatten«-gruppen keinen bemerkenswerten gestaltlichen Einfluß. Ein solcher trat jedoch bei der kristall-diagnostischen Untersuchung auf.

Das Bild 23 (nach S. 240) zeigt äquivalente Vergrößerungen aus den Kristallisationsbildern von Spinat aus diesem Versuch:

(a) zeigt ein dichtes, spitzes, feinmaschiges Gewebe vornehmlich lichtundurchlässiger Nadeln, meist gleich lang und geordnet;
(b) hier sind die Nadeln etwas gröber, oft ungleich lang und z. Tt. lichtdurchlässig;
(c) auch hier sind die Nadeln z. T. lichtdurchlässig, ungleich lang, im großen und ganzen geordnet;
(d) bei dieser Probe überwiegend stumpfe, lichtdurchlässige, ungleich lange Nadeln bei wenig geordnetem Nadelansatz.

Man erhält also eine Stufenfolge von (a) bis (d). *Im Licht bewirkt die NPK-Düngung Symptome, wie sie auch bei Schattenpflanzen auftreten,* in der «Schatten»-Gruppe rückt biologisch-dynamischer Aufwuchs der Pflanze näher an «Licht»-Pflanzen heran. Halbschatten in Verbindung mit NPK-Düngung bewirkt die extreme Ausbildung am Ende der Reihe.

Düngung und Lichtgenuß bewirken also Änderungen der Pflanzensubstanz. Die Tendenz der Beeinflussung scheint bei biologisch-dynamischer Behandlung ähnlich bzw. in der Richtung wie bei vollem Sonnenlicht zu verlaufen. Diese wird auch illustriert durch die folgende Abbildung (S. 190). Sie zeigt Bohnen, die mit Kompost bzw. NPK-Düngung in Wurzelgefäßen angebaut wurden (BOCKEMÜHL 1975).

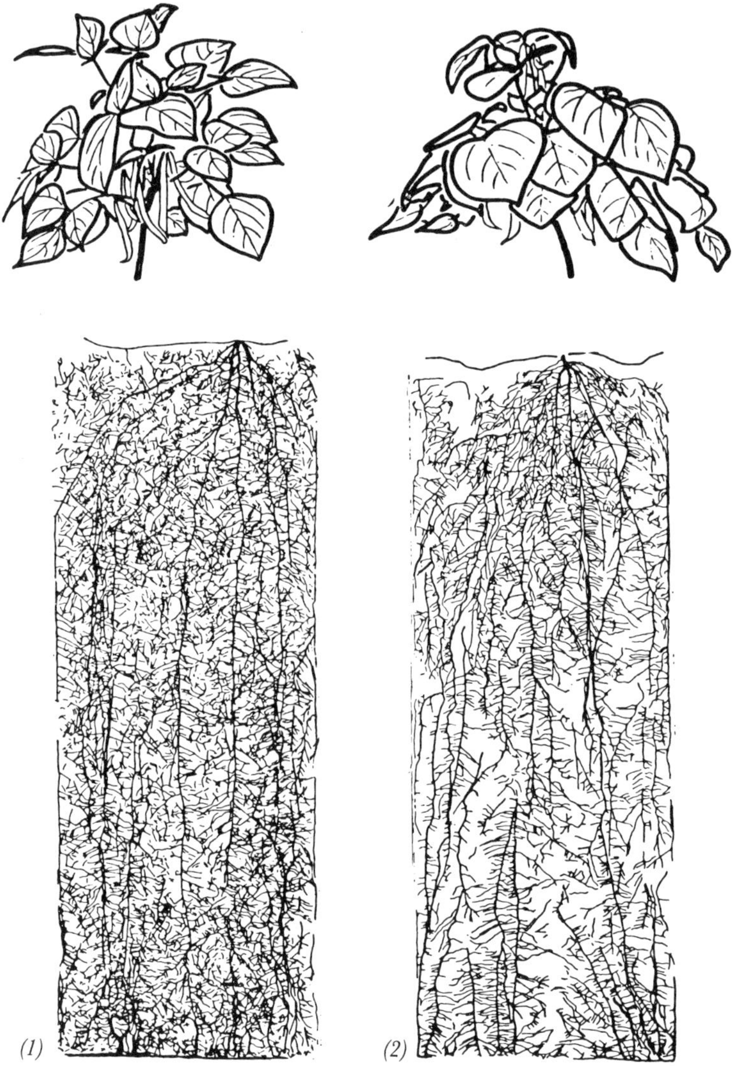

Wuchs von Buschbohnen nach Düngung mit Kompost (1) bzw. Mineraldünger (2).

Die Beobachtungen von Engqvist wurden 1965–67 von M. KLETT in einem mehrgliedrigen Versuch aufgegriffen. Dieser umfaßte Getreide, Kartoffeln und Gemüse in Tageslicht, Halbschatten und Tiefschatten und jeweils mit Stallmistkompost im Vergleich zu Mineraldünger, ferner mit oder ohne Präparat 501. Der Verlauf des Wachstums und das Erntegut wurden nach morphologischen und analytisch feststellbaren Merkmalen untersucht, auch die kristalldiagnostische Methode wurde verwendet.

Einzeln und in Kombination sich verstärkend, bewirken Licht, Mistkompost und Kieselspritzung eine gleich oder ähnliche gerichtete gestaltliche Veränderung. Es wird durch diese Faktoren die arttypische Pfahlwurzel bei Radieschen und Spinat in ihrer Tendenz befördert. Sproßlänge, Internodien, Blattmetamorphose usw. werden beeinflußt. Erwartungsgemäß nimmt der Ertrag der Getreide im Schatten ab, parallel dazu wird das Verhältnis von Korn zu Stroh zugunsten des letzteren verschoben. Mineraldüngung wirkt in derselben Richtung, Kieselspritzung hebt im Schatten die Erträge etwas an und begünstigt ein engeres Verhältnis von Korn zu Stroh. In der folgenden Tabelle bedeutet z.B. 1:1,8, daß der Kornanteil höher

Morphologische und stoffliche Einflüsse unterschiedlicher Düngung und Belichtung auf verschiedene Pflanzen (KLETT 1968)

Düngung	Tiefschatten organ.	Tiefschatten mineral.	Halbschatten organ.	Halbschatten mineral.	Licht organ.	Licht mineral.
Wurzellänge in cm bei						
Radieschen	16	14	21	19	27	24
Spinat	13	13	14	15	23	18
Korn-Stroh-Verhältnis bei						
Roggen	1:7,4	11,2	2,9	3,4	1,8	2,0
Hafer	1:3,8	3,9	2,5	2,4	1,6	1,3
Inhaltsstoffe beim Spinat:						
Rohprotein in % der Tr.S.	16,0	18,6	15,3	18,8	12,6	15,6
Reinprotein in % d. Rohpr.	62	65	85	80	97	90
Nitrat, mg/100 g	42,4	47,6	13,6	40,3	7,5	34,5
Vitamin C, mg/100 g	56,1	47,3	78,8	80,2	90,4	80,1
Saccharaseaktivität						
% Gluc. in 24 h	4,7	5,5	5,3	6,5	5,0	7,7
Monosaccharide						
% in Tr.S.	1,25	1,19	2,67	1,67	4,68	5,92

ist als bei 1:2,0; man erkennt auch, daß beim Hafer kaum ein Düngungseinfluß, wohl aber ein solcher des Lichtes besteht.

Auch die stoffliche Beschaffenheit der Erntesubstanzen läßt sich der Polarität kosmisch-irdisch zuordnen. Höhere Gehalte an Roheiweiß, bei gleichzeitig verringertem Anteil an Reineiweiß, höhere Gehalte an Nitrat und Aschebestandteilen, höhere Aktivität der abbauenden Enzyme, weniger Vitamin C und Stärke treten bei NPK-Düngung und auch bei vermindertem Lichtgenuß in Erscheinung. Dies sind Merkmale *unvollkommener Durchgestaltung* und *Ausreifung* der Substanz. Die Tabelle gibt auszugsweise einige der morphologischen und analytischen Befunde wieder. (Die Wirkung des Hornkiesels wurde bereits auf S. 144 besprochen. Man kann diesen Daten entnehmen, daß die Bildung der Eiweißsubstanzen, der Vitamingehalt und die geschmacksbeeinflussenden Monosaccharide durch organische Düngung und Belichtung gefördert werden.

Der Qualitätsanbau berücksichtigt solche Befunde durch die Art und *Bemessung der Düngung und deren Anpassung an die Saatzeit.* E. BREDA (1972) hat in einem Versuch mit Früh- und Spätsaat von Spinat gezeigt, daß die – unerwünschten – höheren Nitratgehalte nicht nur durch Mineraldüngung erhöht und durch Kompostdüngung niedriger gehalten werden. Bei vergleichbarer Düngung ist bei Spätsaat der die physiologische Unreife anzeigende erhöhte Nitratgehalt höher als bei Frühjahrsspinat, d. h. bei späterer Saat ist bei der Düngung Zurückhaltung angezeigt.

Mit ähnlicher Fragestellung hat E. VON WISTINGHAUSEN (1979) die Möhrensorte Rothild mit folgenden Varianten in einem Feldversuch angebaut:

Aussaatzeiten: (I) 24. März, (II) 21. April, (III) 19. Mai
Düngung: (1) N-P-K = 50–50–80 kg/ha
(2) 200 dt/ha biologisch-dynamischer Kompost
(3) wie (2) mit den Feldpräparaten 500 und 501

(Düngung der Möhren ist im biologisch-dynamischen Anbau im allgemeinen nicht üblich, hier wurde aus versuchstechnischen Gründen eine Kompostgabe angewandt.)

In der folgenden Tabelle (S. 193) werden aus diesem Versuch einige für Ertrag und Qualität relevante Daten aus den Probeernten angegeben.

Die bessere Qualität wird durch höhere *Trockensubstanzgehalte,* durch höheren *Zuckergehalt* und niedrigere Werte für *Nitrat* und *freie Aminosäuren* angezeigt. Außer dem Einfluß der Düngung ist der Ertrags- und Qualitätsabfall bei der Spätsaat bemerkenswert.

	Düngung	Aussaatzeiten (I)	(II)	(III)	
Erträge dt/ha	(1)	643,6	675,3	567,1	Grenzdifferenz
	(2)	692,6	705,5	566,6	5 %: 68,1
	(3)	685,6	680,7	582,7	1 %: 94,2
Trockensubstanz %	(1)	12,5	11,9	11,5	
	(2)	12,4	12,3	11,9	
	(3)	13,2	12,8	11,8	
Freie Aminosäuren	(1)	364	412	481	
	(2)	321	309	388	
	(3)	324	315	379	
Nitratgehalt mg NO_3/kg Fr.S.	(1)	34,8	69,7	202,2	
	(2)	28,3	41,5	94,0	
	(3)	30,8	30,8	95,7	
Gesamtzucker % Glucose in Tr.S.	(1)	6,22	5,75	6,10	
	(2)	6,38	6,00	6,69	
	(3)	6,38	6,33	6,13	

Der Licht- und Wärmegenuß der Kulturen, auch mehr feuchte oder trockene Bedingungen, die Luftfeuchtigkeit hängen primär vom *Standort* und der *Jahreswitterung* ab. Dies ist ein Grund, weshalb die Qualität der Produkte räumlich und von Jahr zu Jahr variiert. Verbesserungen des Mikroklimas sind möglich durch die Schaffung windgeschützter Räume oder, umgekehrt, die Öffnung feuchter Stellen für Luft und Sonne, durch Mulchen und Bodenbearbeitung, die Wahl geeigneter Pflanz- und Reihenabstände und anderes. Ob aber die kosmischen und terrestrischen Umweltbedingungen in einem günstigen Verhältnis zueinander stehen, ob das am Ort mögliche Optimum tatsächlich erreicht wird, hängt in erster Linie von der Düngung und der Anwendung der Präparate ab. Darüber wurden auf S. 142, 150 und 165 bereits Beispiele gebracht. Deshalb genügt es an dieser Stelle, zwei Vergleiche zwischen Stallmist, organischem Handelsdünger und Mineraldünger anzuführen.

Auf S. 55 ff. wurden aus dem K-Versuch in Järna die Ergebnisse der Bodenfruchtbarkeitsuntersuchungen besprochen. Das Ziel dieses Versuches war, den Einfluß der Düngung auf die Qualität der Produkte zu studieren. Die 8 Glieder des Versuches erhielten folgende Düngung:

(1)–(3) 300 dt/ha Stallmist, davon Parzelle (1) voll biologisch-dynamisch;

(4) 150 dt/ha Stallmist und Mineraldünger;

(5) Kontrolle;

(6)–(8) Staffelung der Mineraldüngung für N: 31–62–124 kg/ha; P: 26–53–53 kg/ha; K: 43–86–86 kg/ha.

Die Qualitätsuntersuchungen an den Produkten wurden in einen *Qualitätsindex* zusammengefaßt. Aussagen über Erträge lassen sich mit einer Zahl machen. Diese gibt ein Gewicht oder Volumen an. Das Urteil über die Qualität beruht auf einer Anzahl verschiedenartiger, gesondert bestimmter Eigenschaften. Bei Kartoffeln, über die hier berichtet wird, erfolgte z. B. die Einstufung nach folgenden Merkmalen. Als *ungünstig* gelten: hoher Gehalt an Rohprotein, rasches Dunkeln des Gewebes und des Gewebeextraktes, rascher Zerfall des Extraktes und rasches Wachstum eines pathologischen Testorganismus auf Kartoffelscheiben. Als *günstig* gelten: der Gehalt an Reineiweiß in Prozent des Roheiweiß, Geschmack und Geschmackshaltbarkeit. Dieser wird in einer Skala von 1–4 beurteilt, wobei besserer Geschmack die höhere Ziffer erhält; ferner wird der PFEIFFERsche Kristallisationstest angewandt. Der Index ist so aufgestellt, daß die Zahl meist zwischen 80–110 liegt. Die höhere Zahl zeigt die bessere Qualität an.

Qualitätsindex der Kartoffelernte aus dem K-Versuch, Järna (PETTERSSON 1972)

Düngungsreihe	(1)	(2)	(3)	(4)	(5)	(6)	(7)	(8)
Rel.-Ertrag (100 = 34,1 dz/ha)	104	108	95	103	83	98	106	103
Qualitätsindex	109,3	107,1	106,1	97,5	98,5	95,9	100,0	85,6
Geschmack im Herbst	3,0	3,0	2,8	2,8	2,9	2,8	2,9	3,1
im Frühjahr	±0,0	−0,1	±0,0	−0,2	−0,2	−0,3	−0,5	−0,7

Signifikanz	Ertrag	Qualitätsindex	Geschmacksprobe im Herbst
P = 0,05	12	6,9	0,4
P = 0,01	16	9,4	0,6

Mit Ausnahme der ungedüngten Parzelle (5) sind die Erträge nicht sehr verschieden voneinander. Der Qualitätsindex ist bei den organisch behandelten Parzellen (1)–(3) am höchsten, doch ebenfalls günstig bei der mittleren Mineraldüngergabe. Die hohe Mineraldüngung fällt jedoch erheblich ab. Die organisch gedüngten Parzellen zeichnen sich zwar im

Herbst keineswegs durch besseren Geschmack der Kartoffeln aus, wohl aber durch bessere Geschmackshaltbarkeit während der Lagerung.

Nun kaufen zwar biologisch-dynamische Betriebe keinen mineralischen Stickstoffdünger, wohl aber teilweise *organische Düngemittel des Handels,* die als Zusatzdünger verwendet werden. Die allgemeine Regel, an die man sich dabei zu halten hat, wurde bereits oben erwähnt: *Je einseitiger die Nährstoffwirkung ist und je rascher ein Nährstoff verfügbar wird – auch wenn dies auf biologischem Wege erfolgt –, um so mehr ist darauf zu achten, daß man Überdüngung durch richtige Bemessung der Menge vermeidet.* Ein Feldversuch von J. KLEIN aus den Jahren 1963–65 erhärtet diese Auffassung. In diesem Versuch wurden einzeln und in Kombination gestaffelte Anwendungsmengen von Stallmistkompost, Mineraldünger und Borsten zu Hackfrüchten und Horngries zu Getreide gedüngt. Die folgende Tabelle zeigt die Wirkung von Stallmist und Borsten auf Ertrag und Qualität der Kartoffeln in den Jahren 1963 und 1965 (1964 war ein Trockenjahr).

Der Einfluß von Stallmistkompost und Borsten auf die Qualität von Kartoffeln (J. KLEIN)

Düngung dz/ha	N-Gehalt des Düngers kg N/ha	Erträge rel.	Rohprotein % in Tr.S.	Reinprotein in % des Rohprotein	freie Amino-säuren mg %	Proteinase-aktivität	Vitamin C mg/%
Kontrolle	–	100	9,40	63,0	219	58	23,0
Borsten							
3,13	37,5	120	9,90	62,4	228	58	29,0
6,25	75,0	133	10,80	63,6	231	62	24,7
Stallmist-kompost							
225	112,5	134	8,37	64,0	183	45	24,1
450	225,0	148	8,50	64,6	174	46	24,1

An diesen Zahlen ist bemerkenswert, daß gegenüber Borsten der Stallmist zwar die Erträge erhöhte, die untersuchten Qualitätskriterien aber trotzdem bei der Stallmistdüngung das günstigere Bild geben: so die Rohproteingehalte, die freien Aminosäuren und geringere Enzymaktivität; dagegen ist, wenn auch nur geringfügig, der Anteil an Reinprotein erhöht. Die ungleiche Höhe der Stickstoffgabe hätte sich bei den Stallmistparzellen eigentlich negativ auf die Qualitätsmerkmale auswirken sollen. Das ist aber nicht der Fall. Im übrigen ist die Bemessung der Düngung technisch bedingt, der Versuchsplan sah auch die Kombination von Düngerarten vor.

Haltbarkeit und biologischer Wert. Die Haltbarkeit von frischen Gemüsen und solchen für die Einkellerung ist eine technologisch und ökonomisch gleichermaßen erwünschte Eigenschaft. Gemeinhin gilt gute Haltbarkeit auch als ein Merkmal, das eine gute Ernährungsqualität anzeigt. Für die Richtigkeit dieser Ansicht lassen sich Gründe angeben.

Auf S. 150 wurde bereits eine Tabelle gebracht, die die verbesserte Haltbarkeit von Möhren nach Anwendung der Feldpräparate 500 und 501 zeigt. Sie ist einer umfangreichen Arbeit von J. SAMARAS (1978) entnommen. In dieser wurde die Haltbarkeit der pflanzlichen Produkte aus zahlreichen Vergleichsversuchen an mehreren Stellen mit organischer und mineralischer Düngung geprüft. Bei den meisten der angeführten organisch gedüngten Parzellen handelt es sich um solche, die mit biologisch-dynamisch präpariertem Dünger, z. T. auch mit den Feldpräparaten, behandelt waren. In der folgenden Tabelle sind die Ergebnisse zusammengefaßt.

Lagerungsverluste in % und CO_2-Abgabe in mg/1000 g Fr.M. von organisch und mineralisch gedüngten Gemüsearten (SAMARAS 1978)

Produkt		Düngung	Verderbnis od. Schrumpfung		Schwund		CO_2-Abgabe	
			min.	org.	min.	org.	min.	org.
Möhren	1975	Tiefstallmist	37,6	22,0	27,5	29,3	2597	2677
Möhren	1976	Tiefstallmist	47,0	34,0	53,1	32,4	2498	2336
Möhren	1974	Stallmistkomp.	60,0	32,5	18,6	15,7	3089	2668
Möhren	1975	Stallmistkomp.	52,5	36,0	57,5	52,1	5348	4278
Möhren	1976	Stallmistkomp.	48,5	33,5	22,5	20,7	1769	1441
Rote Bete	1975	Gülle	46,0	29,0	30,8	19,8	2099	1971
Kartoffeln	1976	Stallmistkomp.	34,5	19,0	15,4	13,2	1440	1150
Kartoffeln	1976	Stallmistkomp.	24,7	12,1	11,7	9,4	1342	1038
Spinat	1976	Gülle	–	–	29,5	28,4	3520	4282

Schwund: der Verlust an festen Stoffen und Wasser,
Schrumpfung und *Verderbnis:* diese für die Vermarktung wichtigen Merkmale werden angezeigt durch stark runzelige und weiche sowie angefaulte oder verfaulte Früchte.

Die Abgabe von CO_2 ist hier vermerkt, weil sie mit $r = +0{,}72$ und $r = +0{,}78$ mit Schwund und Verderbnis korreliert. Auch höhere Enzymaktivitäten und Keimzahlen (s. Tab. S. 150) korrelieren mehr oder weniger eng mit höheren Lagerungsverlusten.

In der Regel ist, wie die Tabelle zeigt, der Lagerungsverlust in dem organisch bzw. biologisch-dynamisch gezogenen Gemüse geringer als bei mineralisch gedüngtem. Die mineralische Düngung beeinflußt die Struktur des Produktes, seine Anfälligkeit für Verderbnis verursachende Organismen, Atmung und Enzymaktivität, und zwar im Sinne einer physiologischen Unreife. Daß Stickstoffdüngung die Aktivität der abbauenden Enzyme erhöht, ist seit den Untersuchungen von HOFMANN (1952) bekannt. J. KLEIN wies darauf hin, daß die durch Mineraldüngung, in geringerem Maße auch bei Borstendüngung auftretende Stoffkonfiguration in der Pflanze die Merkmale der *Unreife* trage. Es sind das die Merkmale, die in den oben geschilderten Versuchen als Hinweis auf eine geringere Ernährungsqualität angeführt wurden. Es besteht bei Wurzel- und Blattgemüse ein recht enger Zusammenhang zwischen hohem biologischem Wert und guter Haltbarkeit. – *Stallmistdüngung* – das ist ein weiteres wichtiges Ergebnis – *fördert auch bei höheren Anwendungsmengen die Ausbildung der erwünschten Reifemerkmale, – vor allem dann, wenn er kompostiert wird.*

Der Einfluß der Düngung auf die Haltbarkeit wirkt nicht nur über die Festigkeit des Gewebes und die Enzymaktivität. In den Untersuchungen von SAMARAS wurden Proben auch mit einem *Testpilz* beimpft, der Lagerfäule verursacht. Auf organisch gedüngten Fruchtscheiben der Möhren, Rote Beten und Kohlrüben, ferner auf steril gefilterten Preßsäften wuchs er schlechter als auf den mineralisch gedüngten Gemüsen. Wurden diese Nährsubstrate vorher gekocht, so war jedoch das Umgekehrte der Fall. Organisch gedüngte Ware scheint also einen – hitzeunbeständigen – Hemmfaktor gegen den Fäulnispilz zu enthalten, der bei mineralisch gedüngter fehlt oder nur schwach ausgebildet wird.

Von den zahlreichen experimentellen Ergebnissen, die heute zum Thema «Qualitätsbildung» vorliegen, werden hier nur einige charakteristische Beispiele angeführt. Die als kosmisch und terrestrisch bezeichneten Umweltfaktoren sind durch Boden und Klima gegeben, sie werden durch die Bewirtschaftung beeinflußt. Man kommt dann, wenn die Begriffe nicht eng gefaßt werden, zu der folgenden Gruppierung:

Der *terrestrische Pol* wird verstärkt durch: feucht-kühle oder feucht-warme Witterung, verringerte Lichteinstrahlung, reichlich verfügbaren Stickstoff aus Mineral- oder Flüssigdünger, frischen Dünger, sehr humusreiche Böden, einschließlich Niedermoor;

der *kosmische Pol* wird verstärkt durch: trockene und trocken-warme Witterung, leichtere Böden, reifen Kompost, kompostierten Stallmist und Stapelmist, Hornkieselpräparat 501 – Hornmist wirkt bei sehr feuchten und sehr trockenen Bedingungen ausgleichend.

In der folgenden Übersicht sind diese durch Versuche ermittelten Beziehungen zusammengefaßt (veränd. nach SCHAUMANN 1972). Dabei ist ins Auge zu fassen, daß die Wirkung der Umweltfaktoren auf Ertrag und Qualitätsmerkmale, allgemein ausgedrückt, im Sinne einer *Optimumkurve* verläuft. *Mangel und Überschuß sind nachteilig oder direkt schädlich. Weniger extremer Mangel und Überschuß kann durch andere Faktoren zum Teil kompensiert werden.* Sehr strenge Kälte wird gut und nicht so gut gedüngte Pflanzen absterben lassen. Bei etwas geringeren Kältegraden werden gut wachsende Bestände eher überleben als solche mit Mangel- oder Überschußsymptomen. Es kommt auf die *Ausgewogenheit der Umweltbedingungen an.*

Eigenschaften der Pflanzen, die gefördert oder verstärkt werden durch:

Licht, Wärme		*Wasser, Humus, Stickstoff*
Notreife, Frühreife	*Entwicklung*	Unreife, Spätreife
reproduktive Prozesse überwiegen		vegetatives Wachstum überwiegt
Blattmetamorphose beschleunigt		Blattmetamorphose verzögert
tiefe, einheitliche Wurzel	*Gestalt*	verzweigte Wurzel
kurze Internodien		lange Internodien
Blätter klein, kurzstielig, spitz, gegliedert, feste Struktur		Blätter groß (dünn), langstielig, einheitlich, weich
Insektenbefall verstärkt (Pilzbefall)	*Schädlinge*	Pilzbefall verstärkt (saugende Insekten)
hoch	*Haltbarkeit*	gering
	Inhaltsstoffe	
hoch	Trockensubstanzgehalt	niedrig
niedrig	Rohproteingehalt	hoch
hoch	Reinprotein in % von Rohprotein	niedrig
niedrig	Anteile an Nitrat, Amiden, freien Aminosäuren	hoch
höher	relativer Anteil an Disacchariden	niedriger
niedriger	relativer Anteil an Monosacchariden	höher
mehr Vitamin C		mehr Vitamin A
niedrig	Fermentaktivitäten in geerntetem Produkt	hoch
reich	Duft, Aroma	arm

Die qualitätsbestimmenden Umwelteinflüsse wirken am Standort zusammen. Sie umfassen Jahreswitterung, Bodenfruchtbarkeit, Düngung, Bearbeitung, Bestandspflege usw. Aus ihrer genauen Kenntnis folgen die Empfehlungen an den Anbauer. Hierzu sei als Beispiel eine Erhebung über Möhrenanbau aus dem Jahre 1973/74 angeführt (v. WISTINGHAUSEN 1979). Diese wurde bei 15 Anbaustellen durchgeführt, die alle dieselbe Sorte (Rothild) anbauten. Die Bewertung der Qualität des Erntegutes erfolgte nach dem von BREDA (1973) vorgeschlagenen Schema, in dem die Gehalte an Nitratstickstoff, Rohprotein, relativer Eiweißgehalt und der Zuckergehalt berücksichtigt werden. Für die folgende Beschreibung wurden aus der 100teiligen Skala 2 Bereiche ausgewählt und diesen die Aufwuchsbedingungen der Früchte zugeordnet.

Zusammenstellung der Umweltbedingungen für Möhren unterschiedlicher Qualität, verändert nach v. WISTINGHAUSEN (bessere Qualität wird durch höheren Index angezeigt)

Standort und Erträge	Qualitätsindex	
	60–82	12–38
Erträge dt/ha Durchschnitt	560 (300–850)	611 (500–700)
Bodenwertzahl	47 ± 17 leichtere, flachgründige, gut dränierte Böden	67 ± 7 fruchtbare, milde Lehme, z. T. feucht
Niederschläge	625 mm (550–700)	740 mm (600–800)
Düngung einschl. Vorfrucht, umgerechnet in Stickstoff, kg/ha	70	120
Vorfrüchte	63 % Getreide 25 % Zwischenfrüchte 12 % Leguminosen	43 % Zwischenfrüchte 35 % Hackfrucht 20 % andere
Aussaatzeit	durchschn. früher	durchschn. später
Herbstfurche	75 %	45 %
relevante Bodenwerte: Humus %	1,94	2,46
C/N-Verhältnis	7,3 ± 1,11	9,8 ± 2,0
K_2O/P_2O_5	1,8 ± 0,9	1,2 ± 0,7

Die hier nur auszugsweise angeführten Daten zeigen, daß die bessere Qualität erzeugt wird, wenn die Möhre als abtragende Frucht möglichst nach Getreide, nicht nach Hackfrucht steht; Gülle- oder Jauchedüngung zur Vorfrucht wirkt wegen des Kaligehaltes günstig; die frühe bis mittelfrühe Aussaat in gut abgesetztem, gleichmäßig strukturiertem Boden ist angezeigt; im Boden sollte die organische Substanz voll ausgereift sein, wie hier durch Humusgehalt und niedriges C/N-Verhältnis ausgewiesen wird. Alle diese Merkmale weisen darauf hin, daß die terrestrische Komponente der Fruchtbarkeit, Humus, Wasser und Nährstoffe (ausgenommen Kali) nicht zu stark sein sollte. Präparateanwendung ist wichtig.

Für andere Früchte in Feld und Garten sind die optimalen Umweltverhältnisse anders. Sie sind immer artspezifisch. Anbau und Pflege der Bestände sollten so eingerichtet werden, daß die hier erörterten Zusammenhänge am gegebenen Standort sich möglichst optimal auswirken können. Aus dem Gesagten wird auch deutlich, daß die Maßnahmen des Anbaus, der Düngerpflege und Anwendung zusammenwirken müssen, dann kann man, was Ertrag, Quailität und Gesundheit der Produkte anbelangt, ein gutes Ergebnis erwarten.

Biologisch-dynamische Methode und vegetarische Ernährungsweise

Biologisch-dynamische Höfe legen Wert auf ihre Tierhaltung. Diese beruht überwiegend auf eigenerzeugtem Futter und einer tiergemäßen Haltung. Als Betriebszweig ist sie ein Glied im Kreislauf der Fruchtbarkeit. Die Grundsätze biologisch-dynamischer Fütterung und Haltung, wie sie oben beschrieben wurden, lassen eine *gute Qualität und maximale Rückstandsfreiheit der tierischen Produkte erwarten.* Auch bei diesen dürften Geschmack und Konsistenz nicht zu vernachlässigende Qualitätskriterien sein, zumal bei der Mast bedenkliche Zusätze, etwa solche, die die Futterausnutzung erhöhen sollen, vermieden werden. So kommt es, daß die tierischen Erzeugnisse aus biologisch-dynamischen Höfen gefragt und, soweit wie sie erhältlich sind – was nicht überall der Fall ist –, auch geschätzt werden. Eine biologisch-dynamische Qualitätsforschung über diese Nahrungsmittel wie über die pflanzlichen gibt es bislang noch nicht. Wohl aber besteht das Erfahrungsgut der Erzeuger und Verbraucher. Es mag angezeigt sein, hier zu dem in der Überschrift genannten Thema einige Bemerkungen zu machen. Denn Fragen dazu werden nicht selten gestellt, nicht nur aus einem mehr allgemeinen Reformstreben oder weil man, was heute recht häufig vorkommt, Anhänger einer besonderen Ernährungslehre ist. Darüber hinaus kann man den Eindruck haben, daß *ein genuiner Vegetarismus* eher zu- als abnimmt, d. h. daß dieser nicht in einer wie auch immer gearteten Doktrin wurzelt, sondern einer echten und ernst zu nehmenden spontanen *Empfindung* entspringt.

Dem widerspricht nun allerdings nicht, daß auf das Ganze, also volkswirtschaftlich gesehen, die Nachfrage nach und der Verbrauch an tierischen Erzeugnissen nicht ab-, sondern zunimmt. Es ist in den letzten paar Jahrzehnten ein *rapides Ansteigen des Konsums* zu bemerken, sowohl in den industrialisierten Ländern als auch, soweit für diese erreichbar, in den sogenannten Entwicklungsländern. Am stärksten nimmt der Verzehr an tierischen Produkten in den sozialen Schichten zu, in denen noch vor wenigen Jahrzehnten diese Nahrungsmittel – mit Ausnahme von Milch – sehr selten auf den Tisch kamen. Der Konsum an pflanzlichen Grundnahrungsmitteln ist dagegen rückläufig. Diese Umschichtung in den Ernährungsgewohnheiten erfolgt, ausgenommen vielleicht in Distrikten mit starken religiösen Tabus, überall parallel zur Einkommensentwicklung. Japan ist das in dieser Hinsicht oft zitierte Beispiel. Die Entwicklung in Europa liegt allgemein vor Augen. Eine Tendenz zur Umkehr ist nicht zu erkennen. Sieht man von unerwarteten und außerordentlichen Ereignissen ab, so ist es selbst bei einer Verlangsamung oder rückläufigen Tendenz der wirtschaftlichen Entwicklung wenig wahrscheinlich, daß die Verzehrgewohnheiten sich rasch und drastisch ändern werden.

Doch wird in der *Diskussion um Umwelt- und Überlebensstrategien* öfters eine Einschränkung oder sogar Abschaffung der Großtierhaltung vorgeschlagen. Ökologische, ethische und ästhetische Gründe werden dafür angeführt.

Unter den *ökologischen Gründen* steht die niedrige Konversionsrate pflanzlicher Nahrungsstoffe in solche tierischer Herkunft an erster Stelle. Angesichts der Welternährungslage könne man sich den Luxus der tierischen Erzeugung nicht leisten. Das ist berechtigt, solange *Hühner- und Schweinehaltung* nicht überwiegend auf *Abfallnutzung* beruhen. In den modernen Großhaltungen ist es in der Tat so, daß nach neueren Angaben 60–90 % des kalorischen Wertes und 5–90 % des Eiweißes im Futter direkt für die menschliche Ernährung tauglich wären. Was über das *Rind* zur Nutzung von Flächen, die nur für die Erzeugung von Rauhfutter taugen, und als Bringer von Bodenfruchtbarkeit schon gesagt wurde, sei hier nur durch eine Angabe über seine Leistung per Flächeneinheit ergänzt. Kühe produzieren je Hektar einen Ertrag an verdaulichem, hochwertigem Eiweiß, der dem des Getreides gleichkommt oder diesen übertrifft, bei einem Energieinhalt, der sich auf 60–80 % von dem des Getreides beläuft.

Aber alle *Wohlfahrtswirkungen der Rinderhaltung* treten eben nur dann in Erscheinung, wenn die Tiere auf die Höfe verteilt sind. Denn Ackerbau ohne Tierhaltung zwingt in der gemäßigten und kühlen Zone zur Anwendung steigender Mengen an Mineraldünger. Der englische «Ökofarmer» JOHN SEYMOUR weist auf beispielgebende Farmen in Norfolk aus der Zeit vor der Mineraldüngeranwendung hin. Diese erzielten durch Fruchtfolge, Tierhaltung und Düngerwirtschaft 5 Tonnen Weizen pro Hektar. Selbst in wärmeren Gebieten sollte der Beitrag der Tierhaltung zur Bodenfruchtbarkeit nicht unterschätzt werden. – Dem steht nun allerdings ein Gesichtspunkt entgegen, dem man für die Zukunft eine Bedeutung zuerkennen kann: Man darf nicht annehmen, daß die ackerbaulichen Reserven *der pflanzlichen Eiweißerzeugung* gegenwärtig schon ausgeschöpft seien. Das ist nicht der Fall. Es ist vielmehr ein vorrangiges Ziel der ackerbaulichen Entwicklung und Forschung, daran weiter zu arbeiten. Man kann von mehr Körnerleguminosen z. B. einen Beitrag zur Aufrechterhaltung der Bodenfruchtbarkeit erwarten. Wie groß dieser ist, bleibt offen, denn erfahrungsgemäß ist der bodenverbessernde Wert der grün verfütterten, d. h. Wirtschaftsdünger erzeugenden oder als Gründüngung verwendeten Leguminosen höher als der von Körnerleguminosen. – Es zeigt sich also, daß für *das ökologisch wünschenswerte Ziel einer möglichsten Geschlossenheit der Betriebe* die Haustiere eine wichtige Rolle spielen, wenn man qualitativ und quantitativ befriedigende Erträge haben will. Alles, was gegen die moderne großmaßstäbliche Tierhaltung vorgebracht werden kann, behält daneben Gültigkeit.

Gegen die Haltung landwirtschaftlicher Nutztiere werden auch *ethische und ästhetische Gründe* geltend gemacht. Einiges davon wurde bereits auf S. 95 aufgeführt, dort allerdings nicht als Argument gegen die Tierhaltung überhaupt, vielmehr sollte auf die Notwendigkeit einer *tiergerechten Aufzucht und Pflege* hingewiesen werden. Da offensichtliche Schattenseiten im üblichen Umgang mit Haustieren bestehen, gehen manche weiter und sprechen sich gegen die Haustiernutzung selbst aus. Sie beziehen sich mit Recht auf die in jedem Falle abzulehnende, viel zu häufig vorkommende Grausamkeit beim Transport oder andere Fälle einer primitiven Roheit. Nicht tiergerecht, und damit im Kern *unethisch,* sind jedoch auch manche Systeme der Haltung, die der kalte, technisch-ökonomische Verstand des Menschen ausgeklügelt hat. Echtes Empfinden wendet sich dagegen; es kann nicht als «Sentimentalität» abgelehnt werden, denn es ist im Einklang mit den Befunden der Verhaltensforschung. *Artgemäßes Verhalten ist ein Bestandteil des Tierwesens als Ganzem.* «Amputiert» man es, indem man es durch die Haltungsform verunmöglicht, dann hat man eben einen durch menschliches Fehlverhalten geschädigten Organismus vor sich. (Blickt man auf das ganze Wesen des Tieres, dann schließt sich hier eine Frage nach der qualitativen Beschaffenheit der Produkte an. Sollte es gleichgültig sein, ob – wie das häufig der Fall ist – das Huhn, Kalb, Mastschwein oder Rind den Streß heutiger Haltungs- und Fütterungspraktiken während seiner sehr kurzen Lebenszeit mit knapper Not noch aushält? Oder käme es nicht sehr viel stärker auf naturnähere, d. h. auch tiergerechte Bedingungen an?) – Diesen negativen Aspekten stehen allerdings andere gegenüber. Aus der Pflege der Tiere und seiner Fürsorge für sie kann der Mensch *positive Lebensinhalte* entgegennehmen. In bäuerlicher Viehhaltung mit einer überschaubaren Tierzahl entwickelt sich ein differenziertes Verhältnis – auch zum einzelnen Tier. Und man kann sich daran erinnern, welches *seelische Element* gerade die Weidetiere in unsere bäuerlichen Kulturlandschaften bringen. Sie sind nicht bloß Futterverwerter und auch nicht bloß ein Spielding für Naturparks. Das Verhältnis des Menschen zu seinen Haustieren enthält Tiefenschichten, die an *Erkenntnis- und Bewußtseinsfragen* heranführen. Es muß eingeräumt werden, daß Haustierhaltung – und diene sie auch nur der Milch- und Eiererzeugung – das Töten von Tieren einschließt. Der Mensch hat die Population der Haustiere gegenüber dem Naturzustand verändert. Er muß nun bezüglich Zahl und Geschlecht der gehaltenen Tiere von außen regulierend eingreifen. Er kann sich fragen, ob er das will. Wenn ja, dann ist es an ihm, ob er sich um Verstehen und Verantwortungsbewußtsein bemüht. Diese können in rechter Weise aus einer Wesenserkenntnis von Mensch und Tier erwachsen. Beide Reiche, das der Tiere und des Menschen, sind durch ihre Evolution miteinander verbunden. Dieser Aspekt soll im gegebenen Rahmen nicht ausgebreitet werden. Er enthält, wenn es zum Handeln kommt, die *ethische* Frage, die an jeden gestellt ist. Die Einstellung, zu der man kommt, wird individuell gefunden werden müssen.

Schließlich wird sich der künftige Bedarf an Nahrung aus dem Tierreich nach den Ernährungsformen richten, zu denen größere Menschengruppen sich hinentwickeln werden.

Für das, «was richtig sei» oder «naturgemäß», werden gelegentlich *anatomische Gründe* in Anspruch genommen. Ablehnung, aber auch die Befürwortung einer gemischten Kost sollen aus dem menschlichen Körperbau hervorgehen. Hingewiesen wird auf die Unbestimmtheit in der Gestaltung des menschlichen Gebisses und der Verdauungsorgane (z. B. Darmlänge). Diese erlauben eine gemischte oder eine vegetarische Kost. Daneben gibt es die Vermutungen über die Ernährung des Urmenschen. Hier wird nach Argumenten auf Gebieten gesucht, die solche nicht hergeben können. Die zweckdienlichen Gebisse des Wiederkäuers oder des Raubtieres gehören zu der jeweiligen Lebensweise, Nagergebisse gibt es für unterschiedliche Kostformen. Aus den Gegebenheiten des menschlichen Körperbaus lassen sich zu der gestellten Frage keine sinnvollen Schlüsse ziehen. Man sollte auf dieser Ebene der Betrachtung gar nicht nach Antworten suchen. Der Mensch ist ein sich entwickelndes Wesen. Er stiege unter seine erkenntnismäßigen und sittlichen Möglichkeiten herunter, wenn er seine Ernährungsweise auf einen Biologismus gründen wollte, d. h. wenn er sich in der gestellten Frage in erster Linie von seinem Körperbau belehren ließe.

Ob jemand eine vegetarische oder nicht-vegetarische Lebensweise wählt, ist, wenn ihm dies überhaupt zur Frage wird, seine *individuelle Entscheidung*. Zu diesem Thema, auch zum eng damit zusammenhängenden Problem der Eiweißernährung findet man in den Darstellungen R. STEINERS manche Angaben. Keiner der Hinweise R. STEINERS besagt, man solle das eine oder das andere tun. Vielmehr wird beschrieben, was durch die eine oder andere Ernährungsform für die *leibliche und seelisch-geistige* Verfassung und Entfaltung des Menschenwesens an Förderung oder Hemmung, Unterstützung oder Beeinträchtigung zu erwarten sei. Das für einen selbst Richtige muß man dann selbst mit Bezug auf die eigene Lage herausfinden. Zu sagen ist indessen, daß STEINER gerade der Frage der Eiweißernährung eine nicht geringe *Bedeutung* für das Befinden des Menschen zuweist. So betont er bereits 1906, daß es wichtig sei, dem Körper nicht zu viel, aber auch nicht zu wenig Eiweiß zuzuführen. Da kommt es auf die individuelle leibliche Veranlagung an. Es ist zunächst eine offene Frage, ob diese so ist, daß der Organismus bei vegetarischer Lebensweise überhaupt gesund und leistungsfähig bleiben kann. Die Ernährung während der Kindheit und Jugend ist gleicherweise wichtig. Ist allerdings der Organismus für eine vegetarische Lebensweise tauglich, dann wird er keinesfalls *die mächtige Anregung der leiblichen und geistigen Leistungskraft* missen wollen, die aus einer *vegetarischen* Lebensweise entstehen kann. So muß der einzelne selbst durch Beobachtung und unabhängiges Urteil herausfinden, was dann, wenn er als Erwachsener darüber entscheidet, für ihn taugt. Man wird aber auch bei Kindern und Jugendlichen das rechte Verhältnis zwischen Führung und dem Beachten spontaner Regung finden müssen.

Eine entsprechende Nachfrage nach tierischen Produkten biologisch-dynamischer Herkunft wird sich gemäß den Kostformen entwickeln. Die Erzeugung muß sich dann langfristig darauf einstellen.

Qualitätserzeugung und Verbraucher

Anbau und Herkunft als Qualitätskennzeichen spielten von jeher eine Rolle bei Wein, Obst, bei der Erzeugung spezieller Käsesorten und ähnlichen Produkten, weniger dagegen bei den *Grundnahrungsmitteln* wie Getreide, Wurzel- und Blattgemüse und Milch. Auch nicht bei verarbeiteten Erzeugnissen einschließlich Konserven, die aus den Grundstoffen hergestellt werden. Heute ist das nicht mehr so. Die *Verbrauchererwartung* richtet sich auch auf ein Angebot an gesundem Brot, wohlschmeckender und haltbarer Gemüse und anderer Frischware. Man fragt nach, wie diese Grundnahrungsmittel bzw. Grundstoffe der Lebensmittelindustrie erzeugt worden sind. Mehr Menschen als noch vor wenigen Jahrzehnten sind an «biologischer Wertigkeit vom Anbau her», an «biozidfreiem Aufwuchs», «antibiotika-freier Fütterung» interessiert. Die in die breite Öffentlichkeit getragene Umweltdiskussion trägt zu dieser veränderten Einstellung bei, wenn sie auch nicht die einzige Ursache dafür sein dürfte. Auch die Schattenseite dieser neuen Einstellung gibt es. Waren verschiedener Art, nicht bloß Nahrungsmittel, werden nunmehr unter solchen Bezeichnungen wie «biologisch», «natürlich» oder «organisch» angepriesen. Der nur geschäftlich motivierte Gebrauch solcher Bezeichnungen treibt oft seltsame Blüten. Der Mißbrauch der Publikumsbeeinflussung floriert. Er diskreditiert in nicht wenigen Fällen das sehr berechtigte Streben nach echter Qualität und die Arbeit derjenigen, die für ihr Tun geradestehen können.

Dazu kommt ein weiterer Umstand: *die technologische Manipulierung bei der Verarbeitung.* Sie beruht auf einem Qualitätsbegriff, der verschieden ist von dem in dieser Schrift vorgetragenen. Das Grundsätzliche dazu wurde bereits in dem Abschnitt über «Nährstoffe oder Nahrungsmittel» gesagt. Raffinierung, Denaturierung, Anreicherung mit Vitaminen oder anderen für wichtig gehaltenen Zusätzen schaffen Erzeugnisse, *deren Qualität sich der Beurteilung durch die Mehrzahl der Verbraucher entzieht* bzw. diesen als Verbesserung angepriesen werden kann, ganz zu schweigen von Konservierungs-, Schönungs-, Konditionierungsmitteln oder solchen, die lediglich für den Fabrikationsprozeß selbst Bedeutung haben. Darüber gibt es heute zwar ein ausgedehntes Schrifttum, die vorhandene Verunsicherung wird durch dieses nicht behoben. Die Forderung, Nahrungsmittel so natürlich wie möglich zu belassen, auch die Verarbeitung daraufhin zu prüfen, ist berechtigt. *Die «gewachsene Ganzheit» sollte so weit wie möglich erhalten bleiben.* Diese Forderung gewinnt in zunehmendem Maße an Bedeutung.

Die biologisch-dynamische Bewegung kann für sich in Anspruch nehmen, *als erste ein Modell entwickelt zu haben,* das von der Erzeugung bis zum Regal des Einzelhändlers einen Qualitätsausweis und Markenschutz praktiziert. Der Qualitätsausweis gründet sich auf die Erzeugungsmethode, der Markenschutz auf die Beachtung und Überwachung von «Richtlinien für die Anerkennung der DEMETER-Qualität». Damit wird erreicht, daß der Verbraucher, der sich dafür interessiert, eine Ware erhält, in deren Herkunft und Erzeugung er Vertrauen haben kann. Dieses erwächst aus Aufklärung und Offenlegung der Produktionsmethoden, einschließlich Verarbeitung, Lagerung und Transport. Seinen Anfang nahm das Modell, auf das hier hingewiesen wird, als 1928 in Bad Saarow in der Mark die *Verwertungsgenossenschaft Demeter* begründet wurde. Sie wurde später in den *Demeterwirtschaftsbund* übergeführt, dessen Tätigkeit bis 1942 erlaubt war. 1954 wurde die Arbeit in der Bundesrepublik wieder neu aufgenommen, der *Demeter-Bund e. V.* wurde begründet. Heute bestehen unter demselben (z. T. auch unter anderen) Namen in einer Reihe von Ländern Organisationen ähnlicher Art und mit derselben Zielsetzung.

Deren Aufgabe ist es, die beteiligten Partner, Erzeuger, Verarbeiter, Handel und Verbraucher in assoziativer Weise zusammenzuführen. In diesem Zusammenschluß werden die Bedürfnisse und Möglichkeiten wahrgenommen und die Einrichtungen getroffen, die den Interessen der Beteiligten bestmöglich dienen und einem Ausgleich zuführen. In diese Tätigkeit ist in den letzten 25 Jahren viel Arbeit und Opferwille eingeflossen, oft unter Hintanstellung persönlicher Interessen oder solcher des eigenen Geschäftes. Heute werden Waren unter dem geschützten Namens- und Bildzeichen «Demeter» angeboten, dazu kommen die Bezeichnungen «aus *Biologisch-Dynamischer Wirtschaftsweise»* und *«aus Biologisch-Dynamischem Anbau».* Es gibt auch noch die Bezeichnung *«Biodyn»* für solche Betriebe, die die biologisch-dynamischen Maßnahmen durchgeführt, die Demeter-Qualität aber noch nicht erreicht haben.

Ein breit gefächertes Sortiment steht heute zur Verfügung. Dieses umfaßt Roggen, Weizen, Hafer und Gerste und Produkte aus diesen. Kartoffeln, Wurzel- und andere Wintergemüse kommen auf den Markt, ebenso wie die rascher verderbliche Ware der warmen Jahreszeit und Obst. Es werden Nährmittel, Säfte, Konserven, auch solche für Kleinkinder, hergestellt. Fleischwaren werden unter der Bezeichnung «vom Demeterhof» erzeugt. Ein Programm mit Milch und Milcherzeugnissen ist im Gange. Reis, Kaffee, Citrusfrüchte, Kräuter stehen aus wärmeren Klimaten zur Verfügung.

Für die Anerkennung der Demeter-Qualität bestehen *Richtlinien.* Diese werden von der unabhängigen Einrichtung des Geisteslebens, dem *Forschungsring für Biologisch-Dynamische Wirtschaftsweise,* erarbeitet und bekanntgegeben. Diese Organisation vereinigt in sich Praktiker, Wissenschafter und Berater, die die Entwicklung und Verbreitung der biologisch-dynamischen Wirtschaftsweise verantwortlich betreiben. Die Richtlinien entsprechen dem Entwicklungs- und Kenntnisstand der biologisch-dynamischen Arbeit und werden ständig damit im Einklang gehalten. Der Forschungsring ist der rechtliche Inhaber des geschützten Namens und Zeichens «Demeter». Er überträgt indessen die Handhabung der Richtlinien an den Demeter-Bund e. V. Dieser wirtschaftet nicht selbst, sondern beschränkt seine Tätigkeit auf den *rechtlich-treuhänderischen* Bereich. Dem Demeter-Bund obliegt es dann, mit Erzeugerbetrieben und bäuerlichen Arbeitsgemeinschaften zusammenzuarbeiten, ferner mit den Verarbeitern und Verteilern bzw. deren Arbeitsgemeinschaft und mit den Verbrauchern. Die letzteren, meist zu örtlichen Verbrauchergemeinschaften zusammengeschlossen, sind, wie die anderen Gruppen, in der Leitung des Demeter-Bundes vertreten. Dieser bezieht für seine Tätigkeit aus den Produkten einen geringen Prozentsatz. Er schließt mit den Produzenten, Verarbeitern, Groß- und Einzelhandel Verträge über die Einhaltung der Demeter-Richtlinien. Solche Verträge werden jährlich ausgefertigt und überwacht. Das Recht, das Demeter-Zeichen zu führen, wird gegeben, wenn *der Beauftragte des Demeter-Bundes und Forschungsringes sowie der Vertrauensmann der örtlichen Arbeitsgemeinschaft* zustimmen. Die Handelswege der Produkte entsprechen den Gegebenheiten und Bedürfnissen. Es wird zum Teil Verarbeitung auf dem Hofe und Selbstvermarktung betrieben. Der größere Teil der Produktion wird vom Großhandel und Verarbeiter aufgenommen. Diese stellen dann die Brücke dar zwischen dem erzeugungsfernen Verbraucher und dem marktfernen Erzeuger.

Beim Institut für biologisch-dynamische Forschung besteht, als Teil der Demeter-Arbeit, die *Gütestelle.* Diese beiden Forschungseinrichtungen betreiben nicht nur Grundlagenforschung über Qualitätserzeugung. Es werden auch jährlich Produkte routinemäßig untersucht. Diese Teste der verschiedensten Art dienen der Qualitätskontrolle. Doch fließt die so erhaltene Information auch über die Beratung als Sorten-, Düngungsempfehlung usw. wieder zurück in die Betriebe.

Von den genannten *Richtlinien* werden hier nur die wichtigsten Punkte erwähnt. Diese enthalten, wie das in der Natur von Richtlinien liegt, vornehmlich Vorschriften über das, was man nicht tun darf. Doch ist das nur der geringere Teil der Aufgabe. Das Weglassen bedenklicher Maßnahmen garantiert noch nicht die am Standort erreichbare biologische Wertigkeit. Um diese zu erzielen, bedarf es der *Betriebsentwicklung*. Die Überwachung der Vorschriften erfolgt durch die *Berater* und *bäuerlichen Berufskollegen*. Das schließt ein, daß neben dem Interesse, das der Bauer von sich aus an dieser Arbeit haben muß, der ständigen Entwicklung und Verbesserung der Erzeugungsmethoden Aufmerksamkeit geschenkt wird. Durch diese Zusammenarbeit werden die Prinzipien biologisch-dynamischen Arbeitens standortsgemäß in die Praxis der Betriebsführung übersetzt – «standortsgemäß», weil die natürlichen Voraussetzungen von Betrieb zu Betrieb wechseln. Der im vollen Wortlaut hier wiedergegebene Punkt (1) der Richtlinien wird dieser komplexen Sachlage gerecht: Für die Anerkennung gilt: «Die Biologisch-Dynamische Wirtschaftsweise im Sinne des Landwirtschaftlichen Kurses von DR. RUDOLF STEINER muß in der Regel mindestens zwei Jahre lang unter Hinzuziehung einer vom Forschungsring und vom Demeter-Bund beauftragten und bestätigten Persönlichkeit durchgeführt worden sein. Die bisherigen biologisch-dynamischen Erfahrungen sind dabei zu berücksichtigen. Dazu ist die Zusammenarbeit mit bestehenden Betrieben notwendig. Bei besonders günstigen Voraussetzungen kann die Anerkennung bereits ab der zweiten Ernte erfolgen. Für die Ermittlung der Vorbedingungen sind vollständige Angaben über die bisherige Bewirtschaftungsart und Bodenanalysen erforderlich. Dazu ist ein Betriebsspiegel zu erstellen. Die Verwendung eines Betriebsfragebogens wird empfohlen.» Die Grundlage der Düngung ist der Mist der landwirtschaftlichen Haustiere, insbesondere des Rindes, und der Kompost aus Pflanzenabfällen. Die Tierhaltung, aus der der Mist kommt, samt dem dazugehörigen Futterbau sollte soweit wie möglich Bestandteil des Betriebes sein. Ausnahmen von der eigenen Rinderhaltung bedürfen der Genehmigung. Die Verwendung organischer Dünger des Handels richtet sich in erster Linie nach deren Stickstoffgehalt. Sie darf, damit Geschmack, Geruch, Haltbarkeit und Bekömmlichkeit gewahrt bleiben, auf dem jeweiligen Feldstück die Stickstoffzufuhr durch Kompost, Stall- oder Gründünger im Rahmen der Fruchtfolge nicht übersteigen. Hühnermist und Jauche, auch wenn sie aus dem eigenen Betrieb kommen, rechnen in dieser Hinsicht wie organische Handelsdünger. Synthetische Stickstoffverbindungen, leichtlösliche Phosphate und hochprozentige chlorhaltige Kalidünger sind nicht zugelassen. Gemahlenes Gestein, auch phosphorhaltiges, Kalk und Erden sollen über den Kompost oder andere Belebungsprozesse laufen.

Fäkal- und Klärschlamm sind ausgeschlossen, auch Müllkompost, solange über die Auswirkung von Schwermetallen usw. keine genauen Kenntnisse bestehen.

Die Anwendung der Präparate im Sinne des Landwirtschaftlichen Kurses, einschließlich der gerührten Spritzpräparate Horndung und Hornkiesel, ist wesentlicher Bestandteil der Biologisch-Dynamischen Wirtschaftsweise.

Jungpflanzen müssen aus biologisch-dynamischen Anbau kommen. Nicht zulässig ist die Verwendung giftiger, synthetischer und physiologisch fragwürdiger Insektizide, Fungizide, Herbizide, chemischer Wachstumsregler usw. Nur vom Forschungsring allgemein zugelassene unbedenkliche Schutz- und Pflegemittel können angewandt werden. Ist eine Herbizidanwendung erfolgt, so werden die Produkte von dieser Fläche für mindestens ein Jahr aberkannt. Erheblicher Schädlingsbefall ist meldepflichtig.

Tiere, von denen Produkte unter der Bezeichnung «vom Demeterhof» auf den Markt kommen, müssen auf einem Hof mit Demetervertrag in einer bodenständigen Herde aufgezogen sein. Der Zukauf von Zuchttieren ist mit 10 % zugelassen. Für Kühe und Mastrinder soll die Winterration möglichst Heu bis zur Sättigung, mindestens aber 3 kg/Kuh und Tag enthalten. Der Futterzukauf darf 10 % der Trockensubstanz des Gesamtfutters nicht übersteigen. Bei Mastschweinen darf der Zukauf einer Reihe speziell zugelassener Futtermittel 20 % der Ration, bezogen auf Trockensubstanz, nicht übersteigen. Futtermittel müssen frei sein von Antibiotika, Harnstoff und anderen synthetischen Zusatzstoffen. Wird auf dem Hofe verarbeitet, so werden für Fleisch- und Wurstwaren Naturgewürze verwendet. Es dürfen weder Nitrit noch andere Schönungs- und Konservierungsmittel oder Füllstoffe verwendet werden, auch nicht Fleisch von nicht biologisch-dynamischen Höfen.

Die zur Erfüllung dieser Richtlinien notwendigen Maßnahmen, vor allem Düngung und Präparateanwendung, sind dem Beauftragten von Forschungsring und Demeter-Bund auf Anfrage mitzuteilen.

In den Abmachungen mit den Verarbeitern und dem Handel sind solche Punkte enthalten wie: der Bezug von Demeter-Produkten, deren Lagerung und Verarbeitung bei möglichster Schonung der Nahrungswerte. So sind z. B. bei der Backwarenherstellung Kunstsauer, Säure, Emulgatoren, Stabilisatoren, Enzymzusätze, Schimmelverhütungsmittel nicht zugelassen. Für Milch und Milcherzeugnisse gibt es Vertragsmolkereien. Auch der Großhandel steht in einem Vertragsverhältnis, während der Einzelhandel einen Handelsausweis erhalten kann.

Angesichtes der Vielfalt des Lebens auf einem Hofe und beim Vertrieb ist also vieles zu beachten. Doch läßt sich nur ein Teil dieses Lebens in quantifizierbare Vorschriften fassen. Das persönliche Verhältnis der Beteiligten zu ihrer selbstgesetzten Aufgabe muß dazu kommen. Denn viele Entscheidungen, gerade der landwirtschaftlichen Betriebsführung, sind Sache des Ermessens. Die persönliche Beziehung erfährt eine Förderung, wenn auch der Konsument der Arbeit am Lande nicht gleichgültig gegenübersteht, sondern sich wenigstens ein Bild davon zu machen versucht, welche natürlichen und menschlichen Kräfte am Werke sind, wenn die Nahrung entsteht.

Der Mensch und seine Arbeit am Land

Einzelner und Gesellschaft stehen heute in ihrem Verhältnis zum Lande an einem Kreuzwege. Die Frage, welche Richtung einzuschlagen sei, geht nicht nur den Landwirt, Gärtner oder Forstmann an, sondern jedermann, und zwar diesseits und jenseits von Staats- und Landesgrenzen. Probleme des Tages mögen jenseits von Grenzen etwas anders aussehen als diesseits, im Grunde trifft man aber allenthalten dieselben Fragen.

Bereits in den einleitenden Bemerkungen zu dieser Schrift wurde darauf hingewiesen: Es geht heute nicht nur darum, die eine oder andere Panne der landwirtschaftlichen Technologie abzustellen, sondern um das Ganze dieses Lebensgebietes. Neue Erkenntnisansätze werden gebraucht über die Struktur der Betriebe, ihre Erzeugungsmethoden, ihr Verhältnis zu den anderen Gliedern der Gesellschaft, die Haltung und Motivierung der auf dem Lande tätigen Menschen. Zugegeben, wenn es zum Handeln kommt, muß man sich für oder gegen ein bestimmtes Vorgehen entscheiden, sei dies nun die Bereitung von Festmist oder Flüssigdünger, Aufgabe oder Ausbau eines Betriebszweiges, Verwendung eines Giftes oder die rechtzeitig getroffene vorbeugende landschaftspflegende oder Kulturmaßnahme usw. Wesentlich ist, ob die Einzelmaßnahme Teil einer Konzeption ist, d. h. des *ganzheitlichen Bildes der Betriebsentwicklung*, oder ob sie isolierter Teil eines technischen Vorganges ist.

«Fachleute» sind selten geneigt, die Situation in diesem Lichte zu sehen. Daß diese Einstellung nicht richtig ist, zeigt sich sofort, wenn man sich die Dimensionen der anstehenden Probleme vergegenwärtigt. In einer Schrift, auf die noch zurückzukommen ist, faßt R. C. Oelhaf (1978) die Kritik an der allgemeinen Landwirtschaft so zusammen: «(Ihre) Mängel ergeben sich aus der Tatsache, daß die konventionelle Landwirtschaft ihre Wirkungen auf die Umwelt nicht zu berücksichtigen braucht (soweit nicht gesetzliche Vorschriften entgegenstehen); sie folgen aus den unberücksichtigten Dimensionen der Nahrungsqualität; und aus der Art, wie Ressourcen verteilt werden: gegenwärtig unter den Völkern der Erde und auch zwischen den heutigen und künftigen Generationen. Kritiker der konventionellen Landwirtschaft haben die Rolle des Menschen in zweifacher Hinsicht in Frage gestellt: als Ausbeuter (anderer Kreaturen) und als Ausgebeuteter (wenn er als Betriebsmittel im System angesehen wird, anstatt Zweck und Ziel in sich selbst zu tragen). Die organische Landwirtschaft bietet Alternativen, die eine Antwort auf die meisten dieser Kritiken bereit halten.» Der erstgenannte Punkt bezieht sich nicht nur auf die Verringerung der Umweltverschmutzung durch Weglassen der einen oder anderen Chemikalie, sondern auch auf die Rückführung der Abfälle, geringere Umweltbelastung durch reduzierten Energieverbrauch, Transport usw. Mit der gerechten Verteilung der Betriebsmittel jetzt und mit Rücksicht auf die Zukunft ist neben den abbaubaren Bodenschätzen auch der Kulturboden gemeint: «Wenn Land lediglich als Produktionsmittel in einem Produktionsverfahren angesehen wird, dann schließt das für eine konventionelle ökonomische Analyse mit ein, daß es optimal sein kann, das Betriebsmittel zu zerstören, um dadurch den kurzfristigen Profit zu maximieren. Dann ist es «ökonomisch», wenn man «überbeweidet», die Konturbearbeitung vernachlässigt und die natürliche Fruchtbarkeit verfallen läßt. Sucht man eine Dauerbeziehung zwischen dem Menschen und dem Land, dann wächst eine verantwortliche Haltung heran, die sich als stärker erweist als die Gewinnmaximierung . . . Organische Landwirte sind stolz darauf, das Land etwas fruchtbarer zu hinterlassen, als sie es vorgefunden haben.» (Diese letzte Bemerkung scheint auf E. PFEIFFERS Buch «The Earth's Face and Human Destiny», London 1947, Bezug zu nehmen.)

Ähnliche Verlautbarungen kann man vermehrt von offizieller Seite hören. Daß es aber auch auf Umdenken ankommt, geht aus dem holländischen Bericht hervor: «Ein auffallendes Merkmal einiger alternativer Landbaumethoden ist die Überzeugung, daß die Natur in Wesen und Wirkung mehr umfaßt als jenen Teil der Realität, welcher im Blickfeld der traditionellen Naturwissenschaft liegt.» In den siebziger Jahren wurde im schwedischen Reichstag gefordert, der Beratung und Ausbildung alternativer Methoden gleiche Möglichkeiten einzuräumen. Wichtig ist ferner, daß der Blick mehr und mehr auf *Systeme* gelenkt wird. So in dem Kolloquium im März 1983 in Uppsala über den Vergleich landwirtschaftlicher Systeme. Es wurde die Bedeutung von Fallstudien betont, von denen Einblick in die meßbaren und auch die nichtquantifizierbaren Interaktionen zwischen Betriebszweigen, Standort und Betriebsleiter erwartet werden kann.

Auf die detaillierte Untersuchung von R. DIERCKS wurde schon hingewiesen. Da heißt es (S. 209): «Skepsis und Zweifel, ob man der Landwirtschaft den bisherigen Weg extremer Rationalisierung und Intensivierung weiter zumuten darf, sind deshalb nicht nur verständlich, sondern erforderlich. Alle Kritik am modernen Landbau bleibt aber unfruchtbar, wenn nicht Überlegungen angestellt werden, wie alternative Lösungen im Sinne eines ökonomisch-ökologischen Ausgleichs auszusehen hätten. Notwendig wäre sodann, daß solche alternative Modelle schon auf dem Prüfstand gewesen waren, um konkret beurteilen zu können, ob und unter welchen Bedingungen sie realisierbar sind. Diese Voraussetzung trifft für die verschiedenen Richtungen des biologischen Landbaus zu . . . bis zu einem gewissen Grade auch schon für das Konzept eines integrierten Landbaus, der . . . den chemisch-technischen Fortschritt nicht prinzipiell ablehnt, ihn aber unter größtmöglicher Beachtung ‹ökologischer Spielregeln› zu nutzen sucht.»

Hier ist ein Wort zum *integrierten Pflanzenbau* angebracht, der das «chemisch-technisch Mögliche dem chemisch-technisch Verantwortbaren» stärker unterzuordnen bereit ist. Organisatorische und wirtschaftliche Konsequenzen, auch eine Begrenzung gefährlicher Langzeitwirkungen sind davon zu erwarten. Es ist zu begrüßen, wenn durch Reduktion des Aufwandes und einseitiger Anbauprogramme die schlimmsten Auswüchse beschnitten werden. Daß der Grundkonflikt zwischen Ökonomie und Ökologie dadurch gelöst wird, ist nach DIERCKS nicht zu erwarten. «Der Gewinn sollte aber nicht unterschätzt werden.»

Was kann von biologisch-dynamischer Seite dazu gesagt werden? Jede Verringerung der Risiken ist willkommen. Aber mehr ist notwendig. *Der biologisch-dynamische Landbau hat mit seinen Resultaten mit der allgemeinen Landwirtschaft gut Schritt gehalten.* Er hat, was effiziente Nutzung des betriebseigenen Potentials, Umwelt- und Nahrungsqualität, aber auch zukunftsweisende soziale Gestaltung und persönliches Engagement anbelangt, Ergebnisse vorzuweisen, um die man nicht herumkommen kann. Daß dahinter ein Natur- und Menschenbild steht, das die heutige reduktionistische und materialistische Denk- und Willensrichtung positiv ergänzt, ist sichtbar geworden. Damit kann der einzelne sich in Freiheit auseinandersetzen.

Was heute da ist, wurde erreicht ohne das System der Förderung und Lenkung, durch das Wissenschaft, Beratung, Agrarpolitik und ihre finanziellen Maßnahmen die allgemeine Landwirtschaft auf ihren heutigen Stand gebracht haben. Es wurde vielmehr aus der eigenen Kraft und Entschlossenheit einer zahlenmäßig kleinen Gruppe hingestellt. Es hat sich, wenn man die verschiedenen anderen biologischen Systeme mit einbezieht, ein *Pluralismus* entwickelt, der positiv weiterführen kann. Die vielen offenen Probleme wie Bevölkerungszunahme und Nahrungsbedarf, Umweltschäden, die haushälterische Verwendung von Ressourcen, auch psychologische und ethische Aspekte können weitergebracht werden, wenn die verschiedenen Gruppen sich in die Situation einer echten, nicht rhetorischen *Chancengleichheit* auseinandersetzen. Dies muß auch – durch Beratung und Forschung – für die Förderungsmaßnahmen für Betriebe gelten. Nur in der sachlichen, nicht macht- oder gruppenbestimmten Diskussion kann dem Fortschritt gedient werden.

Was ein integrierter Pflanzenbau leisten kann, ist noch offen. Auch wird es psychologisch keine leichte Aufgabe sein, die notwendigen Abgrenzungen nach Menge und Art des Aufwandes verständlich und akzeptabel zu machen.

Auch biologisch-dynamischer und biologischer Landbau sind entwicklungsfähig und -bedürftig. Rasche Zwischenlösungen oder eine voreilige Suche nach Kompromißlösungen sind kontraproduktiv. *Eine pluralistische Entwicklung bei Praktizierung des Gleichheitsprinzips, soweit öffentliche Einflußnahme vorliegt, ist bis auf weiteres angemessen und läßt einen positiven Allgemeinbeitrag erwarten.*

Die weitere Entfaltung der biologisch-dynamischen Arbeit hängt ab von den Menschen, die sich dazu entschließen, und von den Umständen. Warum entscheiden sich Landwirte und Gärtner für eine bestimmte Methode? Angesichts der Disparität zwischen industriellem und landwirtschaftlichem Einkommen – abgesehen von Freizeit, Wahl der Urlaubszeit u. ä. – spielt das Geld keine geringe Rolle bei der Wahl einer Produktionsmethode. Konventioneller Land- und Gartenbau sind entschieden auf Ertragssteigerung und Verringerung des Arbeitsbedarfes ausgerichtet. Schulen und Beratung fördern diese Tendenz, sie sind bemüht, das «finanzielle Versprechen» ihrer Technologie zu erfüllen. Mit dem bewahrenden und pflegenden Ethos des Berufsstandes steht dies wenig im Einklang. Auch für den konventionellen Landwirt ist sein Betrieb und Boden nicht bloß ein aufzubrauchendes Produktionsmittel. Nicht nur Gewinnmaximierung, sondern auch ursprüngliches Verbundensein, Verbesserungen oder was er dafür hält, Sicherheit, Verringerung von Risiko und Verschuldung, Prestige usw. tragen zur beruflichen Befriedigung bei. Trotzdem kann man nicht an der Tatsache vorbeisehen, daß überwiegend monetäre Motivierung sich recht gut mit dem heutigen konventionellen Land- und Gartenbau verträgt.

Warum entschließt sich dann jemand, auf die biologisch-dynamische Wirtschaftsweise umzustellen? Genau weiß das nur der Betreffende selbst, doch lassen sich öfters anzutreffende Motive anführen. Beispiele, die zeigen, daß es auch anders geht, ermutigen zur Umstellung. Auch der biologisch-dynamische Bauer und Erwerbsgärtner muß seinen Lebensunterhalt verdienen. Z. T. kann er einen Preisaufschlag für seine Produkte erwarten. Doch stärker als dieses Motiv ist jedenfalls das *Berufsbild:* nicht die Natur von außen zu zwingen, sondern die Naturprozesse selbst durch menschliche Arbeit zu steigern. Darin werden geistige und sittliche Werte gefunden. Diese Einstellung ist nicht in erster Linie, wie man vielleicht annehmen möchte, durch traditionelles Empfinden bestimmt. Das mag anfänglich mitspielen. Im weiteren Verlauf zeigt sich, daß es auf neue Erkenntnisse ankommt und das Handeln aus diesen. Früherer eigener Umgang mit konventionellen Methoden, Vergiftungsfälle und Allergien, das Interesse an der Gesundheit kann zu einem Überdenken des bisher Getanen führen. Oft ist es der Gesundheitszustand der Tiere in einem intensiven Programm, der einen Wechsel veranlaßt. In einer französischen Erhebung über biologischen Landbau war dies bei 60 % der Befragten ein erheblicher Grund. Über die zahlreichen Interessenten aus der jüngeren Generation wird noch zu sprechen sein. Kurzum, nicht nur Weizen und Milch sind «Erzeugnisse» der Landwirtschaft, sondern auch die *berufliche Erfüllung* durch noch anderes als den – auch notwendigen – monetären Erfolg. Zu dieser trägt das Bewußtsein bei, ein Treuhänder zu sein, der sich für Umweltqualität, Gesundheit der anvertrauten Betriebsmittel verantwortlich fühlt, auch im Blick auf die Zukunft. Man kann sagen, daß die biologisch-dynamische Landwirtschaft diese keineswegs unwichtigen «Beiprodukte» ihrer Bedeutung gemäß bewertet.

Ist dann, wenn diese komplexe Motivierung vorliegt, die Methode nur für Idealisten zu empfehlen – oder vielmehr, was der «erzpraktische Realist» gemeinhin darunter versteht? Ist sie zu schwierig, breiter empfohlen und eingeführt zu werden? Hierzu ist auf zweierlei hinzuweisen. Seit den Tagen A. von Thaers, das heißt seit dem Anfang des 19. Jahrhunderts wird Landwirtschaft als ein Gewerbe verstanden, das Gewinn erzeugen soll. Bis zu den Tagen der Umweltbewegung und danach wurde dieses Bild von den beharrenden Kräften der etablierten Beratung und Forschung einseitig gefördert. Wenn eine solche Beeinflussung sich durch Jahrzehnte hindurch fortsetzt, dann müssen die erwähnten «Beiprodukte» in den Hintergrund treten. Um nur ein Beispiel anzuführen: Wer dabei war, weiß, was in endlosen Debatten über die Landflucht im Industriestaat geredet wurde, d. h. wie man angesichts der vermeintlichen und echten Zwänge nach Mitteln gesucht hat, Leben und Arbeit auf dem Lande attraktiver zu machen. Aber die einseitige Betonung des monetären und arbeitswirtschaftlichen Fortschrittes hat eben in vielfältiger Weise an den beruflichen und menschlichen Werten des Berufsstandes gezehrt. Sich den echten Werten durch die Tat verpflichtet fühlen, ist Idealismus. Gesetzt, die biologisch-dynamische Methode verlange mehr Engagement für die Sache, dann ist es die Aufgabe von Ausbildung und Beratung, alle Werte eines gesunden Bauerntums zu fördern. – Andererseits gilt es die *Verantwortung der Gesellschaft* ins Auge zu fassen. Solange es genug zu essen gibt, wird man beim Verbraucher – der gleichzeitig als Steuerzahler Überproduktion mitfinanziert, – kein besonders aktives Interesse an Hektarerträgen und Milchleistung erwarten können. Die Existenz des Landwirtes hängt davon ab. Der Verbraucher interessiert sich eher für gesunde Nahrung, eine saubere und ästhetisch anziehende Umwelt. Den Verlust an diesen bezahlen beide, Bauer und Städter. Doch für den Bauern ist dies der kleinere Posten in seiner Ausgabenrechnung. Die beiden Gruppen, Landwirte und Nichtlandwirte, gewichten die Arten der Produktion, Erträge, bzw. Umwelt- und Nahrungsqualität in unterschiedlicher Weise. Will die Gesellschaft diese letztgenannten Werte haben, so muß sie die Landwirtschaft dafür entsprechend honorieren, d. h. sie muß sie wirtschaftlich in die Lage versetzen, auch diese zu «produzieren».

Neben dem Berufsbild hängt die Wahl der Landwirtschaftsmethode von den *Umständen* ab. Dies führt zu den häufig gestellten Fragen nach *dem Markt,* den *Erträgen, Preisen,* dem *Arbeitsbedarf* und den *vorhandenen Düngerreserven.* Wie liegen diese Faktoren für die biologisch-dynamischen bzw. anderen alternativen Bestrebungen?

In dem Abschnitt über Betriebsformen und -ergebnisse (S. 103 ff.) wurden einige Angaben über Hektarerträge, Milchleistung und finanzielle Ergebnisse biologisch-dynamischer Betriebe gemacht. *Deren langjährige Leistung ist gut,* insbesondere wenn man berücksichtigt, daß der Aufwand an betriebsfremden Betriebsmitteln in jedem Falle geringer ist als anderweitig. Man kann heute sagen, daß es in verschiedenen Ländern und Klimaten eine ganze Reihe gut gehender biologisch-dynamischer Betriebe, auch solche der organischen Richtung gibt. Auf der einen Seite ist das eine Tatsache, die Gewicht hat. Andererseits bedingt ihre Streulage und, auf das Ganze gesehen, nicht so große Zahl, daß zu den eben genannten Fragen doch nicht soviel Information vorliegt, als eigentlich wünschenswert wäre, um die Möglichkeiten des alternativen Vorgehens in allen Anbauzonen zu demonstrieren. Denn seit in den vergangenen 10–12 Jahren das Karussell der Rohstoff-, Energie-, Nahrungs- und anderer Krisen in Gang gekommen ist, mit wenig Aussicht, daß es so rasch wieder stillstehen werde, müssen die Erträge mehr als zuvor in Vergleich gesetzt werden zum Aufwand. So ist das in den Industrieländern, so auch in den notorisch finanzschwachen und nahrungsbedürftigen Entwicklungsländern, die zumeist auch auf Öleinfuhr angewiesen sind. Diese müssen besonders auf die Mobilisierung der heimischen Betriebsmittel und die Verwendung ihrer Arbeitskräfte bedacht sein. Jedenfalls ist das so auf längere Sicht und selbst wenn man einräumt, daß die bislang meist praktizierten «Sorten-, Mineraldünger-, Pestizid-Programme» z. T. eine vorläufige Erleichterung gebracht haben.

Zu den genannten Fragen liegt neuerdings eine methodisch sehr vollständige, bezüglich der Daten aber auch begrenzte Schrift vor, das bereits erwähnte Buch von R. Oelhaf (1978): «Organische Landwirtschaft, ein ökonomischer und ökologischer Vergleich mit konventionellen Methoden». Die Darstellung bezieht die biologisch-dynamische Methode mit ein. Die Befunde dieser von der Universität von Maryland/USA z. T. auch mit Bundesmitteln geförderten Arbeit sind zwar nur mit Einschränkungen auf Europa übertragbar, doch seien hier einige allgemeine Punkte angeführt. Der Verfasser unterrichtet in Rudolf Steiner Farm School, Harlemville-Ghent, New York, einer Volks- und höheren Schule.

Eine Untersuchung des *Marktes für «organisch» erzeugte Nahrungsmittel*, soweit dieser durch Reformläden versorgt wird, zeigt um die Wende der 60iger zu den 70iger Jahren vorübergehend eine jährliche Wachstumsrate um 30 %. Allerdings ist der Anteil dieser Waren an den Lebensmittelkäufen auch in den USA gering, etwa 0,2 % – wobei in dieser Zahl die erhebliche Menge an lokal produzierten und verbrauchten Gütern nicht eingeschlossen ist. Bei saisonabhängigen Erzeugnissen sind die Einzelhandelspreise teilweise nicht höher als sonst, im Durchschnitt erzielt Reformware höhere Preise, je nachdem bis zu 100 %. Als wichtigstes Ergebnis einer eingehenden Diskussion ist aber festzuhalten, daß diese höheren Preise nicht notwendigerweise höhere Produktionskosten anzeigen. Sie sind durch die Kosten von Erfassung und Verteilung erklärbar. Im «organischen» Sektor ist die Verarbeitung suboptimaler Mengen um 0,5–16 % teurer, die Transportkosten um 10–27 % höher, die meist kleineren Reformgeschäfte müssen mit einer Spanne von 39 % arbeiten, während der Supermarkt mit 21 % auskommt. Gelegentlich erlaubt indessen die Markentreue, deren mancher Reformartikel sich erfreut, einen relativ höheren

Preisaufschlag. Zum Verbraucherverhalten ist zu sagen, daß die Käufer von Reformware in der Regel auf den Preis achten. Maßgebend für die Nachfrage ist aber doch in erster Linie das Interesse an gesundheitsfördernder, giftfrei gezogener, wohlschmeckender und frischer Kost. Hierin drückt sich eine vernünftige, nicht eine irregeleitete Kundenerwartung aus.

Umweltqualität und organischer Anbau sind für den Landwirt und seine Kunden wichtige Gesichtspunkte. Doch unternimmt es der Verfasser, auch die *Erzeugungskosten organischer Nahrung* nach verschiedenen Methoden zu ermitteln. Die Produktionskosten über den Vergleich mit den Erträgen früherer Jahre – nach der Gleichung organische Landwirtschaft = Landwirtschaft der Großväter – ermitteln zu wollen, ist nicht möglich. An der Erhöhung der Maiserträge in den USA von 1930–1960 sind Mineraldünger zu 35 %, Züchtung zu 34 %, Wahl der Anbaugebiete zu 17 % und andere Faktoren zu 14 % beteiligt. Organische Anbauer können Gebrauch machen von neuen Sorten, Maschinen, der Gunst der Witterung, Intensivierung ihrer organischen Düngung. Auch ihre Erträge sind heute sehr viel höher als früher. Untersuchungen der Versuchsstationen zu dem Thema Produktionskosten tragen angesichts der Interessenlage dieser Institutionen und der dort bevorzugten Versuchsanstellungen nicht zur Klärung bei. So bleibt schließlich die Frage, ob die Erzeugerpreise für organische Ware die tatsächlichen Produktionskosten richtig widerspiegeln. Zieht man Preisbewegungen, den organischen Markt und die Nachfrage, Verbraucher-Erzeugerbeziehungen usw. in Betracht, so zeigt sich, daß die Erzeugerpreise in erster Annäherung auch die Erzeugungskosten anzeigen. Doch müssen Umstellungskosten gegebenenfalls berücksichtigt werden. Für Weizen organischer Herkunft erhält der Erzeuger in verschiedenen Teilen des Landes einen Aufschlag von 6,5, 7,3 bis 15 bzw. 10 %. Für Reis sind die Aufschläge wesentlich höher, 26 bis 51 %. Für Gemüse werden für das Haupterzeugungsgebiet Kalifornien Unterschiede von −6,7 bis +23 %, für ein Produkt von +40 % genannt. Citrusfrüchte erhalten keinen Zuschlag, für anderes Obst gelten Preisunterschiede gegenüber konventioneller Produktion von −29,4 bis +9,1 %. Diese Zahlen stützen also die oben geäußerte Ansicht, daß höhere Einzelhandelspreise nicht in erster Linie durch die Erzeugerpreise bedingt sind.

Die Information über die *Ertragsunterschiede* zwischen organischen und konventionellen Farmen ist wenig vollständig. Die Untersuchung von LOCKERETZ an gemischten Farmen im mittleren Westen hat gezeigt, daß die organischen Anbauer um 13 % niedrigere Mais- und um 16 % niedrigere Weizenerträge erzielten, bei Sojabohne und Hafer besteht kein Unterschied, die Heuerträge waren bei organischer Bewirtschaftung um 30 % höher. OELHAF machte eigene Erhebungen in anderen Teilen des Landes, auch an viehlos wirtschaftenden Betrieben. Die Ergebnisse von LOCKERETZ werden im großen und ganzen bestätigt, doch sind die Leistungen der Getreide – ausgenommen Mais – offenbar besser, als die Studie von LOCKERETZ zu zeigen scheint. In dessen Untersuchung bestand zwischen den Vergleichsgruppen kein Unterschied im Reingewinn. Geringere variable Kosten bei organischer Bewirtschaftung glichen die etwas niedrigeren Roherträge aus. Erhebungen über die Obst- und Gemüseerzeugung, die ebenfalls angestellt wurden, geben ein sehr heterogenes Bild. Der zusätzliche *Arbeitsbedarf* bei organischer Bewirtschaftung liegt für landwirtschaftliche Kulturen zwischen 5 und 20 %.

Schließlich stellt OELHAF noch die Frage, ob bei einer Ausdehnung des organischen Anbaus *Engpässe an Betriebsmitteln* oder geeigneten Standorten zu erwarten seien. Das in Amerika mögliche Modell, daß man eine Produktion an bessere natürliche Standorte verlagert bzw. geringeren Aufwand an Betriebsmitteln durch Ausdehnung der Anbaufläche kompensiert, ist für Europa weniger von Bedeutung. Solche häufig angebotenen Hilfsmittel wie z. B. Humus aus organischen Lagerstätten, Gesteinsmehle und Meeresalgen stehen reichlich zur Verfügung. Bemerkenswert ist aber die Feststellung, daß der im tierischen Dünger anfallende Stickstoff für das ganze Land 10 Mill. Tonnen beträgt, gegenüber 9 Mill. Tonnen, die 1975 als Mineraldüngerstickstoff verwendet wurden. Mit anderen Worten, bei dezentralisierter Tierhaltung und geordneter Verwertung der tierischen Ausscheidungen – Voraussetzungen, die für die US nicht zutreffen – könnte der Stickstoffbedarf der Kulturen praktisch aus Naturdünger gedeckt werden. *Arbeitskräftemangel* wird angesichts der Einstellung zum Beruf, der in Familienbetrieben der organischen Richtung vorherrscht, nicht als ein Problem angesehen. Die zahlreichen jüngeren Menschen, die heute von den alternativen Betrieben gar nicht alle aufgenommen werden können, würden bei weiterer Ausbreitung der Methode wohl bald einen Platz finden.

Es zeigt sich also an dieser Studie, daß der Unterschied in den Flächenerträgen zwischen biologisch-dynamischen bzw. organischen Betrieben und den konventionell wirtschaftenden nicht so groß ist – zumal dann, wenn man die Gesamtleistung gemischter Betriebe ins Auge faßt. Spitzenerträge der einen oder anderen Kultur oder bei industrieller Tierhaltung als Gradmesser für die Vorzüglichkeit einer Produktionsmethode geben in jedem Fall ein unvollständiges und deshalb eher schiefes Bild. Auch die Preise, die für organisch oder biologisch-dynamisch gezogene Produkte bezahlt werden, sind unter verschiedenen Gesichtspunkten zu wägen. Die gegenwärtig meist höheren Verbraucherpreise rühren nicht in erster Linie von der Erzeugungsmethode her. Bei größerem Gesamtvolumen kann eine Annäherung an das allgemeine – für sich genommen auch problematische – Preisniveau erwartet werden. Hinzu kommt, daß bessere Qualität einen besseren Preis gerechterweise verdient – nicht nur bei Luxusgütern, in angemessener Weise auch bei den lebensnotwendigen Gütern, d. h. bei inflexiblem Bedarf. Die weiteren Gründe, die für eine weitere Ausdehnung und Förderung der alternativen Methode sprechen, werden auch in der Schrift von OELHAF genannt: die Entwicklung des landes- und betriebseigenen Erzeugungspotentials, der Gewinn an Umwelt- und Nahrungsqualität sowie menschlichen Werten.

Eine *Ausbildung im biologisch-dynamischen Land- und Gartenbau* wird heute von vielen gesucht. Als wichtiges Anliegen der Arbeit muß sie auch den besonderen Ansprüchen der Methode Rechnung tragen. Nicht alle, die gegenwärtig auf den Höfen lernen wollen, finden einen Platz.

Außer denen, die vom Lande stammen oder von jung auf gewußt haben, welchen Lebensberuf sie ergreifen wollen, kommen heute nicht wenige heran, deren bisherige Lebenskreise sie nicht auf die Landwirtschaft gelenkt haben, – wie man meinen sollte. In der Vergangenheit und bis in die jüngste Gegenwart veranlaßte die industrielle und gewerbliche Wirtschaft Menschen vom Lande in die Stadt zu ziehen. Gegenwärtig zeigen die Entwicklungsländer, wie die Abwanderung mit den ersten Schritten zum industriellen Aufbau einsetzt. Erst in den letzten Jahren gibt es zu diesem Strom einen gegenläufigen. Dieser ist kleiner als der erstgenannte, was die Zahl anbelangt, – gar nicht so klein, wenn man auf die Gesinnungen, Hoffnungen, Probleme vieler achtet, die nicht auf dem Lande leben können. Die Skala der Gedanken, Wünsche, Motive reicht von der Sehnsucht nach der heilen Welt zur Überlebensideologie und über manche Zwischenstufe bis zur existentiell erlebten, ernsten *Suche nach einer verantwortungsgetragenen, menschengemäßen Arbeits- und kulturellen Welt.* Es ist ein sprechendes Symptom, daß die Frage nach anderen Lebensformen auch dort lebt, wo dies nicht von vornherein zu erwarten ist. Nicht nur in Kreisen der materiellen Saturiertheit, auch in den – oft glänzend ausgestatteten – konventionellen Ausbildungs- und Forschungsstätten rumoren unter der Oberfläche die Zweifel am eigenen Tun und die Suche nach anderen Erkenntnisinhalten – mehr, als so gemeinhin zutage tritt. Bei dieser Sachlage ist zu erwarten, daß Herkunft, Vorbildung und Erwartungen der jüngeren Menschen, die die biologisch-dynamische Methode erlernen wollen, sehr unterschiedlich sind. Für die Höfe ist es oft nicht leicht, auch noch den Übungsplatz abgeben zu sollen, auf dem die ernstliche Absicht sich erst bewähren muß. Es zeigt sich aber an dem nicht immer klar durchschauten Suchen eine echte Not vieler im gegenwärtigen Zivilisations- und Studierbetrieb.

Die *vielseitige, gründliche praktische Ausbildung* in gut geleiteten Betrieben kann in ihrer Bedeutung nicht überschätzt werden. Sie vermittelt den Grundstock an Erfahrung und Können, die später durch Jahre des Berufslebens ständig vermehrt werden. Da Land- und Gartenbau so vielseitige Gebiete sind, dürfen weder erlerntes Detailwissen noch theoretische Allgemeinvorstellungen vorherrschen. Sie brauchen als Ergänzung *die auf Erfahrung gegründete Fähigkeit, Zusammenhänge zu sehen.* Aus dieser wird die intuitive Kraft gespeist, die die fähige Persönlichkeit ausmacht. Bei aller gedanklichen Klarheit braucht jede Entscheidungsfindung auch die intuitive Begabung.

Für die späteren Praktiker gibt es heute den Ausbildungsgang vom Lehrling zum Gehilfen und Meister. Es gibt eine Reihe biologisch-dynamischer Lehrbetriebe, deren Lehrlinge die verschiedenen Prüfungen mit gutem Erfolg und zu ihrem späteren Vorteil bestehen. Doch ist es nicht so ausschlaggebend, daß die mehrjährige Ausbildung ausschließlich in biologisch-dynamischen Betrieben absolviert werde. Zur Erweiterung des Gesichtskreises und zur Klärung des eigenen Standortes kann es auch beitragen, wenn man Denk- und Arbeitsweise der konventionellen Landwirte aus eigener Anschauung kennt. – Bei den Studiengängen ist die Praxis sehr reduziert worden, in zahlreichen außerdeutschen Ländern ist sie nicht einmal Voraussetzung für die Zulassung zum Landwirtschaftsstudium. So kommt es, daß später in der Lehre, in Beratung, Wissenschaft und Verwaltung Leute sitzen, die, es sei unumwunden gesagt, von zu vielen Spezialisten zuviel Detailwissen anhören mußten. Die Zersplitterung des Lebenszusammenhanges, die beim Erkenntnisansatz beginnt, setzt sich auf diese Weise fort durch Studium, Forschung, Verwaltung bis hinein in die Betriebsorganisation und -führung. Fachliches Spezialwissen ist heute oft unentbehrlich, genügend Praxis sollte dazu ein Gegengewicht schaffen. *In der biologisch-dynamischen Ausbildung wird auf gründliche Praxis Wert gelegt.* Die Organisation der Höfe erlaubt dem Lehrling, mit verschiedenen Zweigen der pflanzlichen und tierischen Produktion in Berührung zu kommen und ihre Wechselbeziehungen biologisch, arbeitswirtschaftlich und ökonomisch kennenzulernen.

Doch soll auch die Praxis über das unmittelbare Fachliche hinausgehen und an *geistige Güter* heranführen. In einer günstigen Lage sind in dieser Hinsicht Höfe und Gärten, die zu kulturellen oder caritativen Einrichtungen, z. B. der Heilpädagogik, gehören, oder die von einer Gruppe betrieben werden. Dort stehen dann auch meist Menschen zur Verfügung, die aus ihrem Bereich zur Studienarbeit, künstlerischen Betätigung oder der Gestaltung der Jahresfeste beitragen können. Die meisten Betriebe sind allerdings nicht in dieser Situation. Auch von Lehrern begleitete Waldorfschulklassen können eine Abwechslung bringen. Meist findet man aber auf den Lehrhöfen, und sei es auch nur in der ruhigeren Jahreszeit, die Kraft für eine Studienarbeit, z. B. an den landwirtschaftlichen Vorträgen R. STEINERS und damit zusammenhängendem Schrifttum. Die regelmäßigen Zusammenkünfte in den *Arbeitsgemeinschaften* dienen nicht nur der Erledigung fachlicher und organisatorischer Fragen. Aus eigenem Interesse, oft auch durch Gäste angeregt, wird eine thematische Erweiterung der Erkenntnis und allgemein kulturellen Fragen angestrebt.

Die Lehre begleitende ein- bis vierwöchige *Anfänger- und Fortbildungskurse* ergänzen die hauptsächlich auf die Praxis ausgerichtete Ausbildung. Doch gibt es in einigen Ländern auch ein ein- bis mehrjähriges *Studium* der biologisch-dynamischen Methode und ihrer Erkenntnisgrundlagen. Die jeweiligen Anteile an praktischer Arbeit, landwirtschaftlich-fachlichen Studien und geisteswissenschaftlich-künstlerischer Betätigung variieren zwar, doch sind diese drei Elemente vertreten (siehe Hinweise S. 268).

Auch die fachlichen Instruktionen heben auf die biologisch-dynamische Methode ab, doch bestehen da selbstverständlich viele thematische Gemeinsamkeiten mit den üblichen Ausbildungsgängen.

Im Zusammenhang dieser Darstellung soll nur eine bestimmte Seite dieser *geisteswissenschaftlich-künstlerischen Aktivitäten* hervorgehoben werden. Denn sie sollen dem Wirken aus der geistigen Natur- und Menschenerkenntnis Anregung und Hilfe geben. Es ist ganz klar, daß während einer Studienzeit dazu nur einige Samen ausgelegt werden können. Diese sollen dann im anschließenden Berufsleben heranwachsen und Früchte bringen. Das Studium muß an die Ausbildung solcher Gedankenformen heranführen, durch die man die Monotonie der auf chemisch-physikalische Gesetzmäßigkeiten sich beschränkenden Anschauung der Lebensprozesse allmählich überwinden lernt. Dann kann sich ein erkenntnismäßiger Zugang zur jeweiligen Eigenwesenheit der toten, belebten und beseelten Naturreiche eröffnen. Dies würde nicht erreicht, wenn man die konventionellen Gedankengebäude lediglich durch ein anderes, z. B. aus der Anthroposophie abstrahiertes Schema ersetzen wollte. Es kommt vielmehr auf die Art der Erkenntnisbetätigung an, mit der man vorgeht. *Neue Erkenntniswege müssen erübt werden.* Jeder bescheidene Schritt in dieser Hinsicht ist wichtiger als viele Wissensinhalte. Durch Beobachten, Beschreiben, Vergleichen und Darstellen wird der menschliche Geist allmählich fähig, in eine neue Unmittelbarkeit zur belebten Natur einzutreten. *Die Erscheinungen des Organischen verlangen bewegliche Begriffe.* Aktives Denken kann an der Formbildung und -umbildung, wie sie einem in der Pflanzenwelt entgegentreten, in innerer Tätigkeit teilnehmen. So ist das Studium der Pflanzen nach goetheanistischer Methode einer der Bestandteile des biologisch-dynamischen Studiums. Dazu treten entsprechende Kurse über das mineralische Reich und das der Tiere. Es wird damit der Grund gelegt für weitere Erkenntnisschritte. In diesen zeigt sich dann, daß die Inhalte der anthroposophischen Geisteswissenschaft sich als erhellend erweisen für Zusammenhänge der Erscheinungswelt, die anderenfalls unbemerkt blieben. Eine solche aus der Anthroposophie kommende Idee ist z. B. die der Landwirtschaft als einer Art Individualität, mit ihrer irdischen und kosmischen Umwelt. Die ökologischen Gesichtspunkte, aber auch die faktischen, nicht theoretischen Ergebnisse der analytisch-kausalen Forschung, die ja nicht über Bord geworfen werden, erhalten den ihnen zukommenden Platz und Stellenwert. In Linie damit kann dann auch ein solches Fach eingeführt werden wie phänomenologische Astronomie. Es wurde oben schon betont, daß es sich für einen modernen Menschen nicht darum handeln kann, seine Kulturen nach traditionellen Mondregeln auszusäen. Man braucht eine auf eigene Anschauung und Beziehung gegründete Ratio und Versuche, die den Bedingungen heutiger Versuchsanstellung genügen. Nur so kann der heute häufig anzutreffende Wust von Aberglaube und Sensationslust in gesunde Bahnen gelenkt werden.

Künstlerische Betätigung, wenn auch in begrenztem Rahmen, trägt zu den Kursen bei; denn diese – nicht das Betrachten, sondern das Ausüben – nimmt die Kräfte des ganzen Menschen in Anspruch, nicht nur seinen Verstand. Ein vollmenschlich engagiertes Verhältnis zum Naturgeschehen gewinnt daraus Kraft.

Zu dem Fachunterricht über Düngung, Bearbeitung, Anbau, Fütterung, auch Technik, die selbstverständlich im Lehrplan sein müssen, treten also die hier nur in Beispielen genannten Elemente. Wobei, wie gesagt, das übende Erarbeiten wichtiger ist als das Entgegennehmen von Wissensstoff. Zwei Punkte, die Ausbildung und den Beruf selbst betreffend, sind hier anzuschließen. Die Erfahrung zeigt, daß bei solcher Gestaltung von Lehre und Studium auch die rechte Einstellung zur Arbeit und dem verantwortungsgetragenen Tun Nahrung erhalten. Es wird eher die Möglichkeit gefunden, sich tiefer und voll mit dem Beruf zu verbinden.

Es kann aus dem über Praxis und Studium Gesagten aber auch Licht fallen auf ein häufiges Mißverständnis, das zu Unrecht besteht. Nämlich auf das Verhältnis der *anthroposophischen Geisteswissenschaft* zum Beruf des Landwirts und Gärtners. In erster Linie muß man die Beherrschung des Handwerklichen und des Fachwissens anstreben und wollen. Anthroposophie ist nicht die Voraussetzung dafür. Aber sie erweitert, vertieft, weist neue Wege, indem sie den Blick auf das Ganze der Landwirtschaft und ihre Naturgrundlage lenkt. Damit trägt sie wesentlich zu einer echten, menschengemäßen Verbindung zum Berufe des Landwirtes und Gärtners bei.

Es ist noch einiges zum *gesellschaftlichen Auftrag der Landwirtschaft* zu sagen. Auch in dieser Hinsicht werden in der biologisch-dynamischen Bewegung Initiativen in Gang gesetzt, wird Neuland betreten. Auf die Mängel einer vorwiegend ökonomisch-arbeitswirtschaftlichen Orientierung der Landwirtschaft wurde in diesen Darstellungen schon verschiedentlich hingewiesen. Tatsächlich enthält ihre Zielsetzung drei Aufträge. Diese betreffen das Eigeninteresse des Landwirtes und das Gemeinwohl:

1. die Erträge sollen von Höfen erreicht werden, die wirtschaftlich stabil sind;
2. das Erzeugungspotential und die Umweltqualität müssen erhalten oder verbessert werden;
3. Nahrungsqualität und auch die Lebensqualität der ländlichen Bevölkerung sind sicherzustellen.

Ernährungssicherung ist wichtig. Doch klingt in der allgemeinen Landwirtschaft die bisherige routinemäßige Aufforderung zur Ertragssteigerung nicht mehr so gut wie ehedem. «Wir sollten künftig die Fortschritte nicht mehr benutzen, um in ihrem Gefolge mehr an ertragssteigernden ... Produktionsmitteln einzusetzen, sondern weniger», so G. WEINSCHENK im Februar 1984 beim Forum über «Chancen und Risiken des intensiven Pflanzenbaus» in Berlin. Der Grund für diese Einstellung sind die ökologischen Probleme und Sorge um das Marktgleichgewicht.

Sachkonflikte werden am ehesten zwischen dem ersten dieser drei Punkte und den beiden anderen auftreten. Sie haben ihre Wurzel in der unterschiedlichen Bewertung der gemeinnützigen Aufgabe des Landwirtes und seinem Eigeninteresse. Einzelheiten hierzu wurden bereits in der Übersicht auf S. 91 und an anderen Stellen dieses Buches angeführt. Diese unterschiedliche Gewichtung ist eine Folge der bestehenden *Wirtschafts-* und *Rechtsverhältnisse.* Sie wird aber auch durch die *geistige Einstellung* der Landwirtschaft gegenüber gespeist. Nur die harmonische Förderung dieser drei Aufträge dient letztlich und auf lange Sicht dem Interesse aller. Sie ist deshalb als Aufgabe gestellt.

Was in der biologisch-dynamischen Bewegung in dieser Hinsicht geschieht, nimmt nicht die Form von Programmen an, die besagen, «was zu tun sei». Durch Programme wird auf dem in Rede stehenden Gebiet wenig erreicht. Dagegen gibt es die Beispiele von Höfen und Institutionen, die in ihren konkreten Situationen an der Lösung dieser Fragen arbeiten. Sie schaffen in ihrem Bereich Verhältnisse, unter denen die Interessen der Landwirte und Nichtlandwirte sich treffen können und sachgemäß bearbeitet werden. Rechnet man die Höfe und Gärten mit ein, die im Zusammenhang mit kulturellen, meist caritativen Einrichtungen betrieben werden, dann gibt es eine ganze Anzahl solcher Beispiele.*

Im Rahmen dieser Darstellung wird einiges über die Ziele und Prinzipien ausgeführt, die sich an den vorhandenen Modellen ablesen lassen. Sie betreffen solche Probleme wie

den rechtlichen Status des Betriebsmittels «Boden»,
das Arbeiten in Gruppen,
die Beziehungen der Betriebe zum nichtlandwirtschaftlichen Umkreis.

Das sind Fragen, die sich in der Geschichte der Landwirtschaft wieder und wieder in neuer Art stellen. Auf die deshalb jeweils eine zeitgemäße Antwort gesucht werden muß. Der heutige Landwirt steht anders in seinem Beruf und in der Gesellschaft als seine Vorväter. Die Bindungen aus einer intimen Beziehung zu den Naturreichen, in älteren Sozial- und Eigentumsformen sowie Traditionen haben, wenn auch schwächer und schwächer werdend, die Landwirtschaft im Zeitalter der Industrialisierung eine lange Strecke weit getragen. Heute tun sie dies kaum mehr. Ein Weg zurück existiert nicht. Es entspricht der *modernen Bewußtseinslage,* daß jeder, sei er Betriebsleiter oder Mitglied einer Gruppe, sich als Persönlichkeit *frei* entfalten kann. Dann können schöpferische Fähigkeiten und Verantwortungsbewußtsein wirken. Der Bauer selbst oder die Hofgemeinschaft müssen sich für eine Erzeugungsmethode entscheiden. In der unabhängigen Auseinandersetzung mit den Umständen entsteht dann der Handlungsspielraum – zum Guten oder zum egoistischen Mißbrauch. Konkret wer-

* In der Loseblatt-Sammlung der Gemeinnützigen Treuhandstelle e. V., Bochum, sind einige dieser Betriebe beschrieben.

den in jedem einzelnen eigen- und gemeinnützige Motive walten. Durch seine eigene Anstrengung, aber auch indem man geeignete soziale Einrichtungen schafft, wird die Motivation auf eine höhere Ebene gehoben.

Der rechtliche Status des Bodens rührt an die Existenz nicht nur der Landwirtschaft, sondern der Gesellschaft. Er ist unentbehrliches und der Fläche nach nicht vermehrbares Betriebsmittel. Seine Produktivität kann erhalten, verbessert, verschlechtert und sogar total oder bis zur Grenze wirtschaftlicher Nutzbarkeit zerstört werden. Er ist anders in den sozialen Organismus einzugliedern als etwa eine Maschine oder ein Gebäude. Er wird im Allgemeininteresse genutzt. In ihrem Bereich sollte jedes Gewerbe und die Industrie das Entsprechende tun, insofern sie Naturbestände entnehmen, die man nicht erschöpfen oder aber sparsam verbrauchen sollte. Doch bestehen graduelle Unterschiede zur Landwirtschaft, etwa im Grad der Abhängigkeit einer industriellen Produktion von Bodenschätzen, den Betriebsgrößen, anderen wirtschaftlichen Strukturen. In der Neuzeit ist der Boden, wenn auch im Rahmen staatlicher Vorschriften über den Grundstücksverkehr, *Ware* geworden. Er kann verkauft und beliehen werden. Er wird vererbt, unabhängig von den Absichten des so Begünstigten. Oft kommt es auch vor, daß der Hoferbe fast sein ganzes Leben lang seine nichtlandwirtschaftlichen Geschwister auszahlen muß. Diese bekannte Situation hat schon viele Anstrengungen um ein sachgemäßes Bodenrecht in Gang gesetzt. Die innerhalb der biologisch-dynamischen Bewegung entwickelten Modelle laufen in verschiedener Form darauf hinaus, *den Boden dem- oder denjenigen zuzuteilen, die ihn im Interesse der Menschen bearbeiten.* Sie erhalten das Nutzungsrecht auf Zeit – normalerweise auf Lebenszeit. Ein *Recht* wird erteilt. Dabei müssen aber *geistige Impulse* wirksam werden, z. B. so, daß mit der Übertragung definierte Ziele und Begrenzungen verbunden sind, die Verbesserungen oder die Anwendung einer bestimmten Methode betreffen können. Dieses Vorgehen nimmt meist die Form an, daß eine gemeinnützigen Zwecken verpflichtete Institution den Boden erwirbt und ihn für die Landwirtschaft verfügbar macht. Anstelle des Erwerbs durch Kauf tritt auch die Eigentumsübertragung durch den bisherigen Besitzer. Die Bewirtschaftung erfolgt dann aus der Initiative und auf das Risiko derer, die sich dazu entschließen, in diese Arbeit einzutreten. Kulturelle Institutionen, die Boden haben, sind ohnehin meist im Dienste gemeinnütziger Aufgaben. Sie legen Wert auf die Produkte aus dem eigenen Betrieb. Bodenrechtlich ändert sich dadurch nichts, doch verliert sich teilweise der Charakter des Erwerbsbetriebes. – Die hier anfänglich skizzierte *Verteilung des Bodens als rechtlicher und geistiger Angelegenheit* ist in Linie mit den Betrachtungsweisen, die in der Dreigliederung des sozialen Organismus zum Tragen kommen. Diese wird in praktischen Beispielen verwirklicht.

Bei solchen Bestrebungen kommt es häufig dazu, daß das Land von einer *Gruppe* bewirtschaftet wird, anstelle eines einzelnen. Die Gruppe nimmt die Form einer *Partnerschaft* oder *Betriebsgemeinschaft* an. Bei caritativen Einrichtungen sind der Landwirt und der Gärtner Mitglied der Gruppe. Die Möglichkeit, eine Betriebsgemeinschaft zu gründen, besteht nicht nur bei größerem Grundbesitz, der andernfalls Lohnarbeiter beschäftigen würde. Sie erscheint auch bei solchen Betriebsgrößen gegeben, die sonst als hochspezialisierte und technisierte Einmannbetriebe funktionieren müßten. In einer Gemeinschaft kann das Erzeugungsprogramm vielseitiger sein. Es kommt häufiger vor, daß Interesse und Begabung eines Bauern entweder auf die pflanzliche oder die tierische Produktion gerichtet ist als in gleicher Weise auf beide. Bei einem partnerschaftlichen Verhältnis können sich die Begabungen ergänzen. Je nach Lage und Betriebsfläche braucht die Ausweitung des Betriebsprogrammes nicht auf die Primärerzeugung beschränkt zu bleiben. Ist Absatz vorhanden oder bei Höfen und Gärten, die zu Institutionen gehören, können Voll- oder Teilarbeitskräfte in der Verarbeitung tätig werden. Ferner löst die Betriebsgemeinschaft das überkommene Verhältnis von Eigentümer und Lohnempfänger ab durch die zeitgemäßere Partnerschaft. Die Arbeit wird nicht gegen Entlohnung verkauft, laufende Bedürfnisse und die spätere Versorgung werden aus dem gemeinsam Erarbeiteten befriedigt. Die Entnahme von Geld wird flexibler als bei einem Lohnempfänger-Unternehmer-Verhältnis. Es gibt heute Modelle, in denen im angegebenen Sinne gearbeitet wird. Dabei besteht auch die Möglichkeit, aus dem Vorhaben wieder auszusteigen. In mancher Hinsicht, wenn auch nicht ausschließlich, entsteht in solchen Betriebsgemeinschaften das Korrelat zu den Schritten im Bodenrecht, von denen im vorigen Abschnitt die Rede war.

Es gibt noch andere Motive, die in der Suche nach Betriebsgemeinschaften sich einen Ausdruck verschaffen. Als Alternative zum städtischen Zivilisations- und Erwerbsbetrieb wird heute von vielen das Leben auf dem Lande gesucht. Es sind hier nicht nur die Gruppen der sogenannten Subkultur gemeint. Bei denen fehlt es manchmal nicht bloß an der fachlichen und finanziellen Ausstattung, sondern, was gravierender ist, an der tragfähigen Zielsetzung. Immerhin sind auch diese Gemeinschaften ein Zeitsymptom. Gemeint ist hier auch ländliche Gruppenarbeit, die auf gediegenen gedanklichen Voraussetzungen beruht und von Persönlichkeiten gesucht wird, die sich in anderen Berufen bewährt haben und nun eine andere volle oder Teilzeitbetätigung suchen. Ein ernstzunehmendes geistig-seelisches Bedürfnis nach neuen sozialen Formen liegt vor. Und nicht zuletzt ist zu sagen, daß es ein solches auch in landwirtschaftlichen Kreisen gibt. Man erinnere sich an die alte Dorfgemeinschaft aus meist kleineren bis mittleren Familienbetrieben, neben einem oder zwei Gutshöfen im Dorfe oder in der Flur zwischen den Dorfgemarkungen. Diese Gemeinschaft war reich an nachbarlichen Beziehungen und Hilfen, sie teilte ernste und freudige Ereignisse. Die größeren Höfe hatten oft einen Stamm von langjährigen Mitarbeitern. Heute gibt es davon noch die gemeinsame Maschinenbenutzung. Im Zeitalter des Traktors, der Spezialisierung und der Landflucht ist nicht nur die Feldflur sehr menschenleer geworden; auch in seinem mechanisch gut ausgestatteten Hof ist der Landwirt recht allein. Und die Einsamkeit erstreckt sich auf Feierabend und Feiertag.

Die gute alte Zeit kann nicht mehr beschworen werden. Aber es entspricht einer Notwendigkeit, daß mehr, nicht weniger Menschen auf dem Lande tätig sind. Hofgemeinschaften können dazu beitragen. Sie bieten Gelegenheit zur Begegnung. Mit mehr Menschen versammeln sich auch mehr Begabungen mit ihren kulturellen Möglichkeiten. Früher hielten Menschengruppen zusammen, weil sie verwandt waren oder auch, weil ihr Besitz zusammenkommen sollte. Heute kann das in dem Sinne geschehen, daß Individualitäten sich zu einer gemeinsamen Aufgabe entschließen. Ein einheitlicher Zug geistigen Strebens kann dann Arbeit und persönliches Leben durchziehen.

Die biologisch-dynamischen Betriebe stehen mit ihrem nichtlandwirtschaftlichen Umkreis in vielfältiger Beziehung. Ihre weitere Entwicklung kann sich nicht in der Isolierung vollziehen. Sie muß mit dem Blick auf *das Ganze des sozialen Organismus* angestrebt werden. Auch dieser ist nicht statisch. Die Frage ist: *Wie kommt man zu einem assoziativen Wirtschaften, so daß die Landwirtschaft die ihren Lebensbedingungen entsprechende Stellung in der Wirtschaft hat?* Dieses weite Thema der Sozialwissenschaft wird hier nicht aufgerollt. Aber es gibt manchen Ansatz für assoziatives Verhalten. Vom pragmatischen Standpunkt aus wird es bis auf weiteres darauf ankommen, daß, ähnlich wie beim Bodenrecht, Beispiele modellhaft entwickelt werden.

Unter dem Begriff der *Optimierung der Produktion* kann man, wie aus dem bisher Gesagten hervorgeht, die Quantität der Erzeugung, Nahrungs-, Umwelt- und Lebensqualität zusammenfassen. Vereinfachend gesagt, richtet sich gegenwärtig in der allgemeinen Landwirtschaft die Erzeuger-Verbraucher-Beziehung fast ausschließlich nach der Mengenleistung. Handel, Verarbeiter und Verbraucher bezahlen für die Menge an Produkten, die sie erwerben. Dabei ist es für diese Betrachtung nicht erheblich, ob die Erzeugerpreise auf dem freien Markte sich bilden oder ob die agrarpolitischen Eingriffe einen künstlichen Preis schaffen. Höhere Erträge bedeuten, cum grano salis, ein höheres Einkommen für den Landwirt. Die anderen in die «Optimierung der Produktion» eingehenden Ziele kommen in der Gestaltung der Beziehungen zwischen Landwirtschaft und allgemeiner Wirtschaft nicht zum Tragen. Dabei ist ohne weiteres einsehbar, daß jeder der beiden Partner, Landwirt und Nichtlandwirt, im Sozialzusammenhang *Bedürfnisse* vorweisen kann und *Verpflichtungen* übernehmen muß. Doch sind die Begriffe Bedürfnis und Verpflichtung weiter zu fassen, als dies gegenwärtig gemeinhin geschieht. Sie umfassen mehr als die Erzeugung von Weizen und Milch durch den einen und die Bezahlung des Kilopreises durch den anderen. Man kann, wenn die Partner in diesem erweiterten Sinne ihre Belange ordnen, von assoziativer Beziehung sprechen. Will man diese beschreiben, dann kommen drei Aspekte in Betracht:

1. *Die geographische und zeitliche Variabilität der Erzeugungsbedingungen,* die sich wiederum aus drei Hauptkomponenten zusammensetzen: der Naturgrundlage (Boden, Klima, Topographie); dem wirtschaftlichen Standort (Betriebsgröße, äußere Verkehrs- und Marktlage); der veränderlichen Gunst oder Ungunst der Jahreswitterung und den wechselnden Kosten für Betriebsmittel.
2. *Die Lebensbedürfnisse des Landwirtes* umfassen seine materiellen und kulturell-geistigen Ansprüche, aber auch die Stetigkeit und Sicherheit, die er für sich und seine Arbeit findet. Dieses, es sei «Einkommen» genannt, enthält wiederum zwei Komponenten: den angemessenen Unterhalt, den ihm als arbeitendem und produzierendem Partner die Gesellschaft schuldet, aber auch die besondere Frucht seines Fleißes und seiner individuellen Tüchtigkeit. Seinerseits hat er die Verpflichtung, die Produktion zu optimieren hinsichtlich Menge, Qualität, Erhaltung und Verbrauch an Betriebsmitteln.
3. *Die nichtlandwirtschaftliche Gesellschaft* nimmt nicht nur die Produkte gegen Bezahlung entgegen. Sie übernimmt damit die Verpflichtung, für die Lebensbedürfnisse des Landwirtes zu sorgen, – nicht in der Form, wie das heute geschieht, daß er durch technische Manipulation Höchsterträge erzielt, durch deren Verkauf er im Rennen um Einkommensparität mithalten soll, sondern so, daß er im angegebenen Sinne die Erzeugung optimieren kann. Dafür erwartet sie eine nach Menge und Qualität angemessene Erzeugung.

Was hier allgemein gesagt wurde, wird dank der anthroposophischen Bankeinrichtungen heute in einer ganzen Reihe von Beispielen praktiziert. So hat die Gemeinnützige Treuhandstelle in den vergangenen Jahren landwirtschaftliche Initiativen unterstützt. Sie alle suchen für ihre Arbeit eine zeitgemäße Sozialgestalt und damit auch entsprechende *Eigentumsformen an Grund und Boden.* Einrichtungen entstehen, die den Grund und Boden übertragen bekommen – entweder durch eine Schenkung oder durch einen letztmaligen Kaufakt. Diese Projekte nehmen die Form von *Landbauforschungsgesellschaften* oder *Landwirtschaftsgemeinschaften* an, letztere unter Einschluß nicht-landwirtschaftlicher Teilnehmer. Zwei Beispiele seien hier erwähnt.

Die drei *Bauckhöfe in der Lüneburger Heide* mit insgesamt etwa 300 Hektar wurden durch den Entschluß dieser Familie im Jahre 1970 aus dem Privateigentum herausgenommen und auf die neubegründete *«Gemeinnützige Landbauforschungsgesellschaft Sottorf GmbH»* übertragen. Diese Gesellschaft verwaltet das Eigentum treuhänderisch. Aufgrund dieser Übertragung wurde es möglich, daß sich eine landwirtschaftliche Betriebsgemeinschaft gleichberechtigter Partner bildete, die das Land bewirtschaftet. Dieses Eigentum ist kein privates Eigentum der Landwirte; es ist lediglich das Recht zur Nutzung, das an die Landbauforschungsgesellschaft zurückfällt, wenn die Landwirte aus dem Arbeitsprozeß ausscheiden. Vielfältige Initiativen haben sich im Verfolg dieser Schritte angesiedelt: heil- und sozialpädagogische Einrichtungen, landwirtschaftliche Forschungsarbeit, Großhandel und Verarbeitung landwirtschaftlicher Produkte.

Der *Dottenfelder Hof* nördlich von Frankfurt wird seit 1968 durch eine Betriebsgemeinschaft, gegenwärtig sechs Familien, bewirtschaftet. Der Arbeit liegen die folgenden Leitgedanken zugrunde:

- den biologisch-dynamischen Landbau beispielhaft im Rahmen eines größeren Betriebes zu entwickeln,
- dies in Form einer Betriebsgemeinschaft zu tun,
- eine zeitgemäße Lösung der Eigentumsfrage am landwirtschaftlich genutzten Grund und Boden in dem Sinne anzustreben, daß dieser auf die Dauer nicht mehr Warencharakter haben soll.

Zwischen diesen Leitgedanken werden enge Zusammenhänge gesehen. Die Form der Betriebsgemeinschaft wurde z. B. nicht nur aus dem Grunde gewählt, dadurch arbeitsteilig, also ökonomischer wirtschaften zu können, sondern maßgeblich war vor allem, daß die biologisch-dynamische Wirtschaftsweise eine vielseitige Produktionsgrundlage erfordert. Der integrierte Betrieb, dessen Grundlage das sich gegenseitig fördernde Wechselverhältnis von Ackerbau und Viehhaltung ist – andere Betriebszweige (Obstbau, Gartenbau) können sich dieser Grundlage assoziieren –, erfordert Mitarbeiter, die die gedankliche Auseinandersetzung mit der Praxis suchen und aus dieser in der Lage sind, ihre eigenen Ratgeber zu sein. Dies führte zwangsläufig zu einer innerbetrieblichen Arbeitsteilung und zu einem partnerschaftlichen Verhältnis in der Zusammenarbeit.

Auf diesem Betrieb wird auch die landwirtschaftliche Ausbildung im Rahmen der *Landbauschule Dottenfelder Hof* gefördert. Nachdem das Kerngebiet der Hoffläche und Gebäude des Pachtbetriebes erworben werden konnten, wurde seitens der Betriebsgemeinschaft der Bestand an lebendem und totem Inventar an die Landbauschule übertragen, die damit Eigentümer und Pächter der gesamten Hoffläche, Gebäude und Inventar ist. Die Mitglieder der Betriebsgemeinschaft bewirtschaften in Zusammenarbeit mit der Landbauschule den Hof so, daß diese ihre satzungsmäßigen Zwecke der Ausbildung und Forschung immer durchführen kann.

Diese knappen Hinweise enthalten jeweils nur die wichtigsten Punkte der Vereinbarungen. Sie sind als Beispiele dafür gemeint, wie man in bestimmten Situationen die optimalen Lösungen für die gemeinsam gestellten Aufgaben finden kann.

An Pfingsten 1924 versammelten sich auf dem Gut Koberwitz bei Breslau ältere, erfahrene und jüngere Landwirte, um die landwirtschaftlichen Vorträge Rudolf Steiners entgegenzunehmen. Von denen, die dabei waren, wird diese Zeit als ein festliches Ereignis geschildert. Zum Inhalt dieser Vorträge machte Rudolf Steiner – in seinen eigenen Worten – «das Wesen der Erzeugnisse, welche von der Landwirtschaft geliefert werden, und die Bedingungen, unter denen diese Erzeugnisse entstehen können». Seit damals ist in die damit gestellte Aufgabe viel Arbeit und Begeisterung eingeflossen. Heute zeigt sich, daß bei diesem Anlaß Antworten bereitet wurden, die heute dringender denn je und weltweit gebraucht werden. Es ist nicht ohne Bedeutung, daß mit diesem Kurs noch ein anderes Ereignis verbunden ist. Dieses ist im Kern des landwirtschaftlichen Impulses verwurzelt. Es fand eine Zusammenkunft Rudolf Steiners mit der damals jüngeren Generation statt. Viele junge Menschen befanden sich in den Jahren des Ersten Weltkrieges und danach im Aufbruch. Sie suchten nach erneuernden Kräften für das von ihnen erstrebte Menschsein innerhalb einer Kultur und unter Verhältnissen, die in vieler Hinsicht alt und verdorrt waren. Heute, mehr als ein halbes Jahrhundert später, braucht man niemandem zu beweisen, um wieviel dringender jetzt Erneuerungsimpulse gebraucht werden. Während der Tagung in Koberwitz versammelten sich in der Morgenfrühe am 17. Juni 1924 die jüngeren Teilnehmer zu zwei Ansprachen Rudolf Steiners. Der Geist, der in diesen Worten waltet, ist derselbe, aus dem auch die landwirtschaftliche Bewegung gespeist wird. Dieser Quell fließt unvermindert fort und wird auch das weitere Wachstum der biologisch-dynamischen Arbeit tränken und befruchten. Mit den folgenden Worten berichtete Rudolf Steiner selbst über diese Morgenstunde: «Es war eine Aussprache aus dem Innersten der Seele der Jugend heraus, die über den unfruchtbaren Materialismus hinauskommen möchte, der mit der Natur nicht verbindet, sondern den Menschen von ihr trennt und seine Arbeit zur Unfruchtbarkeit verurteilt. Ich durfte bei dieser Jugendversammlung auf die Wege hinweisen, auf denen diese Sehnsucht sich bewegen sollte, um zu einem Ziele zu kommen.»

Literaturverzeichnis

ABELE, U., Vergleichende Untersuchungen zum konventionellen und biologisch-dynamischen Pflanzenbau unter besonderer Berücksichtigung von Saatzeit und Entitäten. Diss. Gießen 1973.

– Saatzeitversuch zu Radies. Leb. Erde 6/1975, 223–225.

– Untersuchungen des Rotteverlaufs von Gülle bei verschiedener Behandlung und deren Wirkung auf Boden, Pflanzenertrag und Pflanzenqualität. Darmstadt 1976.

AEHNELT, E. und HAHN, I., Fruchtbarkeit der Tiere – eine Möglichkeit zur biologischen Qualitätsprüfung von Futter- und Nahrungsmitteln. Leb. Erde 3/1974, 93–102.

ALDAG, R. und GRAFF, O., N-Fraktionen in Regenwurmlosung und deren Ursprungsboden. Pedobiologica 15/1975, 151–153.

– Einfluß der Regenwurmtätigkeit auf Proteingehalt und Proteinqualität junger Haferpflanzen. Landw. Forsch. 31/II Sonderheft 1974, 277–284.

AUMÜLLER, R., Sekundäre pflanzliche Stoffwechselprodukte als zönotische Faktoren, Dipl.-Arb. Göttingen 1977.

BANSE, H.-J. et. al., Biologische und pflanzliche Untersuchungen an Weinbergsböden des Kreuznacher Kronenberges. Landw. Forsch. 25/1972, 355–365.

BARTUSSEK, H., Probleme der Massentierhaltung. Bericht in Leb. Erde 1/1977, 12–18.

BESSENICH, F., Zur Methode der empfindlichen Kristallisation. Dornach 1960.

BOCKEMÜHL, J., Der Jahreslauf als Ganzheit in der Natur. Elemente der Naturwissenschaft 16/1972, 17–33.

– Die Bedeutung des Entwicklungsverlaufes für die Qualitätsbeurteilung von Bohnen. Elemente der Naturwissenschaft 23/1975, 22/23.

– Vom Leben des Komposthaufens. Dornach 1979.

BOCKEMÜHL, J. und CLARK, K., Beiträge zum Verständnis der Schafgarbe. Elemente der Naturwissenschaft 25/1976.

BOCKEMÜHL, J. et. al., Die Bildebewegungen der Pflanzen, in «Erscheinungsformen des Ätherischen». Stuttgart 1977, S. 111.

BOGUSLAWSKI, E. von, Ergebnisse aus dem langjährigen Stallmist-Schafpferchversuch in Rauisch-Holzhausen. Z. Acker- u. Pflanzenbau 143/1976, 223–242.

– Der konventionelle Landbau und seine Alternativen, 201–210, IFOAM Konferenz 1977, Wirz, Aarau/Schweiz 1978.

BREDA, E., Unterschiedliche Ausbildung von Spinat im Frühjahrsanbau und Herbstanbau, Ber. Arb. Inst. Biol.-Dyn. Forschung. Leb. Erde 3/1972.
– Bericht über Arbeiten aus dem biologisch-dynamischen Forschungsinstitut, Qualitätsuntersuchungen an Möhren und Rote Rüben. Leb. Erde 4/1973, 132–137.
BRONNER, H. und JANIK, V., Bodenkundliche Untersuchungen bei rinderhaltenden und rinderlosen Zuckerrübenbaubetrieben in Oberösterreich. Die Bodenkultur 25/1974, 223–251.
BÜNNING, E., Die physiologische Uhr. Berlin 1963.
BUSSAUER MANIFEST, in «Bildung und Gesundheit», 3/1976.
CLEAVE, T. L. und CAMPBELL, G. D., Die Saccharidose. Bad Homburg 1966.
CLOUDSLY-THOMPSON, Rhythmic Activity in Animal Physiology and Behavior. New York 1961.
COMMONER, B., Wachstumswahn und Umweltkrise. München 1971.
COOK, G. W., Fertilizers and Society (1971), Proc. Fert. Soc. London 121, 1–48. Zit. von «Nitrogen fixation by free living micro-organisms», ed. by W. D. P. Stewart, Cambridge Univ. Press 1975.
DIERCKS, ROLF, Alternativen im Landbau. Stuttgart 1983.
DIEZ, Th. und BACHTHALER, G., Auswirkungen unterschiedlicher Fruchtfolge, Düngung und Bodenbearbeitung auf den Humusgehalt der Böden. Bayr. Landw. Jahrb. 55/1978, 368–377.
DLOUHY, J., Qualität pflanzlicher Produkte bei konventionellem und biologisch-dynamischem Anbau. Leb. Erde 5/1977, 181–183.
DLOUHY, J., and NILLSSON, G., International Scientific Colloquium on Comparison between Farming Systems. Report 124, Swedish University of Agricultural Sciences, Dept. of Plant Husbandry, Uppsala 1983.
ENGQVIST, M., Versuche mit Hornmistpräparat, Leb. Erde 1, 2/1972; 1/1973.
– Gestaltkräfte des Lebendigen. Frankfurt 1970.
– Pflanzenwachstum in Licht und Schatten. Leb. Erde 2/1963, 3–13.
FIDANOVSKI, F., Silicium, ein für die Pflanzen nützliches Element. Bodenkunde und Pflanzenernährung 120/1968, 191–206.
FLEIG, H. und CAPELLE, A., Feldversuche über den Verbleib von markiertem Düngerstickstoff in Boden und Pflanze. Mitt. Dt. Bodenkundl. Ges. 20/1974, 400.
FÖRSTER, P., Der Eichwaldhof der Firma C. Appel, Darmstadt. Leb. Erde 6/1976, 231–232.
GLATZEL, H., Die Gewürze, ihre Wirkung auf den gesunden und kranken Menschen. Herford 1968.
Global 2000. Der Bericht an den Präsidenten. Frankfurt 1980.
GOLDSTEIN, W., und KOEPF, H., A Contribution to the Development of Tests for the Biodynamic Preparations. Elemente der Naturwissenschaft 36, 141–53.

– A report on previous work done with the bio-dynamic herbal preparations. Bio-Dynamics 129/1979, 1–10.

GRAF, U. R., Darstellung verschiedener biologischer Landbaumethoden und Abklärung des Einflusses kosmischer Konstellationen auf das Pflanzenwachstum. Diss. ETH Zürich 1977.

GRAF, B., WEGMANN, R., RIST, N., Das Verhalten von Mastkälbern bei verschiedenen Haltungsformen. Schweiz. Landw. Monatshefte 54/1976, 333–355.

GRAFF, O., Stickstoff, Phosphor und Kalium in der Regenwurmlosung auf der Wiesenversuchsfläche des Sollingprojektes. IVième Coll. Pedobiol., Dijon 1970.

GRUHL, H., Ein Planet wird geplündert. Frankfurt 1975.

HANCOCK, B. und ESCHER, P., Studies of litter management for growing and for Laying Leghorn Fowl. Bio-Dynamics 74/1965, 7–12.

HÄUSER, A., Bauernregeln. Zürich/München 1975.

HEINZE, H. und BREDA, E., Versuche über Stallmistkompostierung. Leb. Erde 3/1972, 106–113.

HEYNITZ, B. von, Betriebsergebnisse 1936, 1937. Manuskriptdruck Heynitz b. Meissen 1938.

HEYNITZ, K. VON, und G. MERCKENS, Das Biologische Gartenbuch. Gemüse, Obst, Blumen, Rasen auf biologisch-dynamischer Grundlage. Stuttgart 1980.

HOFFMANN, M., Der thermische Pflanzenschutz. Leb. Erde 1/1975, 27–32.

HOFMANN, E., Über die Wirkung der Kali- und Stickstoffdüngung auf Fermentgehalt, Qualität und Haltbarkeit pflanzlicher Erzeugnisse. Landw. Forsch. Sonderh. II/1952, 68–72.

IFOAM, Recommendations for International Standards of Biological Agriculture, Sept. 1982, Internal newsletter.

ILLICH, Ivan, Die sogenannte Energiekrise. Hamburg 1974.

JACOBI, P. und WISTINGHAUSEN, E. v., Betriebsbericht über den v. P. Jacobi bewirtschafteten Hof Witzhalden im Südschwarzwald. Leb. Erde 6/1974, 219–226.

JASSER, H., Untersuchungen der tierischen Schädlinge in den Baumkronen einer langjährig biolog.-dynamisch bewirtschafteten Apfelanlage bei Balingen. Leb. Erde 1/1979, 16–18.

– Nützliche Insekten als Vertilger von Schädlingen in der Baumkrone einer biologisch-dynamisch bewirtschafteten Apfelanlage. Leb. Erde 2/1979, 66–68.

JONES, L. H. und HANDRECK, K. A., Silica in Soils, Plants and Animals. Adv. Agron. 19/1967, 107–149.

KABISCH, H., Praktische Anleitung zur biologisch-dynamischen Präparateanwendung. Darmstadt o. J.

KEYSERLINGK, C., GRAF VON, Denkschrift über einen Teil der Ursachen und Mittel zur Behebung der Not in der Landwirtschaft. Sasterhausen bei Sarrau in Schlesien, Mai 1928.

KLEIN, J., Der Einfluß verschiedener Düngungsarten in gestaffelter Dosierung auf Qualität und Haltbarkeit pflanzlicher Produkte. Inst. f. Biol.-Dyn. Forschung, Darmstadt o. J.

KLETT, M., Untersuchungen über Licht und Schattenqualität in Relation zum Anbau und Test von Kieselpräparaten zur Qualitätshebung. Darmstadt o. J.

KLETT, M., Die biologisch-dynamische Bewirtschaftung des Dottenfelder Hofes, in Arnoldsheimer Texte, Bd. 18, Frankfurt 1983, 49–56.

KOEPF, H., Bericht über die Finca Irlanda. Interner Bericht für Demeter-Bund (1963).

– Experiment in treating liquid manure. Bio-Dynamics 79/1966, 1–12.

– Die Bodenluft. Handb. Pflanzenernährung und Düngung, Bd. II, Wien/New York 1966, 745–774.

– Die Bodentemperatur. A.a.O., 717–744.

– und SELAWRY, A., Application of the Diagnostic Crystallization Method for the investigation of Quality of Food and Fodder. Bio-Dynamics 64/1964, 9–24; 65/1963, 1–12.

– Bodennutzung und Wasserqualität. Mittlg. DLG 84/1969, 242–246.

– Organic management reduces leaching of nitrate. Bio-Dynamics 108/1973, 20–30.

KOEPF, H., PETTERSSON, B. D. und SCHAUMANN, W., Biologisch-dynamische Landwirtschaft. Stuttgart 1974, [3]1980.

KOLISKO, L. und E., Agriculture Tomorrow. Kolisko Archive, Stroud 1939.

KRANICH, E. M., Die Formensprache der Pflanze. Stuttgart 1976, [2]1979.

KRAUTH, H., Probleme der Eiweißernährung der Welt. Qual. Plant. 10/1963 13–36.

KÜHNAU, J., Die Flavonoide und ihre Rolle in der menschlichen Ernährung. Qual. Plant. 23/1973, 113–118.

LIPPERT, F., Vom Nutzen der Kräuter im Landbau. Forschungsring für Biologisch-Dynamische Wirtschaftsweise. Stuttgart 1953.

LOCKERETZ, W., KLEPPER, R., COMMONER, B., GERTLER, M., FAST, S., O'LEARY, D., und BLOBAUM, R., A comparison of organic and conventional farms in the Corn Belt. CBNS-AE-6, Wash. Univers. St. Louis, Mo. U.S.A., July 1975.

LUST, V., Ertragreicher, gesunder und umweltfreundlicher Gemüse- und Erdbeeranbau im Hausgarten. Leb. Erde 1/1979, 2–10.

– Erfolgreicher 18jähriger «Demeter»-Intensiv-Apfelanbau. Leb. Erde 2/1979, 57–65.

MATILE, Ph., Die heutige entscheidende Phase in der biologischen Forschung. Universitas 28/1973, 543–558.

– Biologie und Landwirtschaft. Vortrag, Bern 13./14. 10. 1971.

MAYER-LISZT, J., Bedroht: Die deutsche Scholle. Die Zeit Nr. 25, 15. Juni 1984.

MERCKENS, G., Orangenanbau in Sizilien. Leb. Erde 5/1976, 183–186.

– Besuch auf einer biologisch-dynamisch arbeitenden Kaffee-Pflanzung in Mexiko. Leb. Erde 5/1976, 172–180.

MÜLLER-TIBURTIUS K. H., Rentable Hühnerhaltung im Kleinhaus und Auslauf. Leb. Erde 2/1975, 71–74.
NEYRA, C. A. und DÖBEREINER, J., Nitrogen Fixation in Grasses. Advanc. Agron. 29/1977.
OBERMAIER, J. F., Zur praktischen Durchführung eines biologischen Landbaues in tropischen Berg- und Hochländern. Leb. Erde 5/1976, 180–183.
OELHAF, R., Organic Agriculture, Allenheld, Ossum, Montclair N. J. 1978.
PELIKAN W., Heilpflanzenkunde, Bd. I–III. Dornach 1958, [3]1978.
PETTERSSON, B. D., Nährstoffbilanz der schwedischen Landwirtschaft. Leb. Erde 3/1977, 84–86.
– Die Produktivität biologisch-dynamischer Wirtschaftsweise im Norden. Leb. Erde 1/1963, 3–15.
– Vergleichende Untersuchungen von konventionellem und biologisch-dynamischem Anbau mit besonderer Berücksichtigung von Erträgen und Qualitäten. Leb. Erde 5/1977, 175–180.
– Gödslingens inverkan på matpotatisens kvalitetsegenskaper. Nordisk forskingsring Nr. 25, Järna 1972.
PFEIFFER, E., Studium von Formkräften an Kristallisationen, Dornach 1931.
– Rudolf Steiners landwirtschaftlicher Impuls. In «Wir erlebten Rudolf Steiner». Stuttgart 1957.
– Die Fruchtbarkeit der Erde. Dornach [5]1969.
PFEIFFER, E. und RIESE, E., Der erfreuliche Pflanzgarten. Dornach 1974.
REMER, N., Organischer Dünger. Amelinghausen 1978.
RIST, M., Von der Entdeckung des Geistigen im biologischen Landbau und in anderen Alternativen. Schweiz. Stift. zur Förderung des biologischen Landbaus Nr. 9, Nov. 1978.
RONNENBERG, A., Ökonomische Aspekte der biologisch-dynamischen Wirtschaftsweise – Konsequenzen für den Einzelbetrieb und für den Produktmarkt. Darmstadt [2]1973.
RUSSEL, E. W., Soil conditions and plantgrowth. London [10]1976/77, S. 599.
SAMARAS, J., Nacherntеverhalten unterschiedlich gedüngter Gemüsearten mit besonderer Berücksichtigung physiologischer und mikrobiologischer Parameter. Diss. Gießen 1977.
SATTLER, F., Von der Entwicklung des Talhofes, II. Leb. Erde 1/1977, 3–12.
SAUERLANDT, W. und TIETJEN, C., Humuswirtschaft des Ackerbaus. Frankfurt 1970.
SCHAAFFHAUSEN, R. von und KOEPF, H. H., Leguminosen für tropische und subtropische Landwirtschaft. Leb. Erde 4/1976, 136–140.
SCHAUMANN, W., Die Bildung der Pflanzenqualität als Ergebnis der Wirkungen von Erde und Sonne, Leb. Erde 4/1972, 2–8.
SCHEFFER-SACHTSCHABEL, Lehrbuch der Bodenkunde. Stuttgart 1982.
SCHERING et. al., Chronobiology. Stuttgart 1974.
SCHILLER, H., LENGAUER, E. u. a., Fruchtbarkeitsstörungen bei Rindern im

Zusammenhang mit dem Mineralstoffgehalt des Wiesenfutters und einigen Faktoren der Wirtschaftsführung. Veröffentl. Landw.-chem. Versuchsanstalt, Bd. LXIII/5, Linz/Österreich 1962.
– Fruchtbarkeitsstörungen bei Rindern im Zusammenhang mit Düngung, Flora und Mineralstoffgehalt des Wiesenfutters. A.a.O., Nr. VII, 1967.
SCHMIDT, G., Dynamische Ernährungslehre, Bd. I. St. Gallen 1975.
Schriftenreihe des BELF, Reihe A 263, Alternativen im Landbau, Münster 1982.
SCHULTZ, J., Kosmische Perioden bei den Samenjahren der Waldbäume. Sternkalender 1951. Dornach 1950.
SCHUMACHER, E. F., Small is beautiful. London 1973.
SCHUPHAN, W., Mensch und Nahrungspflanze. Bad Soden/Taunus 1976.
SELAWRY, A. und O., Die Kupferchloridkristallisation. Stuttgart 1957.
SPIESS, H., Konventionelle und biologisch-dynamische Verfahren zur Steigerung der Bodenfruchtbarkeit. Schriftenreihe Leb. Erde.
– Über die Wirkung der biologisch-dynamischen Präparate Hornmist «500» und Hornkiesel «501» auf Ertrag und Qualität einiger Kulturpflanzen. Leb. Erde 4/1979, 126–131 und 5/1979, 173–177.
STANFORD, J., and SMITH, S. F., Nitrogen Mineralization Potentials of Soils. Soil Sci. Soc. Proc. Amer. 36, 465–472, 1972.
STEARN, W. C., Effectiveness of two bio-dynamic preparations on higher plants and possible mechanisms for the observed response. Thesis for the Degree Master of Science, Ohio State University, Dept. of Agronomy, 1976.
STEINER, R., Grundlinien einer Erkenntnistheorie der Goetheschen Weltanschauung (1886). Rudolf-Steiner-Gesamtausgabe GA 2, Dornach ^{7}1979.
– Die Geheimwissenschaft im Umriß (1919). GA 13, Dornach ^{29}1977.
– Geisteswissenschaftliche Grundlagen zum Gedeihen der Landwirtschaft (1924). GA 327, Dornach ^{6}1979.
THUN, M., Bewährte Fruchtfolgen im Kleingarten. Leb. Erde 3/1963.
– Das Hornmistpräparat 500. Leb. Erde 6/1977, 215–219.
– Aussaattage, erscheint jährlich, D-3560 Biedenkopf/Lahn.
– Mehrjähriger Weiteranbau von Kartoffeln im siderischen Mondrhythmus sowie Nachbau unter gleichen Bedingungen und verschiedenen Kieselbehandlungen. Leb. Erde 1/1969, 19–34.
THUN, M., und HEINZE, H., Anbauversuche über Zusammenhänge zwischen Mondstellungen im Tierkreis und Kulturpflanzen, Bd. 1 u. 2. Darmstadt 1973.
– Aussaatzeit und Kieselversuch bei Möhren und Rote Bete. Leb. Erde 1/1967.
United States Department of Agriculture, Report and Recommendations on Organic Farming, July 1980.
VOEGELE, I., Anleitung zur Herstellung der Düngerpräparate. Stuttgart 1950.
VOGTMANN, H., AUGSTBURGER, A. und KLÄG, R., Fütterung von Hühnern in

Auslaufhaltung mit Legehennenmehl aus hofeigener, biologischer Produktion. Leb. Erde 4/1978, 129–136.

VORONKOV, M. G., ZELCHAN G. J. und LUKEVITZ, E., Silizium und Leben. Berlin 1975.

WISTINGHAUSEN, E. v., Bodenvergleiche nach 19jähriger unterschiedlicher Düngung. Leb. Erde 3/1977, 91–100.

– Was ist Qualität? Darmstadt 1979.

WOLBER, G. und VETTER, S., Samenjahre der Rotbuche und Planetenstellung im Tierkreis. Sternkalender 1973/74. Dornach 1972.

WYNNE-TYSON, J., An Ecologist Society must be a Vegetarian One. Ecologist 6,10/1976, 356–375.

Abbildungen (S. 241–256)

1

2

3

4

5

6

8

9

10

11

1.

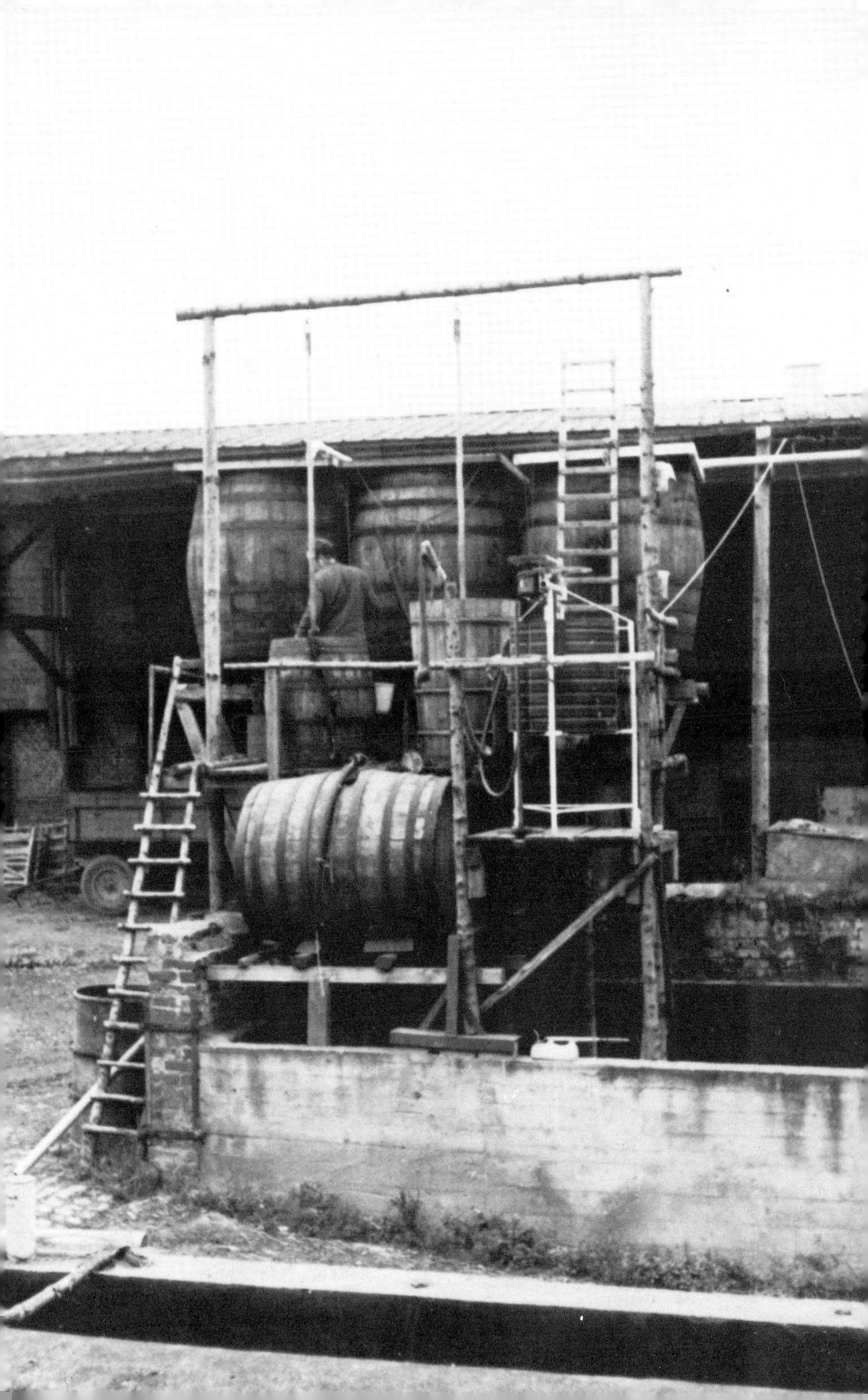

14

15

16

17

18

20

21

23

a b

c d

24

25

Sachregister

Namenregister

*Hinweise**

AUSKUNFTSSTELLEN

Forschungsring für Biologisch-Dynamische Wirtschaftsweise e. V. Baumschulenweg 19, D-6100 Darmstadt.
Initiativkreis zur Förderung der Biologisch-Dynamischen Wirtschaftsweise, Tilgnerstr. 3, A-1040 Wien.
Auskunftsstelle für Biologisch-Dynamische Wirtschaftsweise am Goetheanum, CH-4143 Dornach/SO.

Regionaler Beratungsdienst und Auskunftsstellen

Nordwestdeutschland:
Bäuerliche Gesellschaft (BGN) zu Händen Dr. Volker Seelbach, Am Büsenbach 47, 2111 Handeloh-Wörme
Rheinland-Westfalen:
Dr. Johannes Fetscher, Appelbachstraße 18, 4600 Dortmund 41
Hessen:
Institut für Biologisch-Dynamische Forschung, Brandschneise 5, 6100 Darmstadt
Frau Maria Thun, Postfach 1446, 3560 Biedenkopf
Baden-Württemberg/Pfalz:
Krafft von Heynitz, Mathystraße 34, 7530 Pforzheim
Oswald Hitschfeld, Heiligenreuthe, 7611 Berghaupten
Georg Merckens, Seutterweg 3, 7900 Ulm/Donau
Horst Sudau, Dietinger Straße 42, 7906 Markbronn
Dr. Christian von Wistinghausen, Brunnenhaus, 7118 Mäusdorf
Heinrich Thies, Schutzackerstraße 17, 7858 Weil am Rhein-Ost
Bayern:
Georg Merckens, Seutterweg 3, 7900 Ulm/Donau
Hans Reithmayer, Hauptstraße 29, 8079 Enkering
Hans Lems, Kirchstraße 39, 8533 Scheinfeld/Steigerwald

* Diese Aufstellung erhebt keinen Anspruch auf Vollständigkeit.

Karl-Ludwig von Künßberg, 8653, Wernstein-Mainleus
Reinhard Ackermann, 8221 Waltenberg, Post Seeon

Demeter-Bund e. V., Wellingstraße 24, 7000 Stuttgart 75

Treuhänderische Verwaltung im Bereich der Warenbewegung aus biologisch-dynamischer Erzeugung; Schutzverträge für Anbauer, Verarbeiter und Händler von Demeter-Lebensmitteln; Demeter-Verbraucher Vereinigungen; Zeitschrift «Demeter-Blätter»; Demeter-Gütestelle.

BEZUGSQUELLEN

Pflanzenpflege-, Dünge- und Hilfsmittel für den biologisch-dynamischen Land- und Gartenbau

E. O. Cohrs, Postfach 1165, 2130 Rotenburg/Wümme.
Heinrich Geisel, Ludwigstraße 70, 8510 Fürth/Bayern.
Bio-Gartenmarkt Keller, Konradstraße 17, 7800 Freiburg i. Br.
Wilhelm Süss, Bruchsaler Straße 21, 7504 Weingarten.
Firma Ebsen, Robert-Koch-Straße 194, 7302 Nellingen a. F.
Filiale: Am Bahnhof in Heidenheim/Brenz.
Gebrüder Schaette, Postfach 147, 7967 Bad Waldsee
(Pflegemittel, Futterzusätze, biologisch-pharmazeutische Präparate)
Firma Corna-Werke, Wölper & Co., Postfach 4267, 7900 Ulm/Donau
(Hersteller organischer Einzel- und Mischdünger)
Firma Ludwig Engelhardt, Sylvensteiner Straße 14, 8000 München 70
Werner Kimmerle, Uhlandstraße 22, 7441 Neckartenzlingen
(biologisch-dynamisch präparierte Komposte für Sammelbesteller)
Horst Sudau, Dietinger Straße 42, 7906 Markbronn
(Feld-Spritzeinrichtungen und Handspritzen für biologisch-dynamische Präparate 500 und 501)
Hans Reinert, 8821 Weidenbach-Triesdorf
(Abflammgeräte zur Unkrautregulierung)
Firma Ernst Weichel, Bahnhofstraße 1, 7326 Heiningen
(Düngerstreuer u. a. Landmaschinen für biologische Bewirtschaftung)

Saatgut aus biologisch-dynamischem Anbau

Dr. Becker, Kloster-Langen-Straße 1, 2970 Emden 1, OT Wybelsum
Ilmar Randuja, Ekkarthof, CH-8574 Lengwil/Schweiz

Verein für ein erweitertes Heilwesen e. V.
Johannes-Keppler-Straße 54, 7263 Bad Liebenzell 3
(Merkblätter zur Gesundheitspflege im persönlichen und sozialen Bereich)

Arbeitskreis für Ernährungsforschung e. V.
Zwerweg 19, 7263 Bad Liebenzell 3
(Forschungs-Institut, Kochkurse, Literatur, Beratung in Diätfragen)

ZEITSCHRIFTEN

«Beiträge zur Förderung der biologisch-dynamischen Landwirtschaftsmethode», Emil Meier, Hof Breitlen, CH-8634 Hombrechtikon.
«Lebendige Erde», Baumschulenweg 19, D-6100 Darmstadt.
«Gartenrundbrief aus der biologisch-dynamischen Arbeit», Mathystraße 34, D-7530 Pforzheim.
«Demeter-Blätter», Demeter-Bund e. V., Wellingstraße 24, D-7000 Stuttgart 75.

KURSE UND FORTBILDUNG

Produzentenverein für biologisch-dynamische Landwirtschaftsmethode, Goetheanum, CH-4143 Dornach/SO.
Landbauschule Dottenfelder Hof, D-6368 Bad Vilbel.
Freies Jugendseminar, Goethestraße 1, D-7707 Engen im Hegau.
Freie Landbauschule Bodensee, Hof Brachenreuthe, D-7770 Überlingen.
Einführungskurse des Forschungsrings für Biologisch-Dynamische Wirtschaftsweise, Baumschulenweg 19, D-6100 Darmstadt.
Emerson College, Forest Row, Sussex, England, RH 18 5 JX.

FORSCHUNG

Institut für Biologisch-Dynamische Forschung, Brandschneise 5, D-6100 Darmstadt.

Beiträge zur Anthroposophie

1 Erscheinungsformen des Ätherischen

Wege zum Erfahren des Lebendigen in Natur und Mensch.

Herausgegeben von Jochen Bockemühl. Mit Beiträgen von Jochen Bockemühl, Christof Lindenau, Ernst-August Müller, Hermann Poppelbaum, Dietrich Rapp, Wolfgang Schad.

218 Seiten, mit 20 z. T. farbigen Tafeln und 27 Abbildungen im Text, kartoniert.

2 Der Mensch in der Gesellschaft

Die Dreigliederung des sozialen Organismus als Urbild und Aufgabe.

Herausgegeben von Stefan Leber. Mit Beiträgen von Heinz Eckhoff, Christoph Lindenberg, B. Hardorp, Wilhelm Schmundt, Dietrich Spitta, Hartwig Wilken, H. G. Schweppenhäuser.

191 Seiten, kartoniert.

3 Selbstverwirklichung – Mündigkeit – Sozialität

Eine Einführung in die Dreigliederung des Sozialen Organismus.

319 Seiten, kartoniert.

Von STEPHAN LEBER

4 Der Organismus der Erde

Die Naturgrundlagen der biologisch-dynamischen Landwirtschaft.

Herausgegeben von Bruno Endlich. Mit Beiträgen von Thomas Schmidt, Wolfgang Schaumann, Reinhard Koehler, Jochen Bockemühl, Ulf Abele, Maria Thun, Wolfgang Schad u. a.

ca. 200 Seiten, kartoniert (erscheint 1985).

5 Grundfragen der Naturwissenschaft

Aufsätze zu einer Wissenschaft des Ätherischen.

Von GEORG ADAMS

Übersetzt aus dem Englischen von Thomas Meyer.

145 Seiten mit 8 Fotos, kartoniert.